本书属于河南省科技厅 2020年软科学研究项目"河南省民营企
储备对创新投资的影响研究"（项目编号：202400410402）的

U0510002

经济管理学术文库·管理类

上市公司财务柔性状态对
投资决策的影响研究

A Study on the Effect Financial Flexibility Status on
the Investment Decisions of Listed Companies

潘　迪／著

经济管理出版社
ECONOMY & MANAGEMENT PUBLISHING HOUSE

图书在版编目（CIP）数据

上市公司财务柔性状态对投资决策的影响研究/潘迪著 . —北京：经济管理出版社，2022.7
ISBN 978-7-5096-8634-8

Ⅰ . ①上…　　Ⅱ . ①潘…　　Ⅲ . ①上市公司—财务管理—影响—投资决策—研究—中国
Ⅳ . ①F279.246

中国版本图书馆 CIP 数据核字（2022）第 128836 号

组稿编辑：王　蕾
责任编辑：杨　雪
助理编辑：王　蕾
责任印制：黄章平
责任校对：董杉册

出版发行：经济管理出版社
　　　　　（北京市海淀区北蜂窝 8 号中雅大厦 A 座 11 层　100038）
网　　址：www. E-mp. com. cn
电　　话：（010）51915602
印　　刷：唐山昊达印刷有限公司
经　　销：新华书店
开　　本：720mm×1000mm/16
印　　张：12.5
字　　数：238 千字
版　　次：2022 年 7 月第 1 版　　2022 年 7 月第 1 次印刷
书　　号：ISBN 978-7-5096-8634-8
定　　价：68.00 元

前　　言

中国经济发展进入新常态后，经济环境以及政府政策的不确定性增加，再加之被认定为全球性突发公共卫生事件的新冠肺炎疫情对全球经济的冲击，不少企业都出现资金链断裂、偿债能力恶化、信用风险较高等问题，越来越多的企业意识到财务柔性的重要性。财务柔性，是指企业能够及时调动财务资源来预防环境不确定性的不利冲击，同时在面临不利冲击时可以利用环境不确定性，以低成本筹集到所需资金进而把握住合适的投资项目，降低陷入财务困境的可能性。财务柔性兼顾预防属性和利用属性，是企业主动应对环境不确定性并积极利用环境不确定性的产物，也是企业有效配置财务资源的结果。本书充分考虑财务柔性的跨期性，将是否连续多期保持财务柔性作为界定"财务柔性状态"的标准，只有连续3年以上保持现金柔性或者债务柔性的企业才被视为达到财务柔性状态。处于财务柔性状态的企业连续3年以上累积的现金柔性或者债务柔性就是企业跨期储备的财务柔性资源，本书将其定义为财务柔性储备。本书在研究单期财务柔性的同时量化分析财务柔性的跨期储备，通过对财务柔性持续时间的统计来确定企业是否处于财务柔性状态，同时衡量财务柔性状态保持的程度。相比于单期的财务柔性，本书对财务柔性状态的研究拓展了时间维度，强调了对于财务柔性的持续保持以及财务柔性资源的累积，所以财务柔性状态既能反映企业更重视财务柔性的"预防性"属性，又能反映企业财务政策的稳健性和内部资源配置的惯性，那么较为稳健的内部资源环境对投资决策以及投资效率的影响就更有规律可循。因此，本书主要考察我国上市公司是更重视发挥财务柔性的预防属性，通过多期储备财务柔性使企业处于财务柔性状态，还是更重视财务柔性的利用属性，在遇到投资机遇时完全释放财务柔性而不连续储备财务柔性。在此基础上，本书将非财务柔性状态的上市公司作为控制组，对比分析财务柔性状态和非财务柔性状态对上市公司内部、外部投资决策影响的差异，以便进一步研究两类公司在财务柔性政策上的差异如何影响上市公司的投资效率，探究财务柔性政策的稳健性是否能够更好地提高投资有效性。

本书参照已有文献关于财务柔性对投资及投资效率影响的研究，实证检验上市公司财务柔性状态对投资决策的影响。第 4 章实证研究财务柔性状态对内部投资决策的影响；第 5 章实证研究财务柔性状态对外部投资决策的影响；第 6 章实证研究财务柔性状态对投资效率的影响。利用 2003～2016 年沪深两市 A 股上市公司数据及其他财务数据，得到如下结论：

第一，针对上市公司财务柔性状态情况的总结如下：样本上市公司中储备跨期财务资源保持财务柔性状态的公司基本维持在 40% 的水平。处于财务柔性状态的上市公司由于储备财务柔性资源，所以财务柔性水平普遍较高，公司所处生命周期阶段不同，财务柔性及财务柔性储备情况存在显著差异；从财务柔性储备水平来看，成熟期公司更注重维持财务柔性状态。

第二，针对财务柔性状态对内部投资决策的影响总结如下：一方面，在非财务柔性状态下，现金柔性对无形资产投资的正向影响程度相对固定资产投资更大；当一个企业从非财务柔性状态达到财务柔性状态（现金柔性状态）后，现金柔性对两类内部投资决策的正向影响都有不同程度的降低，对无形资产的正向影响程度降低得更多，因此现金柔性状态下，现金柔性对固定资产的影响程度更大。另一方面，在非财务柔性状态下，债务柔性对无形资产的正向影响程度相对固定资产更大，这和现金柔性对两类内部投资决策的影响一致；达到财务柔性状态（债务柔性状态）后，样本公司的债务柔性从潜在柔性转换为可实现柔性的能力得到提高，但是样本公司的债务柔性对两类内部投资决策的影响没改变。因此，财务柔性状态只改变了现金柔性对两类内部投资决策的影响，在财务柔性状态（债务柔性状态）下，债务柔性对企业内部投资决策的影响没有差异。对于高新技术类企业，非财务柔性状态下，现金柔性与无形资产投资无显著相关性，而财务柔性状态（现金柔性状态）下，现金柔性对无形资产投资决策反而有负向影响；无论是否处于财务柔性状态，债务柔性与无形资产投资都呈显著正相关，但达到财务柔性状态时，债务柔性与无形资产投资的相关性较小。

第三，针对财务柔性状态对外部投资决策的影响总结如下：现金柔性能够在一定程度上控制并购规模；现金柔性对并购绩效有正向影响，促进并购绩效提高，而现金柔性对并购规模的影响程度大于对并购绩效的影响程度。财务柔性状态能够帮助企业进一步控制并购规模，提高并购绩效。企业对财务柔性状态的维持会影响到管理层对于并购的决断权，使管理层对并购规模以及并购绩效的影响降低。因此，企业采取稳健的财务柔性政策能够帮助企业在较大程度上控制并购规模，提高并购绩效，牵制管理层对并购决策的影响。

第四，针对财务柔性状态对投资效率的影响总结如下：财务柔性状态只能缓解现金柔性与非效率投资的关系，达到财务柔性状态后，债务柔性对非效率投资的影响程度反而上升。针对财务柔性状态持续时间对投资效率优化的总结如下：在对过度投资的优化中，如果企业处于现金柔性状态，持续时间越长，越有利于企业优化过度投资；如果企业处于债务柔性状态，持续时间越长，越不利于企业优化过度投资；如果企业同时存在现金柔性和债务柔性，随着财务柔性状态的持续，财务柔性对过度投资的影响程度先增加后减少。因此，企业应该根据储备何种财务柔性来决定财务柔性状态持续时间的长短，确定财务柔性政策的稳健性程度。

本书的主要贡献与创新之处如下：

第一，丰富和拓展了财务柔性的研究视角。现有文献对于财务柔性的衡量多停留在单期的量化，很少考虑财务柔性的跨期性储备。本书拓展了时间维度，强调财务柔性的多期储备，以是否连续3年以上保持现金柔性或者债务柔性作为划分财务柔性状态和非财务柔性状态的标准，具体研究处于财务柔性状态的公司的财务柔性资源情况，以财务柔性持续时间划分财务柔性状态维持的程度，从而分析财务柔性状态与非财务柔性状态下，上市公司财务柔性资源对公司投资决策和投资效率影响的差异，同时以达到财务柔性状态所累积的财务柔性资源（区分现金柔性和债务柔性）作为财务柔性储备的衡量指标，从储备财务柔性资源以及保持财务柔性政策的稳健性方面为上市公司提供政策性建议。

第二，研究设计科学，实证逻辑严谨。一方面丰富了财务政策领域的研究范畴；另一方面通过总结已有文献构建研究框架，深入挖掘财务柔性对投资决策的影响。从研究逻辑来看，先是探究上市公司财务柔性状态情况，然后按照是否处于财务柔性状态进一步分析财务柔性对投资决策影响的差异，包括对投资支出与投资结构的影响。其中，投资决策主要分为内部投资决策和外部投资决策：内部投资决策按照资本投资取向细分为固定资产投资和无形资产投资，外部投资决策主要针对并购进行研究。财务柔性状态是企业权衡是否完全释放财务柔性的结果，财务柔性状态能反映内部资源配置的惯性，而内部资源整合影响投资决策，因此较为稳健的内部资源环境对投资决策以及投资效率的影响具有一定规律性。所以本书进一步分析财务柔性状态对投资效率的影响，探究财务柔性资源释放程度对于投资效率的影响。

第三，深入挖掘财务柔性的特征属性差异。本书将财务柔性按照现金柔性和债务柔性分别展开研究，注重基于现金柔性和债务柔性的特征差异来研究两者对于投资决策的影响差异。现金柔性属于可实现柔性，债务柔性属于潜在柔性，因此现金柔性对投资决策的影响更直接，而企业的财务柔性状态会影响潜在柔性转化为可实现柔性的能力，影响债务柔性与投资决策的关系，进一步引起债务柔性和现金柔性对于投资决策影响的差异。本书的研究结果能够从是否选择储备财务柔性达到财务柔性状态、储备何种财务柔性资源以及财务柔性状态保持程度等方面为上市公司提供政策性建议。

目　　录

第1章　绪论 ··· 1

　1.1　研究背景与研究意义 ··· 1
　　1.1.1　研究背景 ·· 1
　　1.1.2　研究意义 ·· 4

　1.2　核心概念界定 ··· 7
　　1.2.1　财务柔性 ·· 7
　　1.2.2　财务柔性状态 ·· 9
　　1.2.3　财务柔性储备 ··· 10
　　1.2.4　投资决策 ··· 11
　　1.2.5　环境不确定性 ··· 13
　　1.2.6　管理层决断权 ··· 14
　　1.2.7　生命周期 ··· 15

　1.3　研究内容、技术路线与研究逻辑框架 ······························ 16
　　1.3.1　研究内容 ··· 16
　　1.3.2　技术路线 ··· 18
　　1.3.3　研究逻辑框架 ··· 19

　1.4　研究特色与创新 ·· 20

第2章　理论基础与文献综述 ··· 22

　2.1　理论基础 ·· 22
　　2.1.1　柔性理论 ··· 22
　　2.1.2　优序融资理论 ··· 24
　　2.1.3　货币需求理论 ··· 26
　　2.1.4　资本市场不完善理论 ··· 29

2.1.5　权变理论 ……………………………………………… 31
　　　2.1.6　价值管理理论 …………………………………………… 34
　　　2.1.7　资源基础理论 …………………………………………… 35
　　2.2　财务柔性述评 ………………………………………………… 37
　　　2.2.1　财务柔性的内涵 ………………………………………… 37
　　　2.2.2　财务柔性的来源 ………………………………………… 40
　　　2.2.3　财务柔性的重要性 ……………………………………… 42
　　　2.2.4　财务柔性与结构性去杠杆 ……………………………… 47
　　2.3　财务柔性与投资决策的文献综述 …………………………… 49
　　　2.3.1　财务柔性与内外部投资决策的文献 …………………… 49
　　　2.3.2　财务柔性与投资效率的文献 …………………………… 54
　　2.4　文献述评 ……………………………………………………… 56

第3章　财务柔性量化研究 ……………………………………………… 59
　　3.1　财务柔性计量方法述评 ……………………………………… 59
　　3.2　财务柔性量化分析 …………………………………………… 61
　　　3.2.1　现金柔性 ………………………………………………… 61
　　　3.2.2　债务柔性 ………………………………………………… 61
　　　3.2.3　财务柔性状态的量化 …………………………………… 62
　　3.3　样本选择与数据来源 ………………………………………… 63
　　3.4　实证结果分析 ………………………………………………… 67
　　　3.4.1　描述性统计 ……………………………………………… 67
　　　3.4.2　财务柔性状态的统计结果 ……………………………… 69
　　　3.4.3　财务柔性储备的统计结果 ……………………………… 72
　　3.5　本章小结 ……………………………………………………… 75

第4章　财务柔性状态对内部投资决策的影响研究 ………………… 77
　　4.1　理论分析与研究假设 ………………………………………… 77
　　4.2　研究设计 ……………………………………………………… 80
　　　4.2.1　回归模型设计 …………………………………………… 80
　　　4.2.2　变量解释 ………………………………………………… 81
　　　4.2.3　样本选择和数据来源 …………………………………… 85
　　4.3　实证结果分析 ………………………………………………… 85
　　　4.3.1　描述性统计 ……………………………………………… 85

　　　　4.3.2　相关性分析 ································· 88

　　　　4.3.3　回归结果分析 ······························ 91

　　　　4.3.4　基于行业性质差异的研究 ··············· 96

　　　　4.3.5　财务柔性对内部投资的影响路径研究 ··· 100

　　4.4　稳健性检验 ····································· 101

　　　　4.4.1　改变资本投向的代理变量 ··············· 101

　　　　4.4.2　内生性问题 ······························ 104

　　4.5　本章小结 ······································· 105

第5章　财务柔性状态对外部投资决策的影响研究 ······· 108

　　5.1　理论分析与研究假设 ·························· 108

　　5.2　研究设计 ······································· 113

　　　　5.2.1　回归模型设计 ···························· 113

　　　　5.2.2　变量解释 ································· 113

　　　　5.2.3　样本选择和数据来源 ····················· 116

　　5.3　实证结果分析 ································· 117

　　　　5.3.1　描述性统计 ······························ 117

　　　　5.3.2　相关性分析 ······························ 120

　　　　5.3.3　回归结果分析 ···························· 120

　　5.4　稳健性检验 ····································· 130

　　　　5.4.1　改变行业集中度的代理变量 ··············· 130

　　　　5.4.2　内生性问题 ······························ 132

　　5.5　本章小结 ······································· 133

第6章　财务柔性状态对投资效率的影响研究 ··········· 135

　　6.1　理论分析与研究假设 ·························· 135

　　6.2　研究设计 ······································· 138

　　　　6.2.1　回归模型设计 ···························· 138

　　　　6.2.2　主要变量解释 ···························· 139

　　　　6.2.3　样本选择和数据来源 ····················· 141

　　6.3　实证结果分析 ································· 141

　　　　6.3.1　描述性统计 ······························ 141

　　　　6.3.2　相关性分析 ······························ 143

　　　　6.3.3　回归结果分析 ···························· 143

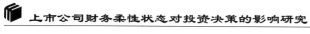

6.4 稳健性检验 ·· 150

6.5 进一步研究 ·· 152

    6.5.1 财务柔性状态持续时间的描述性统计 ············ 152

    6.5.2 财务柔性持续时间对非效率投资的影响 ·········· 152

6.6 本章小结 ·· 155

第 7 章 研究结论、政策建议与未来研究方向 ·············· 157

7.1 研究结论 ·· 157

    7.1.1 上市公司财务柔性储备水平 ····················· 157

    7.1.2 财务柔性状态与内部投资决策 ··················· 158

    7.1.3 财务柔性状态与外部投资决策 ··················· 160

    7.1.4 财务柔性状态与非效率投资 ····················· 161

7.2 政策建议 ·· 161

7.3 未来研究方向 ·· 163

参考文献 ··· 166

第1章 绪论

1.1 研究背景与研究意义

1.1.1 研究背景

根据国民经济和社会发展统计公报的数据，2016 年经济社会保持平稳健康发展，实现了"十三五"良好开局。初步核算，2016 年国内生产总值 744127 亿元，比 2015 年增长 6.7%，从 2013 年开始我国就逐渐出现第三产业比重领先于第二产业的经济发展现象。结合 2014 年 11 月习近平主席在亚太经合组织（APEC）工商领导人峰会上的演讲可知，政府在经济转型方面的努力以及市场经济自身的发展规律使我国经济结构出现了一些转折性变化：一是要素结构上，技术和劳动生产率的改善对经济增长的驱动力明显增强，创新驱动的效果日益显现；二是产业结构上，以服务业为代表的第三产业明显超越第二产业；三是区域结构上，中国区域结构将趋向均衡发展。而当前全球经济周期趋于下行，各种资源利用、环境约束以及经济自身发展规律的自我作用使我国也不可避免地出现潜在经济增长率自然下滑的现象，因此我国面临经济转型、增速下调的经济新常态，经济增速较为均衡，增长动力从要素、投资驱动转向创新驱动并不断趋于多元化，经济结构也出现转折性调整。增长速度"换挡期"、结构调整"阵痛期"和前期刺激政策"消化期"三期叠加的背景促使我国经济进入了增速下调、结构调整的新常态。党的十九大报告中也明确指出，我国经济已由高速增长阶段转向高质量发展阶段，正处在转变发展方式、优化经济结构、转换增长动力的攻关期①。因此，我们要主动适应经济新常态，坚持稳中求进的工作基调，明确改革攻坚战的主要任务，提高经济发展的质量和效益，突出创新驱动的动力依托；在路径选择上，要坚持定向精准稳投资、多点支撑扩消费，进一步推动区域经济协调发展，加快推进资本市场协调发展，完善系统性金融风险的控制机制（武鹏，2016）。随着中国经济发展进入新阶段，过剩的经济投资与产能，房地产市场风险和资本证券市场的波动风险较大等诸多问题不断显现，引发杠杆率快速上升，给我国宏观经济金融稳定带来了严峻挑战。2014 年末到 2016 年第一季度，是我国企业对外债务去杠杆化的阶段，我国企业加快偿还有关债务，2015 年底到期须偿还债务占总债务比例达到 17.06%。尽管我国地方政府和中央政府债务规模占 GDP 比重为 40%，小于国际通行警戒标准 60%，2015 年全年下降 3970 亿美元，到 2016 年第一季度下降 515 亿美元，但 2016 年第二、第三、第四季度分别回升 248 亿美元、427 亿美元和 217 亿美元②。2017 年包括居民、非金融企业和政府部门（这三个部门也被称为实体经济）杠杆率由 2016 年的 239.7%上升到 242.1%，上升了 2.4 个百分点③。2018 年实体经济部门杠杆率出现了自 2011 年以来的首次下降，由 2017 年的 244.0%下降到 243.7%④，但到 2019 年 9 月底，实体经济杠杆率则为 246%⑤，在新冠肺炎疫情的负面冲击下，中国在 2020 年杠杆率攀升了 23.6 个百分点，从 2019 年末的 246.5%上升至 270.1%，2021 年全年，实体经济杠杆率⑥共下降了 6.3 个百分点，从 2020 年末的 270.1%降至 263.8%⑦。可见，实体经济杠杆率虽有所波动，但总体上仍呈现上升趋势。作为实体经济的重要组成单元，企业不仅需要面对环境的变动，还要面对国内外企业的激烈竞争，当务之急是要坚持质量第一、效益优先，以供给侧结构性改革为主线，推动经济发展质量变革、效率变革、动力变革，提高全要素生产率，着力加快建设实体经济、科技

---

① 习近平. 决胜全面建成小康社会，夺取新时代中国特色社会主义伟大胜利——在中国共产党第十九次全国代表大会上的报告［M］. 北京：人民出版社，2017：10.
② 李丹丹. 去杠杆基本完成 我国外债风险总体可控［N］. 上海证券报，2017-04-01（3）.
③ 国家金融与发展实验室国家资产负债表研究中心. 中国去杠杆进程 2017 年度报告：总体稳杠杆局部去杠杆［N］. 经济参考报，2018-04-04（A06）.
④ 张晓晶，常欣，刘磊. 2018 年我国宏观杠杆率首次下降——中国杠杆率进程 2018 年度报告［N］. 经济参考报，2019-03-20（A06）.
⑤ 张晓晶，刘磊. 2019 中国实体杠杆率升幅前高后低，今年稳杠杆任务艰巨［EB/OL］. 第一财经网，［2020-02-19］. https：//www. yicai. com/news/100513004. html. 此数据是笔者根据该文献计算所得。
⑥ 原文献为宏观杠杆率，此处笔者改为实体经济杠杆率，因为宏观杠杆率的计算口径主要包含了居民、非金融企业和政府三部门，笔者认为该计算口径与实体经济杠杆率的计算口径一致。
⑦ 张晓晶，刘磊. 2021 年度中国杠杆率报告："三重压力"下杠杆或将步入上行周期［EB/OL］. 第一财经网，［2022-02-16］. https：//www. yicai. com/news/101319525. html.

创新、现代金融、人力资源协同发展的产业体系。对于经营状况差、中长期不可能好转的企业，最好要不断压缩债务，也就是去杠杆、去库存，这不仅是为了缓解我国经济增速所带来的增长水分过大的问题，也有助于解决"投资—增长—过剩"的悖论以继续深化改革。而强调通过低财务杠杆获取财务柔性是关于获取财务柔性研究的一大分支（Poitevin，1989；Goldstein et al.，2001；Billett et al.，2007；Byoun，2011）。随着网络信息技术的飞速发展和迅速普及，企业经营环境的不确定性不断升级，再加之被认定为全球性的突发公共卫生事件的新冠肺炎疫情使 86.22% 的企业账上资金无法支撑 3 个月，其中 33.73% 的企业资金支撑不了 1 个月①。此次新冠肺炎疫情导致我国中小企业的经营和财务风险急剧攀升，外部融资约束进一步升级（陈平花、葛格，2020）。因此，个体组织在疫情面前更要增强环境的主动适应性，在不影响商业声誉和企业形象的前提下，采取稳健的现金管理方式，提高流动资产利用率，加快现金回笼速度，暂缓或延缓现金支出，保证应急流动资产的需求，科学应对疫情（王棣华，2006；周琼芳，2020）。所以，在建设现代化经济体系和深化供给侧结构性改革过程中，需要重视企业的财务柔性情况，以此为提升发展质量、优化经济结构和转换发展动力等提供资源。

西方学者对于财务柔性的研究起步较早，并且取得了一系列较为丰硕的研究成果。无论是对财务柔性的定义、度量还是对财务柔性的影响因素、经济后果都进行了深入的挖掘和探索，并且形成了较为成熟的观点和理论支撑。虽然财务柔性逐渐成为理论和实务中备受关注的热点话题，但柔性财务管理仍是财务管理科学的一个新领域。传统财务管理政策多强调带有强制色彩的刚性财务管理，而柔性财务管理则更加高级且人性化、民主化，它能把经济主体的意志通过非强制性方式转化为大家自觉的行动，从而实现财务管理目标（王棣华，2006）。因此，财务柔性的定义正在不断地发展和完善，Heath（1978）认为财务柔性是指企业拥有的能够迅速解决现金流入不敷出的困境的事后行动能力，美国财务会计准则委员会（FASB，1984）把财务柔性定义为"一个实体能够采取有效行动改变现金流的数量和时间以对非预期需求和机会做出反应的能力"。美国注册会计师协会（AICPA，1993）采纳 Heath（1978）对财务柔性的定义，主要侧重调控现金流量的能力。之后针对财务柔性的定义强调企业调控现金流量的具体方式，包括企业能够以较低的交易和机会成本为企业活动提供资金时所达到的资本结构，这种资本结构有助于储备负债融资能力或者是以公平价格为未来投资获取所需资金的能力以便用于今后的并购扩张，并且尽可能最小化支付利息义务（Higgins，

---

① 资料来源于中国中小企业发布的《关于新冠肺炎疫情对中小企业影响及对策建议的调研报告》。

1992；Gilson and Warner，1997；Graham and Harvey，2001）。拥有财务柔性的企业能够及时调动财务资源以便处于财务柔性状态或利用未来不确定性事件以实现企业价值最大化，对于财务柔性的定义逐渐转移到预防属性，在面临不利冲击时在财务方面具有充分柔性的企业相比非柔性企业陷入困境的可能性要小，同时企业可以利用财务柔性，以低成本筹集到所需资金以便把握住合适的投资项目（Gamba and Triantis，2008；Byoun，2011；DeAngelo and DeAngelo，2007）。因此，基于财务柔性的研究范畴，笔者在总结已有文献的基础上构建研究框架，深入挖掘财务柔性对投资决策的影响，包括对并购、固定资产投资、无形资产投资的影响，不断完善财务柔性和各类投资的关系，特别是在当下动态环境不确定性较强、外部不利冲击频发的背景下，企业通过财务柔性能够方便地进入资本市场以满足自身在未来出乎意料的盈余下滑和（或）在有利可图的投资机遇出现时对于资金的需求。

鉴于现有文献较少从财务柔性状态以及财务柔性的其他三种柔性（可实现柔性、潜在柔性、需求柔性）出发，研究上市公司财务柔性对内部和外部投资决策影响的差异，本书拟从经济增速较为均衡，增长动力从要素、投资驱动转向创新驱动并不断趋于多元化，经济结构也出现转折性调整的宏观经济环境出发，深入挖掘财务柔性对投资决策的影响。从研究逻辑来看，将投资决策主要分为内部投资（包括固定资产投资和无形资产投资）和外部投资（主要包括并购）。首先探究上市公司财务柔性状态；其次通过对比研究财务柔性状态与非财务柔性状态公司中财务柔性资源对各类投资决策的影响及差异[①]；再次探究财务柔性政策的稳健性[②]是否能更好地为内外部投资决策提供内部资源；最后检验财务柔性状态对于投资效率的影响，并根据财务柔性状态持续时间的长短进一步展开分组研究。

1.1.2 研究意义

财务柔性是有价值的，高财务柔性的企业相对于低财务柔性的企业拥有一个价值增量（Gamba and Triantis，2008），且适度财务柔性能够增强企业应对不确定性的能力水平。企业不会完全被动地应对未来冲击，越来越多的企业开始主动将财务决策纳入企业的关键决策中。随着供给侧结构性改革的深入以及全球经济

---

① 借鉴 Rosenbaum 和 Rubin（1983）设立非财务柔性公司作为控制组来观察财务柔性公司组和非财务柔性公司组之间的差异。

② 借鉴刘名旭（2014）对于财务保守和财务稳健的对比思路，两者都是企业考虑到未来的不确定性，当期财务政策偏于保守，目的是给未来的财务政策留有余地。而且就字面意思的理解，两者含义接近，稳健比保守更中性，因此，本书在之后的篇幅主要用财务稳健来表达相关意思，避免使表述带有主观色彩，用财务柔性政策的稳健反映财务柔性状态下公司的财务柔性给未来的财务政策留有余地。

形势的进一步深化，我国经济发展中结构性问题和深层次矛盾凸显①。加之受新冠肺炎疫情的影响，世界经济增长低迷，国际经贸摩擦加剧，国内经济下行压力持续加大，通过调整资本结构和现金持有水平等方式达到财务柔性状态能够帮助企业更好地应对经济环境的诸多不确定性以及经济波动和经济政策变动的冲击，免于陷入财务困境，保持投资运行的良好态势，促进国民经济平稳健康发展。但在面临环境不确定性下的投资机遇时，企业是选择完全释放财务柔性，还是不完全释放、继续储备财务柔性值得探究。本书就是基于是否连续跨期储备财务柔性，研究财务柔性状态对于投资决策的影响，为企业的财务柔性政策提供政策性建议。

（1）理论意义

第一，分类梳理文献。本书对国内外备受关注的财务柔性相关理论和实证研究进行了系统述评，以财务柔性状态下企业的财务柔性对于投资决策的影响为研究主线。首先，梳理财务柔性的内涵、来源以及重要性；其次，梳理财务柔性如何影响投资决策的文献，包括对内部投资、外部投资以及投资效率的影响，为后续实证研究构建假说提供参考。

第二，深化理论分析。基于 Gamba 和 Triantis（2008）、Byoun（2011）对于财务柔性的定义，强调从预防属性角度深入研究财务柔性的跨期储备。本书借鉴 Ferrando 等（2017）的研究思路，拓展了时间维度，以是否保持现金柔性以及债务柔性 3 年以上作为划分是否达到财务柔性状态（Financial Flexibility Status）的标准，将财务柔性状态公司累积的财务柔性作为财务柔性储备，并进一步划分为现金柔性储备和债务柔性储备来考察上市公司的财务柔性状态，通过实证检验结果来分析企业财务柔性状态下稳健的财务柔性政策与非财务柔性状态下不稳健的财务柔性政策对投资决策及投资效率的影响差异，总结稳健财务柔性政策下财务柔性对内外部投资决策的影响规律，从而为上市公司是否跨期储备财务柔性提供建议。此外，基于 Gerwin（1993）、刘英姿等（2002）的观点，根据特征差异对财务柔性进行细化区分，从可实现柔性、潜在柔性以及需求柔性这三类特征属性的视角深入探究财务柔性对投资决策影响的差异，探究财务柔性不同属性的相互转换，主要是债务柔性由潜在性转换为可实现性，进而分析这种相互转换对投资决策的影响。本书按照研究设计进行实证检验，丰富了财务柔性的本原属性及经济后果类研究，为优化我国企业财务政策提供了理论依据和经验证据。

第三，细化研究主题。一方面，本书区分财务柔性状态与非财务柔性状态；另一方面，本书研究不同特征属性的财务柔性对投资决策影响的差异，根

---

① 摘自 2018 年的《政府工作报告》。

据投资特点和重要表现形式的不同，将投资决策细化为内部投资决策和外部投资决策，研究财务柔性对内部、外部投资决策的影响。为了反映企业一定时期的内部投资总量的不同投资用途的构成及其数量比例关系，进一步研究企业财务柔性对于内部投资结构变动的影响，同时研究财务柔性对投资效率的影响。通过分析稳健的财务柔性政策对投资决策的影响，以期得出具有普适性意义的研究结论。

（2）实践意义

随着经济下行压力持续加大和经济不确定性的加深，研究财务柔性政策对企业持续、健康地发展具有重要的现实意义。

第一，通过本书的研究使企业所有者和管理层准确把握财务柔性政策的出发点。通过实证检验不同财务柔性状态下财务柔性对投资决策的影响，使上市公司所有者和管理层准确地了解通过资源配置兼顾财务柔性的预防属性和利用属性相比于仅注重财务柔性的利用属性而不保持财务柔性政策的稳健性对投资决策的影响有何差异，帮助企业从动态角度把握如何通过财务柔性政策积极应对环境不确定性，为上市公司财务政策的制定提供经验性证据和政策性建议。

第二，通过本书的研究使企业所有者和管理层了解到完全释放与部分释放财务柔性资源对企业投资决策的影响差异，为企业是否保持财务柔性政策的稳健性以及应该储备何种属性的财务柔性资源提供经验证据。同时结合中国的特殊制度背景，研究财务柔性对企业投资决策的影响机制，以便优化资源配置，提高投资有效性，对企业持续、健康地发展具有重要的现实意义。2014年末到2016年第一季度是我国企业对外债务去杠杆化的阶段，我国企业加快偿还有关债务，因此探究财务柔性及储备与投资决策的关系具有较强的政策含义，研究结论能为下一步巩固或调整相关法规提供经验支持。

第三，通过本书的研究使企业所有者和管理层更为准确地把握财务柔性的不同属性。实证检验可实现柔性、潜在柔性以及需求柔性对企业内部、外部投资决策的影响，使上市公司所有者和管理层认识到不同属性的财务柔性在影响企业内部、外部投资决策时存在差异且不同属性的财务柔性之间相互影响。本书充分考虑到由管理层的决断权在财务资源配置上的差异所引起的企业间财务柔性及储备的显著差异，使管理层准确了解其决断权如何影响财务柔性政策以及企业的投资决策。

1.2　核心概念界定

1.2.1　财务柔性

对财务柔性（Financial Flexibility）的界定，需要注意财务柔性与财务弹性、财务灵活性、财务松弛、财务冗余的区分。这些概念都是借鉴西方财务理论所得到的，文字翻译过程中会受到翻译者自我理解程度的约束，因而同一个概念，不同学者会给出不同的命名方式。其中，财务柔性和财务弹性、财务灵活性都由 Financial Flexibility 翻译而来，是企业出于对环境不确定性的利用而产生的，是能够应对和利用环境不确定性的财务资源。早些年国内有学者将其翻译为财务弹性、财务灵活性，近些年随着柔性理论以及权变理论的不断发展，文献中多以财务柔性命名 Financial Flexibility。而财务松弛和财务冗余的英文都是 Financial Slack，其主要分为现金松弛和负债松弛（不包含权益类），且财务松弛（财务冗余）强调资源的冗余或者浪费，是企业储备的、超过目前所需的、在未来环境变化时可以随意使用的资源。虽然财务松弛（财务冗余）也是为了预防未来的不确定性而储备的财务资源，但是财务松弛（财务冗余）仅仅出于预防动机，是被动地应对环境不确定性的消极结果，因此财务松弛（财务冗余）没有主动利用环境不确定性的属性，没有很好地释放财务资源，造成了财务资源一定程度上的浪费。而财务柔性则兼具预防属性和利用属性，是企业主动应对环境不确定性并利用环境不确定性的产物，是企业有效配置财务资源的结果（Bourgeois，1981；刘名旭，2014），具体情况如图 1-1 所示。基于姜英冰（2002）、葛家澍和占美松（2008）、刘名旭（2014）对财务柔性范畴的总结，财务柔性有广义和狭义之分，广义的财务柔性是指财务管理活动柔性，强调整个财务管理体系都以财务柔性为核心，而狭义的财务柔性是指和投资活动、筹资活动等相关的财务活动，侧重从资金供需角度分析和量化财务柔性。因此，本书的研究和主流文献一致，研究的是狭义的财务柔性。

本书主要借鉴 Gamba 和 Triantis（2008）对财务柔性的定义。财务柔性是指企业能够及时调动财务资源以便预防或利用未来不确定性事件以实现企业价值最大化。财务柔性可以使企业"预防"环境不确定性的不利冲击，同时在面临不利冲击时具有充分柔性的企业比非柔性企业更能降低陷入困境的可能性，其在预防属性之外还兼顾利用环境不确定性的属性，使企业能以低成本筹集到所需资金，

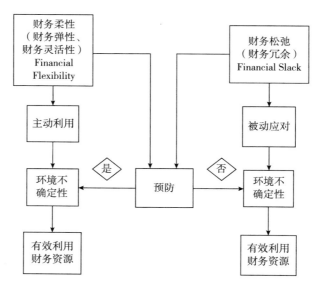

图 1-1　财务柔性与财务松弛

进而把握住合适的投资项目。由于我国特有的制度背景，上市公司股权再融资的资格、时间、数量等都受到中国证券监督管理委员会的严格管制，普遍而言，企业独立可支配空间较少，且我国的股利和分红特征又具有半强制性，因而很少企业拥有权益融资柔性（曾爱民等，2011），且对权益柔性的度量一直没有合适的度量指标（王志强、张玮婷，2012），因此本书研究的财务柔性包括现金柔性和债务柔性，不包括权益柔性。基于董理和茅宁（2016）提出的财务柔性理论的"跨期性"理念，即对于有限的财务资源，考虑对未来的资源补充以及对未来投融资决策的影响，本书同时研究单期财务柔性以及对财务柔性的多期储备。借鉴Ferrando 等（2017）将企业 36 个月都拥有财务柔性的情况定义为企业达到"财务柔性状态"，充分考虑了财务柔性的跨期性，并以此反映是否处于财务柔性状态以及维持财务柔性状态的稳健性。财务柔性的分类、属性以及财务柔性与财务柔性储备之间的关系如图 1-2 所示。

现金柔性和债务柔性的量化都利用回归模型估计目标持有的正偏离来间接确定企业对财务柔性的需求。其中，现金柔性指的是实际现金持有量相对估计模型的残差，并在观测和估计杠杆之间会产生系统性偏差，实证研究借鉴 Opler 等（1999）、Dittmar 和 Mahrt-Smith（2007）、杨兴全等（2010）、董理和茅宁（2016）的方法；同理，将债务柔性也作为一个不可观测的因素，利用估计目标杠杆的负偏离来间接捕捉企业对财务柔性的需求，实证研究中借鉴 Frank 和 Goyal（2009）确立的基础水平模型（Basicline Model）的分析方法，并且考虑通货膨胀的影响。

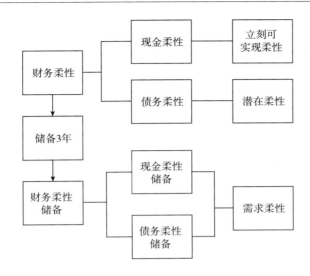

图 1-2　财务柔性与财务柔性储备的属性

1.2.2　财务柔性状态

本书借鉴董理和茅宁（2016）、Ferrando 等（2017）的研究理念以及研究思路，充分考虑了财务柔性的跨期性，并以财务柔性的连续性保持界定"财务柔性状态"（Financial Flexibility Status）[①]。因此，本书在考虑单期财务柔性的同时考虑多期财务柔性储备，并以此反映是否处于财务柔性状态以及维持财务柔性状态的稳健性。Ferrando 等研究了样本期之前的 12 个月、24 个月以及 36 个月的财务柔性，以 36 个月都拥有财务柔性定义"财务柔性状态"，即主要从债务柔性连续保持 3 年以上来定义财务柔性状态。本书之所以借鉴其思想，是因为 Heath（1978）曾将财务柔性定义为一种事后行动能力，但随着对财务柔性内涵的深入研究，发现应该从"事前、事中、事后"角度全面考察财务柔性，这样才能够体现其预防属性和利用属性以及预防和利用的动态过程、结果，而 3 年（3 期）不仅是能够充分包括有关财务柔性政策的事前、事中、事后过程的最小单元，还能够反映财务柔性在释放与补充后所达到的状态，这对于我国上市公司同样适

[①]　Ferrando 等在 2017 年的论文"Financial Flexibility and Investment Ability Across the Euro Area and the UK"中具体将财务柔性状态具体定义为："We classify a firm as FF status if it shows an LL policy for a minimum number of consecutive years，and in the empirical test，the FF3，FF4，and FF5 are dummies that take the value of 1 when we observe at least three，four，or five consecutive periods."即从债务柔性角度出发，将连续 3 年、4 年、5 年拥有债务柔性的公司定义为财务柔性状态（FF Status），所以至少债务柔性连续 3 年。

用。因此，本书借鉴 Ferrando 等的方法，以 3 年为衡量财务柔性状态的标准，在其基础上本书还根据现金柔性的保持情况考察上市公司的财务柔性状态，具体情况如图 1-3 所示。

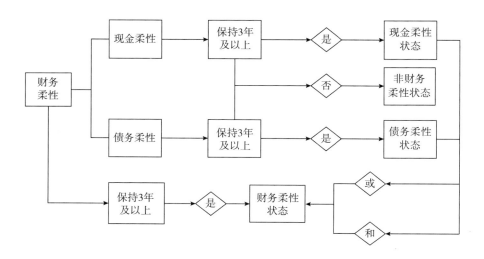

图 1-3 财务柔性状态

由于财务柔性包括预防和利用两大属性，因此，财务柔性状态的公司重视预防属性，而非财务柔性状态的公司更重视利用属性。

1.2.3 财务柔性储备

财务柔性储备的资本特性随着投资需求的持续增加而具有乘数效应化特征，潜在的财务柔性通过具体的公司财务活动而转化为现实的财务柔性（赵华、张鼎祖，2010）。而有些学者认为决策之间的依赖性和双向因果关系预示着支付柔性会影响对冲需求（Bonaimé et al.，2014），这和 Almeida 等（2004）的研究相符，同时强调了财务柔性决策中有跨期因素。可见，在考虑财务柔性时要关注其跨期储备情况，达到财务柔性状态说明企业跨期储备财务柔性，相比于单期的财务柔性拓展了时间维度，强调对于财务柔性的持续保持，或者理解为对财务柔性的多期储备。由于本书以公司是否保持现金柔性以及债务柔性 3 年以上作为划分财务柔性状态和非财务柔性状态的标准，3 年为最低标准，因此本书将处于财务柔性状态所累积的 3 年的财务柔性资源命名为财务柔性储备。财务柔性储备强调释放过现金柔性和债务柔性之后仍然保持一定的现金柔性和债务柔性，财务柔性储备与主流文献中的单期财务柔性最大的差异在于前者达到财务柔性状态，后者未达到财务柔性状态。财务柔性储备具体分为现金柔性储备和债务柔性储备，其量化基于现金柔性和债务柔性的量化模型，现金柔性储备是连续 3 年的正向现金柔性之和，而债务柔性储备是连续 3 年的负债柔性之和。本书借鉴 Rosenbaum 和 Rubin（1983）设置控制组即非财务柔性公司组来区分财务柔性状态，观察财务柔性状态组和非财务柔性状态组对投资决策影响的差异[1]，并利用 Suset 等检验方法，验证两组之间差异是否显著。考察财务柔性储备就是考察财务柔性状态，因此本书基于财务柔性指标即现金柔性与负债柔性（剩余负债）划分财务柔性状态和非财务柔性状态，区分是否处于财务柔性状态的关键在于企业连续维持现金柔性或者负债柔性（剩余负债）的时间，如果维持时间达到 3 年及以上就视为处于财务柔性状态，这个标准还用来划分财务柔性政策的稳健性[2]。

1.2.4 投资决策

投资（Invest）是指特定经济主体将若干资金或实物的货币等价物在一定时期内向一定领域投放以期在未来可预见的时期内获得收益或使资金增值的经济行为。投资决策（Investment Decision）是指对投资方案进行评估、甄选判断后针对是否投资、何时投资、选择哪个投资方案做出决定。

本书研究的投资决策主要针对企业内部投资和外部投资，具体研究中按照资本投向进行细化。企业在一定时期的投资总量中各类投资用途的构成及其数量比例关系是企业资产结构的重要表现形式与特征反映（吴建祥、李秉祥，2014），企业的不同投资取向在对区域产业结构调整的影响和贡献方面存在差异，因此本书研究投资决策时必须明确企业的投资取向。内部投资取向主要分为生产性资本投资、技术性资本投资和投机性资本投资三类。①生产性资本投资是指用于维持和扩张生产经营活动的资本投资，包括为企业生产运营所用的固定资产投资，在建工程投资，以及对子公司、联营合营企业的股权投资等；②技术性资本投资是能带动企业自身全要素生产率的提高，实现技术外溢，进一步提高相关产业要素生产率的投资，主要指直接关系到企业的技术能力和品牌效应的研发投

---

① Rosenbaum 和 Rubin（1983）使用了倾向得分匹配法来识别非财务柔性公司并将其作为控制组，观察财务柔性状态组和非财务柔性状态组之间的差异。观察两组公司之间各项指标，除了投资水平这一点，几乎没有太大差异。倾向得分是通过行业年均值来估计，建立"销售增长率、总资产的对数、有形资产、盈利能力、非债务税盾、税金和现金持有量"的方程。

② 依据刘名旭（2014）对于财务稳健和财务保守的含义的解释可知，从中文的字面含义理解两者意思接近，财务保守（财务稳健）是企业考虑到未来的不确定性而使当期财务政策偏于保守，目的是给未来的财务政策留有余地，是由 Financial Conservatism 翻译而来的。

资、专利技术和专有技术的投资；③投机性资本投资以获得短期收益为目的，具有很强的逐利性，是一种没有固定投资领域的短期资本投资，主要包含短期股权投资①。

（1）内部投资决策

本书研究的对内投资决策具体细分为生产性资本投资和技术性资本投资两类投资取向，其中生产性资本投资决策是为了维持和扩张生产经营活动而进行的资本投资，本书的研究仅包含为企业生产运营所用的固定资产投资、在建工程投资以及研发投资、专利技术和专有技术的投资，分别简称为"固定资产投资"和"无形资产投资"。

从企业投资收益来看，固定资产投资与企业生产经营活动密切相关，是企业盈利和创造价值的前提条件，一般企业存在先做大后做强的发展过程，固定资产投资是刺激企业业绩增长最直接最快速的资本投入方式。随着科技高速发展，企业固定资产如机器设备的更新速度加快、更新周期变短，其面临被淘汰的风险逐步提升，企业有关固定资产方面的投资也更加频繁，因此固定资产投资依旧是企业对内重要的投资决策。本书研究的固定资产投资借鉴郝颖和李静明（2011）的研究，用固定资产以及在建工程的净增量与存量之比衡量该类资本投向。我国坚持创新驱动发展，创新引领发展，推进全面创新改革试验，着力激发社会创造力，整体创新能力和效率显著，企业不断重视技术性资本投资，因此企业对内投资决策中技术性资本投资的比例逐步增大。对内投资决策中的技术性资本投资是直接关系到企业的技术能力和品牌效应的投资，本书研究的对内技术性资本投资决策仅包含研发投资、专利技术和专有技术的投资等无形资产投资，采用无形资产的净增量与存量之比衡量该类资本投向。

（2）外部投资决策

本书研究的企业对外投资决策具体包含并购重组，其是企业维持和扩张生产经营活动的生产性资本投资。并购是企业之间的兼并、收购和资产的重新整合，是企业在运营过程中出于企业发展的需要，通过资源整合和优胜劣汰实现整体资源的优化配置。企业通常为了实现协同效应并获得流动性而选择外部投资决策，主要形式包括溢价收购、置换和重新整合企业所拥有的股权、资产和负债等。上市公司不断寻求新的盈利增长途径，而并购已成为许多企业非常重要的经营战略行为。近年来，上市公司并购重组市场活跃，交易规模日益扩大，主要行业的集中度明显提升，对推动产业结构的调整发挥了重要作用。在本书的研究中，如果

---

① 基于冯白和葛扬在 2016 年发表的文章《资本投向、产权性质与区域产业结构调整》对于资本投向的分类总结。

同一年度某一样本公司发生多次并购，则对并购进行合并，以合并计算某一样本公司在同一年度所发生的并购次数为基础，对同一年某一样本公司多次并购的金额进行加总，用合计的并购金额来反映并购规模，并借鉴潘毅（2011）、李雪（2013）将并购规模用并购活动涉及的交易资金的自然对数表示。

1.2.5 环境不确定性

环境主要包括内部环境和外部环境（Duncan，1972），内部环境主要指以企业为空间的内部范围中影响企业决策、文化行为及资源配置等的因素；外部环境是在企业空间范围之外，由消费者、供应商、竞争对手等利益相关方组成的影响企业决策、文化行为及资源配置等的因素（Duncan，1972；李大元等，2009）。不确定性是环境最重要的特征（Duncan，1972；Milliken，1987），随着对不确定性维度研究的不断深入，有学者从复杂性和动态性方面增加了相关研究维度（Dess and Beard，1984），而 Miller 和 Friesen（1983）把不确定性总结为动态性、敌对性和异质性，从而扩充其资源可获取性方面的维度。Rosenbusch 等（2013）总结了前述学者的观点，进一步将不确定性总结为复杂性、动态性、丰富性、敌对性。从不确定性的维度出发研究环境不确定性，可知环境不确定性之所以存在主要是因为环境复杂性、动态性、丰富性、敌对性和资源可获取性，并且决策者认知有局限，导致其无法正确判断、预期环境对决策的影响及后果。环境不确定性具有随机性，会影响企业资源配置，导致冗余资源流向对成功起关键作用的经营活动（Cheng and Kesner，1997），从而影响企业及个体的经营决策，带来超额盈利或亏损。从纵向上可以将环境不确定性细分为企业个体的不确定性、行业的不确定性及宏观不确定性；从横向上又可将环境不确定性划分为产品市场的不确定性和资本市场的不确定性（万良勇、饶静，2013）。本书研究的环境不确定性是纵向层面上企业面临的外部环境不确定性，没有把国家的经济周期、产业政策、货币政策和财政政策等宏观环境不确定性纳入研究范围，同时主要从微观层面来考察，包含整个横向层面的环境不确定性，以及主要利益相关群体包括目标消费者、供应商以及竞争者的战略决策等的不确定性。这些要素的不确定性影响着公司的投资、融资决策，对公司的生产经营产生重大影响，本书通过考虑环境不确定性研究外部资源整合对于内部资源的影响，对于探究上市公司通过财务柔性政策"预防"和"利用"环境不确定性的情况具有重要意义。

本书的研究借鉴 Rose 和 Shepard（1997）、Aggarwal 和 Samwick（1999）、Megginson 等（2004）、Haushalter 等（2007）、邓康林和刘名旭（2013）的研究

方法，利用反映行业集中度的多样化指标赫芬达尔—赫希曼指数（HHI）[①] 来衡量行业竞争程度（行业集中度），同时借鉴 Ghosh 和 Olsen（2009）以及申慧慧等（2012）的研究方法，采用经过行业调整后的变异系数（EU）更加准确地衡量环境不确定性。具体而言，赫芬达尔—赫希曼指数计算公式为：$HHI = \sum (y_i / \sum y_{ind})^2$，其中 y_i 表示企业 i 在所属行业中形成的主营业务收入，HHI 指数越大，行业竞争性程度越弱；调整后的变异系数（EU）是将过去 5 年销售收入的变化中销售收入稳定增长的部分剔除掉，运用过去 5 年销售收入的标准差并经行业调整[②]，即每个公司运用过去 5 年的数据，采用普通最小二乘法（OLS）运行模型 $Sale = \varphi_0 + \varphi_1 Year + \varepsilon$，分别估计过去 5 年的非正常销售收入。

1.2.6 管理层决断权

由于所有权和经营权的分离与委托代理问题的存在，管理层完全拥有利用手中的权力执行自身意愿的能力，在内部治理有缺陷及缺乏外部约束的情况下，可能会引发管理层权力膨胀的现象（Berle and Means，1932；Zald，1969；权小锋等，2010）。Haleblian 和 Finkelstein（1993）对于管理层权力产生的源泉进行补充，认为管理人员处理内部和外部不确定性的能力是其权力的关键源泉。有学者将管理层权力的定义向不同维度扩充，包括组织结构权力（Structural Power）、所有权权力（Ownership Power）、专家权力（Expert Power）、声誉权力（Prestige Power）（French and Raven，1959；Finkelstein，1992）[③]。并在此基础上考虑微观环境的影响，对管理层权力的划分进一步具体化，提出薪酬设计权力（Bebchuk et al.，2002）、两职兼任情况即董事长和总经理两职合一所反映的职位权等。

综合国内外对于管理层权力的评价方式，本书借鉴高遐等（2012）以及董理和茅宁（2016）的研究，将所研究的管理层权力限定为"管理层决断权"。管理层决断权主要是指管理层对于组织结构以及发展规划的决定权，是按照自身意愿执行方案和决策等的能力，也指管理层意欲成为能力领导者所拥有的权力。管理层决断权决定了组织结构以及发展规划如何掌握在组织高管手中，是完全由高管

---

① 赫芬达尔—赫希曼指数（HHI）简称赫芬达尔指数，是一种测量产业集中度的综合指数。它是指一个行业中各市场竞争主体所占行业总收入或总资产百分比的平方和，用来计量市场份额的变化，即市场中厂商规模的离散度。赫芬达尔指数是产业市场集中度测量指标中较好的一个，是经济学界和政府管制部门使用较多的指标。

② 申慧慧等（2012）基于 Ghosh 和 Olsen（2009）的方法求出公司环境不确定性，然后除以行业环境不确定性所得出的值作为判定公司环境不确定性的值，此为经行业调整。

③ French 和 Raven（1959）认为董事会更服从于享有高声望的管理层，因此声望能够增强管理层权力。Finkelstein（1992）指出企业任务和制度环境是外部不确定性的主要来源，由此把管理层权力分为四个维度。

掌握、完全不由高管掌握或者介于两个极端之间。本书研究的管理层决断权主要包括报酬权、运作权、职位权，由这三项权力来综合评价管理层决断权（Hayward and Hambrick，1997；卢锐，2007；Dong and Gou，2010；苏文兵等，2010；李雪，2013；高遐等，2012；董理、茅宁，2016）。其中，报酬权是一种针对管理层的激励手段，是一种被广泛应用的公司治理模式。董事会或者薪酬管理委员会为高管制订相应的薪酬计划，从经理人市场吸引到符合本公司发展要求且能够为股东创造价值的职业经理人，从而促进企业的持续有效发展。本书中的报酬权主要指公司前三名薪酬最高的高管所获得的薪酬的平均水平；运作权代表了管理者可以支配企业资源的自由程度，用企业年营运资金与年营业收入的比值来测量运作权（Hambrick，2007）[①]；职位权主要反映董事长和总经理两个职位是否合一，兼任董事长和总经理会使管理层权力过于集中，加剧管理层决断权。

1.2.7　生命周期

伊查克·爱迪思（Ichak Adizes）是生命周期理论的创始人。他把企业生命周期形象地划分成三个阶段十个时期：①成长阶段，包括孕育期、婴儿期、学步期、青春期；②成熟阶段，包括盛年期、稳定期；③老化阶段，包括贵族期、内耗期或官僚化早期、官僚期、死亡期。产品生命周期理论是由美国经济学家雷蒙德·弗农（Raymond Vernon）于 1966 年在《产品周期中的国际投资和国际贸易》（*International Investment and International Trade in the Product Cycle*）中提出的。[②]对于某个产品而言，生命周期就是从自然中来再回到自然中去的全过程，也就是既包括制造产品所需要的原材料的采集、加工等生产过程，也包括产品贮存、运输等流通过程，还包括产品的使用过程以及产品报废、处置、废弃后又回到自然的过程，这些过程构成了一个完整的产品的生命周期。划分产品或者行业生命周期是一种非常有用的方法，它能够帮助企业根据行业是否处于成长、成熟、衰退或其他状态来确定自身所处的阶段，由于所处的发展、成长、成熟、衰退每一阶段中的竞争状况是不同的，因此相应的决策战略也应有所差异。对于上市公司而言，由于其已符合上市标准和相应的监管要求，因此默认其已度过初创期且分别处于成长期及以后的各阶段，本书的研究主要将所选样本划分为成长期、成熟期以及衰退期。本书选用上市年限、销售收入增长率、固定资产增长率、投资支出

---

① 依据 Hambrick 于 2007 发表的文章确定将运作权作为衡量管理层决断权的一个维度。

② 雷蒙德·弗农早期致力于区位经济学的研究，后转入对信息和专业化服务的研究，受克拉伍斯（I. Klar-Vas）和波斯纳（Michael V. Posner）技术差距理论的启发，于 1966 年发表《产品周期中的国际投资和国际贸易》一文，提出了著名的产品周期理论。他将新产品的生命周期划分为产品创新、产品成熟和标准化三个阶段，在国际贸易理论方面的主要贡献就是创立了产品周期理论（Product Life Cycle）。

净现金流量比四个指标来划分企业所属的生命周期并根据四个指标的总得分对总样本分行业进行由大到小的排序，成长期的企业为得分最高的约 1/3 部分，衰退期的企业为得分最低的约 1/3 部分，成熟期的企业为得分中间的约 1/3 部分。这种综合多指标打分方法能够较为全面地刻画企业不同发展阶段的特征，且可以减少样本的损失（李云鹤、李湛，2012；周霞，2014；崔也光、唐玮，2015；苏明，2016）。

1.3　研究内容、技术路线与研究逻辑框架

1.3.1　研究内容

对于财务柔性的研究，国内外现有文献都集中于现金柔性、债务柔性和权益柔性，关于财务柔性和投资决策之间关系的研究，主要将现金柔性、债务柔性和权益柔性合并作为整体来研究，且没有充分考虑财务柔性的跨期性。财务柔性的研究离不开环境不确定性，目前针对环境不确定性的作用存在三种观点，第一种是部分学者将环境不确定性作为自变量，研究其对因变量的直接驱动作用；第二种是基于权变的观点将环境不确定性作为调节变量，研究不确定程度存在差异情况下对相关变量的影响机理；第三种是将环境不确定性作为控制变量进行研究。本书在现有文献研究的基础上，结合我国资本市场环境，只研究现金柔性和债务柔性，且注重两者之间的相互影响，考虑到财务柔性的跨期性，将财务柔性状态也作为主要研究对象，拟从财务柔性和环境不确定性的关系出发，实证检验财务柔性状态下，财务柔性如何利用环境不确定性以实现财务柔性的价值进而影响企业的投资决策。

在研究设计上，连续储备财务柔性后达到的财务柔性状态代表该样本公司同时兼顾预防与利用两大属性，其财务柔性政策具有稳健性，通过研究财务柔性状态公司和非财务柔性状态公司（控制组）对投资决策的影响差异，反映兼顾预防与利用属性和只重视预防属性对公司投资的不同影响，探究更稳健的财务柔性政策可以为投资决策更好地提供内部资源。2015 年 10 月，我国提出降杠杆任务，不断控制债务规模，一定程度上增加了债务柔性，而政府在 2008 年 11 月出台了四万亿经济刺激计划，该计划在推进产业结构调整过程中，主要保障固定资产投资领域能够实现"稳增长、调结构、补短板、惠民生"的目标，尤其是党的十八大以来着力提高投资有效性。因此本书对投资决策进行细化，从投资取向出

发，研究非跨期的财务柔性以及跨期的财务柔性储备对各类资本投向的影响，检验跨期储备财务柔性和完全释放当前财务柔性资源这两种态度对投资决策影响的差异，同时检验不同属性财务柔性对投资决策影响的差异。全书共分七章，主要研究内容如下：

第 1 章：绪论。主要阐述本书的研究主题，具体内容包括研究背景与研究意义，核心概念界定，研究内容、技术路线与研究逻辑框架，研究特色与创新。

第 2 章：理论基础与文献综述。随着经济全球化的加剧，以及全球经济形势的复杂化，影响我国经济走势的不确定因素不断增多，科技的发展以及创新的深化也会加剧不确定性程度。这种经济的不确定性对于上市公司来说是机遇更是挑战，考验它们对于局势的判断，以及对信息的获取能力。如何在经济新常态背景下通过柔性财务管理，更好地应对环境的诸多不确定性，提高投资有效性，实现企业的健康发展尤为重要。本书主要的理论基础包括柔性理论、优序融资理论、货币需求理论、资本市场不完善理论以及权变理论。文献综述围绕"财务柔性对投资决策的贡献"这一研究主线，重点阐述内容及思路简述如下：第一，财务柔性的来源、重要性；第二，财务柔性对投资决策的影响；第三，财务柔性对投资效率的影响。最后在文献综合述评的基础上指出本书研究内容的不同之处。

第 3 章：财务柔性量化研究。本章首先回顾了有关财务柔性量化方法的文献，并在已有文献的基础上通过估计目标现金持有或者目标剩余负债的偏离度来捕捉企业对财务柔性的需求，将实际的现金持有量及剩余负债水平与估计目标之间的残差作为财务柔性的量化指标。本章通过对财务柔性的量化分析样本公司的财务柔性状态，探究企业选择跨期储备财务柔性资源的情况，并分析不同市场化程度地区公司的财务柔性、财务柔性状态及财务柔性储备情况。

第 4 章：财务柔性状态对内部投资决策的影响研究。本章首先从理论上分析财务柔性状态与非财务柔性状态下，内部投资决策（即固定资产投资和无形资产投资）与财务柔性的关系，分析财务柔性状态下财务柔性对内部投资决策的影响；其次，提出研究假设，利用我国 2003～2016 年的沪深两市 A 股上市公司作为研究样本，研究不同财务柔性状态下财务柔性对两类内部投资决策的影响，同时考察财务柔性资源的配置，进而研究财务柔性对两类内部投资决策的影响路径，现金柔性和债务柔性之间的关系如何影响两类内部投资决策，并且研究环境不确定性是否对财务柔性与内部投资决策有中介效应。此外，将管理层决断权作为调节变量研究管理层决断权对财务柔性与内部投资决策的调节作用，研究管理层决断权是否会加剧财务柔性资源对内部投资决策的影响。

第 5 章：财务柔性状态对外部投资决策的影响研究。本章从理论上分析财务柔性及财务柔性储备对并购的影响，同时分析财务柔性状态下财务柔性对并购的影响，然后提出研究假设，借鉴了 Ferrando 等（2017）、Stulz（1990）等的研究构建分析模型。首先，研究财务柔性及储备对并购规模以及并购绩效的影响，并区分不同财务柔性状态研究财务柔性对并购规模的影响，比较不同属性的财务柔性之间如何影响；其次，研究不同属性的财务柔性都存在时如何影响外部投资决策，并且研究环境不确定性是否对财务柔性与外部投资决策有中介效应；最后，将管理层决断权作为调节变量研究管理层决断权对财务柔性与外部投资决策的调节作用，研究管理层决断权是否会加剧财务柔性资源对外部投资决策的影响。

第 6 章：财务柔性状态对投资效率的影响研究。本章研究财务柔性对投资效率的影响，深入分析稳健的财务柔性政策下，财务柔性是否能够提高投资有效性。实证检验中主要借鉴了 Richardson（2006）和辛清泉等（2007）的研究思路构建投资效率模型，研究不同财务柔性状态下财务柔性对过度投资以及投资不足的影响差异。将环境不确定性和管理层决断权作为调节变量研究两者对财务柔性和投资效率之间的调节作用，并根据财务柔性状态维持程度对投资效率的影响，考察财务柔性资源配置是否能够优化投资效率。

第 7 章：研究结论、政策建议与未来研究方向。本章总结了第 4~6 章的研究结论，不同财务柔性状态下，财务柔性对外部投资决策和内部投资决策的影响程度不同。财务柔性状态的公司普遍会基于稳健性财务政策而尽量控制对外投资决策的支出，但对企业内部投资决策的支出有正向影响。财务柔性对于两类内部投资决策的影响路径不同，对于企业内部投资决策中的无形资产投资，财务柔性主要是现金柔性，它是通过环境不确定性对固定资产投资产生影响的，环境不确定性对固定资产投资没有中介效应。作为可实现柔性的现金柔性对于投资效率是单向影响，加剧过度投资；作为潜在柔性的债务柔性对于投资效率是双向影响，既会加剧过度投资，也会缓解投资不足。而财务柔性状态相比非财务柔性状态能够进一步缓解投资不足，但对过度投资的影响没有统一结论。

1.3.2 技术路线

本书在研究方法上呈现多样性的特征，注重理论联系实际。以大样本实证研究为主，辅之以文献研究法、理论分析法。同时，以经济学理论中的柔性理论、优序融资理论、货币需求理论、资本市场不完善理论以及权变理论为逻辑基础，根据研究问题结合管理学、财务管理学等各个学科的综合知识，采用文献梳理、理论模型构建、实证分析的科学研究思路论述问题。本书的技术路线如图 1-4 所示。

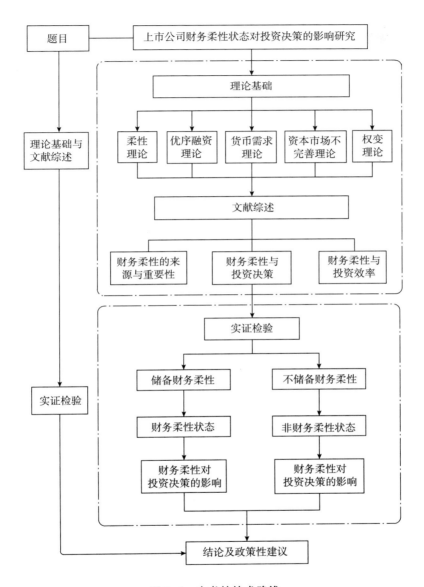

图 1-4 本书的技术路线

1.3.3 研究逻辑框架

本书的研究逻辑框架如图 1-5 所示。

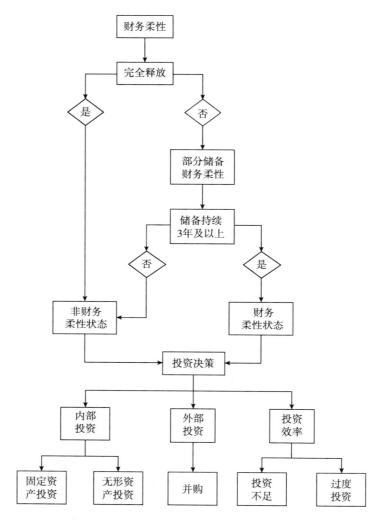

图1-5 本书的研究逻辑框架

1.4 研究特色与创新

一是丰富和拓展了财务柔性的研究视角。本书强调财务柔性的连续多期储备，注重研究财务柔性的跨期性，拓展了时间维度，以是否保持现金柔性以及债务柔性 3 年以上为标准来划分是否达到财务柔性状态,将达到财务柔性状态的公司连续 3 年以上累积的现金柔性或债务柔性作为财务柔性储备。储备财务柔性兼顾预防和利用环境不确定性,保证了财务柔性政策的稳健性,而不储备财务柔性只注重"利用"环境不确定性。本书通过实证检验财务柔性状态和非财务柔性状态对内部、外部投资决策的影响差异,从动态角度准确认识不同的财务柔性政策应对所面临的内部、外部环境不确定性对投资决策以及投资效率影响的差异,同时通过实证结果使企业了解财务柔性储备的效用,并从是否储备财务柔性资源以及保持财务柔性政策的稳健性方面为企业提供政策性建议。

二是本书在传统财务柔性分类的基础上创新性地从可实现柔性、潜在柔性和需求柔性的分类角度出发,深入探究财务柔性对投资决策影响的差异,注重根据现金柔性和债务柔性的特征差异来研究两者对于投资决策影响的差异。本书基于该分类方式探究现金柔性和债务柔性的相互影响及相互转换。其中,现金柔性属于可实现柔性,债务柔性属于潜在柔性,因此现金柔性对投资决策的影响更直接,而企业的财务柔性状态会影响潜在柔性转化为可实现柔性的能力,也会影响债务柔性与投资决策的关系,进一步引起债务柔性和现金柔性对于投资决策影响的差异。

三是细化研究主题。一方面丰富了财务政策领域的研究范畴;另一方面通过总结已有文献构建研究框架,深入挖掘财务柔性对投资决策的影响。从研究逻辑来看,首先探究上市公司财务柔性状况,其次按照是否处于财务柔性状态进一步分析财务柔性对投资决策的影响差异,包括对投资支出与投资结构的影响。其中,投资决策主要分为内部投资决策和外部投资决策,内部投资决策按照资本投资取向细分为固定资产投资和无形资产投资,外部投资决策主要指并购。由于财务柔性状态是企业权衡是否完全释放财务柔性的结果,因此本书进一步分析财务柔性状态对投资效率的影响,探究财务柔性资源释放程度对于投资效率的影响。此外,财务柔性状态代表企业长期连续保持财务柔性,反映内部资源配置的惯性,而内外部资源整合影响投资决策,因此较为稳健的内部资源环境对投资决策以及投资效率的影响具有一定规律性。

第 2 章　理论基础与文献综述

2.1　理论基础

2.1.1　柔性理论

柔性理论的研究最早始于 20 世纪 30 年代，其代表人物是经济学家 Hart[①]等人，他们研究经济周期的振荡对企业的影响。Backman（1940）研究农民如何面对农业市场价格波动以及他们的潜在反应，这使很多经济管理学家开始注意到柔性并逐渐将其与生产相结合纳入研究范畴中。除了生产及制造活动，Mason（1986）在资产证券化设计及管理中探讨柔性理论，研究资本市场波动性与财务柔性的关系。早期对柔性的定义主要是系统积极有效地响应环境的改变并处理环境不稳定性的能力，而系统是柔性研究的对象（Mandelbaum，1978；Zelenović，1982；Mascarenhas，1981），随后 Slack（1987）认为柔性是一种根据顾客需求的变化而调整的供应及供给变革方面的适应能力。很多学者在此基础上进行总结，指出柔性是一种对环境不确定性的较快的适应和处理能力，具体的适应是积极主动地利用变化，甚至制造变化迅速缓冲外部扰动或者过滤以及解决外部冲击，尽可能保持现状，或者利用外部冲击进一步优化自身，以便保证

---

① Hart A G. Failure and Fulfillment of Expectations in Business Fluctuation ［J］. The Review of Economics Statistics, 1937, 19（2）: 69-78.

与外界环境和谐相处的能力，是事物或系统内部稳定控制的程度和动态效率的指征[1][2]。因此，柔性是伴随系统的运行而生成的，是系统所具有的一种内在特有的能力。

柔性在发挥积极主动地适应、利用、缓冲以及过滤外部冲击的能力之后，便会达到一种状态，即权衡避免外部扰动与利用外部扰动随后选择相应的规则与方案的状态，这种状态的达成是通过不断地依据外界环境、外部条件进行调整以适应外界环境、外部条件，从而与外界环境、外部条件保持协调一致的关系实现的（Slack，1987）。柔性能力由缓冲能力、创新能力和适应能力构成（刘英姿等，2002）。学者们不断强调柔性组织的重要性，从组织的回应能力入手指出柔性化组织应具有与环境变化等同或多于环境变化的能力（Ashby，1964）。随着柔性不断与管理学、金融学领域结合，柔性进一步衍生到组织行为、战略管理、决策、市场营销等领域。柔性理论通过组织化研究进一步具体到创新和战略管理视角，汪应洛等（1998）指出柔性是通过推陈出新来增强适应和把握不确定机遇的组织能力，是企业对那些影响绩效的重大因素、不确定性较高的环境的适应和利用。组织柔性的本质是保持变化与稳定之间的平衡，同时遵循边际节约额递减和边际费用递增原理（Volberda，1997；Gupta，1993）。组织柔性化能力是指包容能力、纠错能力、敏感性能力等的综合（Golden and Powell，2000）。所以，组织战略柔性既是系统一种特殊的竞争能力，也是系统的一种核心能力（李垣、赵强，1999）。

赵华和何惕（2006）在研究企业财务战略问题的过程中创新性地引用了柔性战略的思想，率先提出柔性财务战略理念，进而形成企业财务系统柔性等相关理念体系，强调财务系统应有效利用各种财务资源来快速且经济地处理相关财务事项，从而主动适应财务动态环境变化和有效处理系统的不确定性。Bulan 和 Subramanian（2008）将柔性财务战略总结为两点：①"以调促变"的能力，即自身的整合、控制、均衡和调节能力；②"以创求变"的能力，即系统通过自主学习、累积学识而改善财务内外环境的能力。系统整合越有效，匹配度越高，系统柔性效率越高。企业财务系统所依赖的财务环境（即财务状态）越优化，系统的财务柔性能力就越强。财务战略柔性的基本构成元素包括财务资源柔性、财务能力柔性和财务机构柔性。而财务资源柔性针对企业稳定的资金基础，需要企业

① Mandelbaum M，Brill P H. Examples of Measurement of Flexibility and Adaptivity in Manufacturing Systems [J]. The Journal of the Operational Research Society，1989，40（6）：603-609.

② Brill P H，Mandelbaum M. On Measures of Flexibility in Manufacturing Systems [J]. International Journal of Production Research，1989，27（5）：747-756.

预留一定量的固定资金，提高资金的周转速率，以应对企业的变动（陈礼文，2013）。

柔性理论与本书研究问题的关系主要包括以下几方面：首先，柔性和适应性的不同之处在于，适应性只是以适应环境变化为目标，而柔性不仅要适应环境变化，还要利用环境不确定性达到系统与环境的共同和谐，因此柔性的价值就在于能够创造更高的价值。其次，柔性财务管理在管理方式上，与传统的财务管理方式相比更加注重财务的灵活性。传统的财务管理具有一定的静态性及单一性，是一种刚性的战略思想，因此对于企业外部环境的变化难以做出及时反应。企业在发展过程中，外部环境是持续变化的，这种变化性要求企业及时做出反应并做好相应的战略调整，因为这种战略特性会影响企业面对环境的动态反应（林成喜，2015）。王化成等（2012）、刘鹤翚（2012）认为与传统财务管理的顺序化、层次化、专业化、规范化不同，柔性财务管理追求的是一体化、集成化、柔性化管理，需要对筹资方式和资本结构进行柔性化管理，创新管理思想、管理体制，强调市场领先战略和多样化战略。可见，财务柔性的发展基于柔性理论，属于战略柔性的一个分支。在分析环境对企业财务管理的影响时，国内一些学者发现传统的财务管理模式已经不能适应企业长远发展的战略需求，企业财务管理必须遵守弹性原则，需要掌握保持合理、适度弹性的方法，只有柔性财务管理方式才能保证财务管理健康、持续、协调地发展（王化成，1992；柯军辉，2012）。国内学术界对于财务柔性问题的理解与研究正在不断深入与细化，企业对于财务柔性的认知也经历了从被动接受到主动运用的转变，企业的目标财务柔性也会根据企业的战略目标选择以及对风险的可控程度而产生变化，这也是财务柔性价值的重要体现。财务管理内涵和方法的丰富必然带动投资决策和分配决策的扩展，企业的柔性战略既会影响财务政策，也会影响企业资本结构和投资决策，这些都与社会生活的发展有紧密的关联。

2.1.2 优序融资理论

优序融资理论（Pecking Order Theory）和权衡理论（Trade-off Theory）已成为现代资本结构理论的两个主流理论。1984 年，Myers 和 Majluf 提出优序融资理论。在融资顺序上，为了使信息不对称等问题所带来的代理成本和其他融资成本降到最低，企业应采用最优的融资顺序，依次是内源融资、债务融资和权益融资。由于前提条件不同，在解释企业融资决策的动因以及不同融资方式的性质和作用时，权衡理论和优序融资理论意见分歧较多。优序融资理论放宽 MM 定理中完全信息的假定，以不对称信息理论为基础并考虑到交易成本的存在，认为权益融资会传递企业经营的负面信息；但权衡理论则通过放宽 MM 定理中完全信息以外的各种假定，考虑在税收、财务困境成本、代理成本分别或共同存在的条件下，资本结构如何影响企业市场价值（Miller，1977；Harris and Raviv，1991）。根据优序融资理论，企业理想的目标负债水平是不存在的，企业根据投资项目的资金多少来决定是否应该融资。而优序融资理论对于负债内部结构则认为，以抵押贷款或债券为主的低风险债务比那些信用债券类的高风险债务更能传递积极信息，能够降低融资成本，因而得到优先考虑，成为仅次于内源融资的方式。斯蒂芬·罗斯（Stephen A. Ross）的信号传递理论也从信号传递视角指出，实际上管理者选择哪种融资方式反映了企业经营的信息，这是变相地向投资者传递信号，如果负债水平过高则严重影响企业质量甚至带来破产风险，因此债务融资意味着负债水平较低，企业经营质量量化，管理层的未来预期也较好，是企业经营良好的信号，相应地，发行股票融资则是企业资产质量恶化、财务状况不佳的信号[①]。内源融资不需要和投资者签订契约，也无须支付各种费用，所受限制少，是企业首选的融资方式，其次是低风险债券，其信息不对称的成本可以忽略，再次是高风险债券，最后在不得已的情况下企业才发行股票。按照优序融资理论的观点，现金是投资决策和留存收益两者之间的一种缓冲剂。当股票价格高估时，企业管理者会利用其内部信息发行新股。投资者会意识到信息不对称的问题，因此当企业宣布发行股票时，投资者会调低对现有股票和新发股票的估价，导致股票价格下降和企业市场价值降低。优序融资理论"权衡"比较的是内源融资、债务融资和权益融资三者之间的成本。该理论的合理性与否不仅会影响到企业的治理结构和股东、债权人、管理者等利益相关者的利益，还包括逆向选择导致公司不发行股票。预期未来具有投资机会，公司现在减少负债，为未来融资预留空间，这是动态的优序融资理论。

优序融资理论中的内源融资与财务柔性政策本质上相通，因此该理论与本书研究的问题联系紧密。面对融资环境的不确定性，保持财务柔性会使企业的融资决策偏向保守（Fama and French，2001）。如果企业的经营性现金流能够满足投资决策的需要，那么企业会选择偿还债务或者储备资金；如果企业的留存收益不能满足企业当前的投资决策的需要，那么企业会通过储备现金流或者剩余举债能力的方式来满足该需要。所以，虽然优序融资理论不是一个专门研究现金持有或资本结构的理论，但是优序融资理论的提出可以帮助解释企业持有现金的原因。20 世纪 50 年代以来，西方发达国家企业融资结构变化的共同趋势是内部资金的

[①]　信号传递理论主要包括信号传递和信号甄别两大方面，信号传递模型（Signaling Model）指通过可观察的行为传递商品价值或质量的确切信息，信号甄别模型（Screening Model）指通过不同的合同甄别真实信息。

比重明显上升，外部资金的比重有所下降；而在外部融资中，银行融资的比重有所下降，债券融资比重上升，而股票融资呈下降趋势，甚至出现股票融资为负（股票回购大于发行）的情况，这些不仅有力地支撑了优序融资理论的现实解释度，也在一定程度上证实了财务柔性政策在企业实践中的地位逐渐提高，财务柔性为企业的价值贡献在实务界不断得到重视。企业获得内部融资机会越多，危机对其影响就越小，它们的杠杆率可能更低，现金资产比率较高，并且报告显示对它们的业务运作的影响较小；而企业获得外部融资的水平（首席财务官自我报告）与危机影响之间的关系要弱得多（Bancel and Mittoo，2011）。有国外学者认为去杠杆等财务政策受金融发展影响，因为金融发展缓解了企业的融资约束，但Lemmon 等（2008）通过实证检验又确定了一组杠杆率不受金融发展影响的公司，因为它们进入融资市场的机会有限，以上研究不断提供了金融发展对杠杆率的影响是如何随时间演化的证据。国内学者也不断对此展开研究，财务柔性的作用在不同产权性质企业之间不存在显著的差异，但在金融发展水平不同的地区存在显著差异，证明了金融发展能够有效地替代企业的财务政策（刘津宇等，2014）。姚耀军和董钢锋（2015）研究金融发展对于现金柔性的影响，发现银行中介在金融结构中的主导性越强，越能显著降低企业的投资对现金流的敏感性。

从投资机会的视角出发，拥有较多投资机会和较高成长性的企业对现金的需求量更大，包括固定资产以及无形资产和研发投入的增加，这些是扩大产品市场、提升竞争力所必需的。优序融资理论认为高速成长的公司往往缺少资金，内部融资较为困难，从而不得不选择次优的债务融资，因此增长机会与负债水平应该呈现正相关的关系。根据财务柔性是由企业采用合适的财务政策所建立起来的企业的内源、外源融资能力的观点（Byoun，2011；DeAngelo and DeAngelo，2007；葛家澍、占美松，2008），面临融资约束的企业虽然难以改变整个金融市场的不成熟和不完善性，但企业可以通过合理选择财务政策而优化自身的财务柔性，增强企业在未来投资机会降临时的资金筹集和调用能力，进而达到降低所受融资约束程度的目的。在融资约束程度相同的情况下，企业之间所储备的财务柔性差异必将对其投资决策产生显著影响。

2.1.3 货币需求理论

自凯恩斯（John Maynard Keynes）在 1936 年发表其革命性的著作《就业、利息和货币通论》以来，经济学家们一直力图将其进一步向前推进。凯恩斯曾经是现金余额数量论的代表人物之一①，但他摒弃了古典学派的学说，而将货币流通速度作为特征变量，开始关注利率的重要性，并不再支持将实物经济和货币经济划分开的"二分法"的做法，由此产生了流动性偏好的货币需求理论。根据他的观点，一个人的流动性偏好应该是个人在各种各样的状况下通过货币的方式维持他的资产的时间价值，流动性偏好的大小通过货币或者工资单位来度量。在凯恩斯货币需求理论中，他将人们偏好货币的流动性进行分类，即交易动机需求、预防动机需求和投机动机需求。作为交易媒介是货币一个非常重要的职能，而交易动机需求是为了满足个人正常商品、劳务的交易需求。凯恩斯根据交易动机主体的不同，将其细分为个人收入动机和企业业务动机。个人收入动机是满足人们日常生活开支和消费的一种货币交易需求；企业业务动机是满足在日常活动的业务开支不足时的一种货币交易需求。凯恩斯认为在日常生活中会出现一些未曾预料到的、不确定的支出，着眼于对未来债务偿付的保值作用，人们想保持一种资产并且该货币资产的价值在一定时期内保持不变。因此，人们也需要维持一定数量的货币，这就产生了预防动机需求，而该种需求仍然是主要用于交易的。所以，交易动机和预防动机需求可以归入一个范畴。又因为交易动机、预防动机所引起的货币需求与收入水平相关，并且是收入的增函数，所以用函数关系表示如下：$M1 = L1(Y)$。投机动机需求是凯恩斯货币需求理论中最具创新的部分。凯恩斯认为人们手中持有一定的货币量，还有一个目的是储存财富。而凯恩斯将储存财富的金融资产分为两类，一类是货币，另一类是债券。人们持有在手中的货币，其优点是具有最强的流动性，但是货币本身没有利息，收益率为零；相反，人们持有在手中的债券，不仅能给持有人带来一定的利息收入，还可以带来因债券价格变动而产生的资本利得或资本损失。债券利率的升降则会产生两种效果：如果利率上升，债券价格将会下降，如果债券价格下跌幅度很大，人们因债券价格下跌造成的损失大于从债券中取得的利息收入，人们将会加大对货币的持有数量；反之，利率下降，债券价格上升，人们将会获得比较可观的收益，人们将会加大对债券的持有数量。因此，人们对未来利率的预期成为人们选择持有货币还是持有债券的关键。现有的货币需求理论，存在着诸如经济人假设、融资动机研究薄弱、货币需求与货币供给分析人为分割及货币需求函数稳定性等问题（岳意定、管礼平，2003）。货币需求理论的发展都遵循视货币为资产这一关键，并基于此致力于构建货币数量需求函数。著名的库存模型研究了交易性货币需求，模型考虑了一些可能根本不持有生息资产的情况，进而考虑到佣金的时间价值情

---

① 现金余额数量论的核心思想：假定其他因素不变，商品价格水平涨落与货币数量成正比，货币价值的高低与货币数量的多少成反比。

况，但该情况可能更适合于个人①将实物商品列入资产选择集里，该模型分析中引入了通货膨胀预期（Feige and Parkin，1971），而目标门限模型的提出认为人们只有在超过一定的范围时才会去调整货币量（Akerlof and Milbourne，1980），在分析处于预防性货币需求时学者们探讨了随机收入支出流下的预防性货币需求，并得到立方根公式，且处于预防性货币需求可以通过有关非预期的现金流的自动透支账户或出售流动性资产的方式来获得（Miller and Orr，1966；Whalen，1997；Buiter and Miller，1981；刘斌等，1999）。Svensson 和 Wijnbergen（1989）认为在现代经济生活中货币需求应扩充为七动机：产出流量动机、货币—工资动机、金融流量动机、预防动机和投机动机、还款和资本化融资动机、弥补通货膨胀损失的动机、政府需求扩张动机。他们认为货币需求理论是为具有功能完善的成熟经济而设计的。

货币需求理论与本书研究问题的关系主要包括以下几方面。一是 2008 年全球金融危机之后，我国启动四万亿计划，扩大投资需求，进而拉动经济增长。充裕的流动性可以为经济的发展提供源源不断的资金动力，但是如果流动性过剩现象持续出现的话，就会对经济的整体发展产生巨大的风险，凯恩斯货币需求理论在世界各国都要斟酌使用（倪维阳、周建平，2017）。二是持有超额现金流的企业更容易在激烈的市场竞争中确立自己的战略性市场地位（Baskin，1987）。在市场化进程不断加快的背景下，企业制定的现金持有量决策必须以企业总体发展战略为导向，支撑企业的战略规划和长远发展。古典的货币数量论，既重视货币的数量也重视货币的交易速度，这是两个同等重要的命题。三是美国注册会计师协会（AICPA，1993）对于财务柔性的较早定义就主要侧重调控现金流量的能力，和 Heath（1978）的定义基本一致，而之后针对财务柔性的定义强调企业调控现金流量的具体方式，包括企业能够以较低的交易成本和机会成本为企业活动提供资金的能力时所达到的资本结构（Higgins，1992；Gilson and Warner，1997；Graham and Harvey，2001）。Gamba 和 Triantis（2008）对财务柔性补充的定义还包括能够快速并以较低成本获取资金，财务柔性和货币需求一致的是都有预防性动机，拥有财务柔性的企业能够及时调动财务资源以便预防或利用未来不确定性事件以实现企业价值最大化，对于财务柔性的定义逐渐转移到"预防性"属性，在面临不利冲击时在财务方面具有充分柔性的企业比非柔性企业陷入困境的可能

① 威廉·鲍莫尔（William Baumol）第一次将机会成本与交易成本结合在一起，提出了现金管理的正式模型。鲍莫尔模型（The Baumol Model）可以用来确定目标现金余额。鲍莫尔-托宾模型是由鲍莫尔（1952）和詹姆士·托宾（James Tobin，1956）开发的交易货币需求的经济模式，依赖于持有货币所提供的流动性（进行交易的能力）和无息货币形式持有的资产之间的权衡理论。

性更低，同时企业可以"利用"财务柔性，以低成本筹集到所需资金以便把握住合适的投资项目。所以财务柔性在"交易速度"和"交易数量"方面也都有所体现，要及时也要争取较低成本，这和货币需求理论的核心思想一致。此外，财务柔性是为了预防并利用环境不确定性，而环境不确定性也会带来流动性冲击，站在现金柔性的角度，企业的财务柔性政策就是满足企业对于货币的预防动机的需求。财务柔性对于环境不确定性的利用，是通过适应环境不确定性更好地把握环境不确定性带来的机遇，为实现"交易动机"补充财务资源，因此企业制定财务柔性政策与"交易动机""预防动机"吻合，但不是为了"投机动机"。从 Svensson 和 Wijnbergen（1989）的货币需求七动机出发，企业保持财务柔性的初衷可以解释为出于以下动机：产出流量动机、货币—工资动机、金融流量动机、预防动机、还款和资本化融资动机、政府需求扩张动机。采取财务柔性政策能够满足企业对于货币需求的动机，包括投资决策的货币需求动机，而财务柔性政策的出发点和货币需求理论的核心"交易数量"及"交易速度"相吻合。另外，随着企业财务柔性水平的增加，企业全要素生产率先升后降，对于企业生产效率而言，财务柔性并不是越高越好，当企业不存在融资约束时，财务柔性更多的是发挥"浪费支出假说"的作用，削弱了研发投入对于全要素生产率的正向影响，而当企业面临融资约束时，需要储备财务柔性，以发挥其"预防性假说"的作用（何明志、王晓晖，2019）。因此研究财务柔性及储备对投资决策的影响要基于货币需求理论。

2.1.4 资本市场不完善理论

根据 Modigliani 和 Miller 的 MM 定理[①]，在完善的资本市场下，企业的投资决策和资本结构无关，即内源融资和外部资金是可以相互替代的，企业可以为其一切有利可图的投资项目筹集到所需资金。20 世纪 70 年代，美国经济学家 Akerlof、Spence 和 Stiglitz 提出了信息不对称理论，并因此获得 2001 年诺贝尔经济学奖[②]，该理论主要论述了在市场经济活动中，买卖双方由于掌握交易信息的程度不同而对经济行为产生影响。从经济学的视角来分析，所谓信息不对称理论，是指在市场经济活动中，各类人员对相关经济交易信息的了解掌握程度是不一样的。在交易中，信息了解程度比较充分的人员往往处于比较有利的地位；相反，

---

① 最初的 MM 理论，即由美国的 Modigliani 和 Miller（简称 MM）教授于 1958 年 6 月发表于《美国经济评论》的《资本结构、公司财务与资本》一文中所阐述的基本思想。

② 信息不对称理论（Asymmetric Information Theory）是指在市场经济活动中，各类人员对有关信息的了解是有差异的；掌握信息比较充分的人员，往往处于比较有利的地位，而信息贫乏的人员，则处于比较不利的地位。

信息了解程度比较贫乏的人员则往往处于比较不利的地位。对于信息不对称理论的解释主要可分为两种情况：一是关于市场交易的信息在交易双方间的分布不对称；二是交易双方对于自己对信息掌握程度的相对状况是明确的，并且这种相对不对称的状况容易导致发生交易完成前的逆向选择和交易完成后的道德风险问题，这些问题将严重降低市场运行的效率甚至使市场交易停顿。资本市场中信息不对称情况的存在，常常导致上市公司的外部融资行为失败。外部资本市场不完善，企业内外部融资成本存在差异，导致企业在需要资金想进入资本市场时却面临融资约束的困扰。企业的各项决策不仅需要对确定性情况或事件做出反应，还需要事先保持财务柔性以应对未来的不确定性。而在完美资本市场条件下，公司的融资行为与投资无关，内部融资与外部融资可以完全替代。但是由于信息不对称、代理成本、税盾、交易成本、财务困境成本等，外部融资成本高于内部融资成本，两者不能完美替代。由此，部分公司会因外部融资成本较高而面临融资约束。当公司内外融资成本存在差异时，公司投资会受到约束。在资本市场不完善的情况下，公司内外融资成本存在显著差异，并且内部资金的成本低于外部资金的成本，导致内外融资具有不完全替代性。公司投资所需外部资金会受到限制，进而会产生投资低于最优水平、投资决策过于依赖企业内部资金的问题。

　　资本市场不完善理论与本书研究问题的关系总结如下。资本市场投资多样化的发展推进了金融工具结构的优化以及存量的增加，能为资金持有者提供流动性强、安全性高、预期收益高的投资机会，同时还可以丰富企业的股权资本来源以便提供权益融资柔性来源。此外，金融衍生工具等的开发和运用是从管理企业融资风险以及提高企业应对环境不确定性的能力等方面增强财务柔性（张倩、张玉喜，2020）。尽管市场摩擦阻碍了可能的增长机会，但更高程度的财务柔性允许企业减少流动性冲击对投资的负面影响，因此，财务柔性能提高公司进行未来投资的能力（Ferrando et al.，2017）。然而，与资本结构相关的市场摩擦表明，企业可能会受到放贷者的配给，导致一些企业相对于不受约束的公司似乎杠杆不足（Faulkender and Petersen，2006）。在资本市场完善（Perfect Market）的情况下，即便存在高度不确定性，企业总能以合理的价格从资本市场上获得所需资金，因而财务柔性自然也就失去了存在的价值。在非完美资本市场（市场摩擦存在时），企业预期未来会出现有价值的投资机会是可能遵循财务柔性政策来保持对未来成长机会的把握，企业可以一直保持最佳投资水平，可以在面临未预期的流动性冲击时不耗费成本去调整自己的资本结构并把握增长机会。一旦公司达到财务柔性状态，它们应该能够比非财务柔性公司有更强的投资力度，也会比有融资约束的公司投资力度更强。现实生活中，金融市场并不是完善的，外部投资者（债权人和股东）与企业经理之间存在着不对称信息。外部投资者不可能像企业经理那样了解企业投资项目的真实状况，因此使经理有可能产生机会主义，甚至通过侵害外部投资者的利益来追求自身利益。外部资金供给者虽然能够理性地预计到他们与经理之间的利益冲突，但由于监督成本过高或者存在"搭便车"心理而难以有效地降低信息不对称程度，因此他们往往采取两种措施来控制风险：一种是提高资金供给利率；另一种是实行信贷配给。此外，企业外部投资者和内部人之间也存在信息不对称，外部投资者为了规避风险，要求企业在外部融资时支付溢价，使企业外部融资成本高于内部融资成本，导致企业更倾向于内部融资，因此，受到高成本外部融资约束的企业，往往被迫放弃部分能增加企业价值的投资净现值为正的项目，导致投资不足。外部融资的约束程度不仅取决于证券市场的完善程度，还取决于上市公司和债权投资者间的信息不对称程度。信息不对称使成长性好的企业无法令人信服地为市场传递有利的投资机会，从而无法及时足额地筹集到满足投资机会所需的资金，因而引起投资不足。此时，如果企业拥有较高的财务柔性储备，尽管受到外部融资约束和信息不对称因素的影响，企业仍然可以凭借充裕的自由现金流开展正常的投资活动，降低投资不足程度。所以资本市场不完善才能彰显财务柔性的价值，才能体现财务柔性对投资决策的贡献。

2.1.5　权变理论

20 世纪 60 年代末 70 年代初，权变理论在美国兴起，受到广泛的重视，权变理论的出现意味着管理理论向实用主义方向发展前进了一步，其兴起有着深刻的历史背景，当时的美国，企业所处的环境很不确定。以往的管理理论，如科学管理理论、行为科学理论等，大多在追求普遍适用的、最合理的模式与原则，主要侧重于研究加强企业内部组织的管理，但在解决企业面临瞬息万变的外部环境时又显得无能为力。为了更好地帮助企业应对环境的不确定性，权变理论在经验主义学派基础上进一步得到发展。权变理论强调组织决策与环境因素密切相关，认为每个组织的内在要素和外部环境各不相同，因而在管理活动中不存在适用于任何情景的原则和方法，所以权变理论是西方组织管理学中以具体情况及具体对策的应变思想为基础而形成的一种管理理论。权变理论从事物普遍联系的视角出发，重点研究组织与其所处的内外部环境之间的作用关系，提出组织强调对待和处理具体情况的"应变式思维"，以达到可持续经营的最佳适宜状态。在权变理论发展过程中，弗里蒙特·卡斯特（Fremont E. Kast）、詹姆斯·罗森茨韦克（James E. Rosenzweig）、保罗·劳伦斯（Paul Lawrence）和杰伊·洛尔施（Jay Lorsch）是其中的代表人物。卡斯特与罗森茨韦克共同开创了"系统管理理论"这一权变理论的核心，致力于将权变观的理论框架付诸实践，通过组织的各子系统内部和各子系统之间的相互联系，以及组织和它所处的环境之间的联系，来确定各种变数的关系类型和结构类型，在 2000 年指出权变理论的目标是达到最适宜具体情况的组织设计和管理行动。该学派是从系统观点来考察问题的同时关注实践，每个组织的内在要素和外在环境条件都各不相同，成功管理的关键在于对组织内外状况的充分了解和有效的普适应变策略。其核心在于针对不同的具体条件寻求最合适的管理模式、方案或方法（张涛、庄贵军，2015）。

Lawrence 和 Lorsch（1967）认为不同的环境对组织提出了不同的要求，推动了权变理论的细化研究。Galbraith（1973）也从外部环境出发解释权变理论的核心观点：组织的复杂性、不确定性和互倚性要求组织重视信息的加工，进而获得"协调"。1970 年，Kast 发表了权变理论学派著名的代表作 *Organization and Management：A System and Contingency Approach*，基于权变理论的主要观点对系统组织观的含义进行了阐述。系统组织观包括开放的系统组织观、整体的统一组织观、权变的统一组织观。其中，开放是指系统的生存与发展包括投入、转换与产出都是处在环境的动态互动之中；整体是指组织的所有构成部分作为整体受到环境的影响。Kast 概括的主要观点也是基于系统组织观的，强调权变理论包括在组织运营中的实际解决问题的能力。Kast 总结权变理论的内涵与核心意义时指出，企业或组织作为一个有机整体，应当把各项管理业务看成是相互联系的具有网络化的活动。权变管理理论在 20 世纪 80 年代达到顶峰。诸如 Lawrence、Lorsch 等权变理论学家关于组织与其周围环境要素之间的联系的研究，极大地推进了组织管理研究，对于各种管理理论和组织运营实践的完美契合有着深远意义（Emirbayer，1997）。

国内学者基于实物普遍联系视角，对权变思想进行了总结：企业自身作为一个开放系统，其内部的子系统之间及其与外部环境因素之间不可避免地存在相互作用，企业必须不断调整以适应内部环境不断变化的要求，而后适应外部环境的变化；不仅内外部环境动态变化，企业自身的经营发展也是基于开放系统的动态调整过程，不存在一个稳定的或者说所谓稳定的最佳策略，因此企业需要时刻对内外部环境变化保持敏感捕捉与积极应对，遵循系统规律、系统机构、系统行为的基本规则并在此基础上寻求协调发展，实现可持续发展（唐丹彤，2019；张涛、庄贵军，2015）。贺颖奇（1998）把权变变量归纳为社会变量、环境因素、组织特性、用户特征等，并按照环境适应性、以顾客为中心、优化资源配置、以长期经营目标为导向等原则，构建了权变评价指标体系。谢戈（2011）将权变理论与哲学经典理论"运动与变化"进行对比分析，认为在当下竞争尤为激烈的大环境下，事物处于不断的运动和发展中已是不可抗拒性的事实，人们只能通过权变理论去更好地适应这不可抗拒性的事实。在尊重经济客观规律的基础上不断适应内外部环境变化、调整经营发展策略，在兼顾与过去的连续性和未来的可持续性的过程中实现财务战略的均衡以及企业的可持续发展（Salancik et al.，1978）。因此，在倡导绿色生产、可持续发展的当下，更应该以权变理论作为指导来制定企业发展战略。

权变理论与本书研究问题的关系总结如下。作为转型时期的发展中经济体，我国各项经济制度在逐步完善的过程中本身就存在一定程度的试错与调整，经济政策不确定性较高，所以我国企业有必要结合权变理论的核心思想，提升财务决策机制的缓冲能力，储备相应的保障性资源以应对不确定性带来的变化与冲击（唐丹彤，2019）。而柔性本质上是一个权变的概念，柔性如水一样灵活性强，能够适应各种不同形状的容器，能够适应一切的经济环境，包括内外部环境，并随着经济环境的变化而变化，对于不同的外部环境，柔性有所不同，这是现今的竞争激烈的经济背景下不可或缺的（张健，2007）。因此，权变思想在当下有着重要的指导意义，因为当下任何事物都时刻处于运动与发展变化之中。权变理论视角下企业财务决策所追求的根本目标要求企业财务决策的制定应当致力于提高企业的竞争优势、优化企业发展战略等，从而实现财务资源的权宜应变。拥有财务柔性的企业能够及时调动财务资源以便"预防"或"利用"未来不确定性事件以实现企业价值最大化，对于财务柔性的定义逐渐转移到"预防"属性，在面临不利冲击时在财务方面具有充分柔性的企业比非柔性企业陷入困境的可能性更低，同时企业可以"利用"财务柔性，以低成本筹集到所需资金以便把握住合适的投资项目（Gamba and Triantis，2008；Byoun，2011）。在经济不景气时，现金储备有助于增强企业避免重大财务困境的能力，使其在动荡经营环境里，更好地把握有利可图的投资机会，并提高企业并购主动性和灵活性（Soenen，2003）。财务柔性的定义就是在环境不确定性不断加剧的背景下产生的，企业管理层和所有者不断意识到财务柔性和环境不确定性之间的密切关系。当不确定性事件发生时，企业所持现金可满足其突发性资金需求，从而降低企业陷入财务困境的概率，或者保证企业在融资约束下仍能坚持其财务政策的稳定性，从而增加企业价值（Ferreira and Vilela，2004），当经济不景气时，面临融资约束的公司会提高其现金持有比例以增强其财务柔性，以便能有效缓解其后续外部融资压力，提高其投资灵活性（Ferreira et al.，2005）。在新的市场形势下，管理者要权宜应变，不能再单纯地拘泥于简单的管理模式，这对于财务管理领域也是一种前瞻性的指导，要对传统的、经典的财务管理理论不断进行回顾和总结，更要根据企业在财务管理实务过程中暴露出的缺陷进行反思与检查，此外，必须依据内外部环境中各部分之间的动态关系更好地完善财务柔性管理策略，以财务柔性政策筹集到所需资金以便把握住合适的投资项目，并提高投资有效性。总之，基于"权变理论"，灵活应对外部环境动态变化的柔性财务系统已然成为企业面临宏观经济不确定性的新兴治理模式（赵华、张鼎祖，2010）。因此，基于权变理论研究本书的相关问题能够更好地把握问题的核心思想。

2.1.6 价值管理理论

20 世纪 80 年代，价值管理在美国企业界开始出现，它是经麦肯锡顾问公司提倡和推广的一种新型管理理念和管理模式。价值管理（Value-based Management，VBM）是指以价值评估为基础、以价值增长为目的的一种综合管理模式（Copeland et al.，2004），以价值评估为基础的管理可理解为价值创造的思维和将思维化为行动的必要的管理程序和制度的有机结合。价值管理模式不是简单的替代"传统财务管理"等内容，而是一种内涵和外延的升华，其核心是将价值创造的原则转化为具体的价值管理实践（Rappaport，2007）。价值管理模式在价值驱动力和价值创造之间建立起了一种直观的联系，通过价值地图可以方便地考察在某个特定的公司里价值创造的具体过程。Copeland 等（1990）指出企业未来现金流量折现可以精确、可靠地描述企业价值，价值管理模式应当对企业未来各期的预计现金流量、企业加权平均资本成本这两个基本价值驱动因素进行预测和控制。在债权资本成本既定条件下，企业未来自由现金流量越多，企业股东也就越能够获得更多价值。价值管理以股东价值为取向的原因在于公众公司从降低代理成本角度确定的经营目标服务对象就是股东，而股东可以在有效资本市场上以很低的交易成本自由交换其剩余索取权（股票），股东通过自由交换的活动对公司决策产生影响（Jensen and Meckling，1976；Alchian and Woodward，1987）。从利益相关者价值取向出发研究价值管理理论已经不仅仅局限于以创造利益相关者价值为目标，而是更加注重转向如何评价企业社会责任（Donaldson and Preston，1995）。

价值管理的发展大致经历了三个阶段：数字阶段、战略阶段和整合阶段。其中，20 世纪 80 年代中期是最初的数字阶段。在这一阶段，价值管理几乎只关注财务方面的因素，是从"价值"这个视角来看待整个企业。价值管理除了财务管理还需要企业几乎所有部门的管理活动来支撑，它强调的是一种整体视角和观念，与传统的财务管理有显著区别。奉行"现金流量至上原则"的价值管理的观点强调，对上市公司的股票价格和非上市公司的公司财富来说，公司价值是比每股收益、销售和利润增长或其他传统会计指标更为重要的决定因素。接下来，进入战略阶段。价值管理以"过程"为导向，它强调管理是一个社会过程，要将价值评估和管理的方法引入管理过程的各个方面，包括战略、组织、计划、控制、评价等，特别关注如何运用价值观念进行战略和日常经营决策。管理层实施以价值为基础的管理，可以将公司的全局目标、分析技术和管理程序整合在一起，推动公司将管理决策集中在价值驱动因素方面，最大限度地实现其价值。王新光和盛宇华（2021）研究发现，连锁股东自身具有较高的资源禀赋以及个人能力，可以为企业带来丰富的股东资源，而股东资源既包括财务资源，又包括技术资源、人力资本与社会资本等非财务资源。股东资源中当然包括财务柔性，其促进了企业战略变革，即财务柔性储备越高，企业越倾向于实施战略变革，连锁股东对财务柔性强化战略变革的促进效应显著。而公司价值管理的实质内涵中包括人的价值，各项价值管理工作需要通过具体价值驱动因素指标的分解。公司价值管理模式根源于企业追求价值最大化的内生要求而建立，是一种以价值评估为基础、以规划价值目标和管理决策为手段、整合各种价值驱动因素和管理技术、梳理管理和业务过程的新型管理模式（汤谷良、林长泉，2003）。可见，价值管理阶段逐渐转入整合阶段。企业价值管理涉及企业会计、战略、运营以及人力等方面的管理，为企业的运行管理提供有效的信息，也为企业管理者所做出的决策提供科学的依据，进一步强化企业管理者的管理职能（孙华荣，2021）。价值管理者对商业的判断，靠的是回报和机会成本的权衡，而不是其他主观因素诸如声誉等。麦肯锡公司、德勤公司等都基于价值管理理论建立了自己公司的价值管理模式。

价值管理理论与本书研究问题的关系总结如下。致力于价值创造的公司会更为健康，有助于提高国家经济实力，提高人们的生活水准并为个人创造更多机会。柔性财务战略是一种价值管理战略，是一种价值链的创新。柔性财务战略对于企业的资源可以做到综合利用、整合优势、发挥能力，因此可以更好地实现企业的价值。企业价值管理针对的是企业的软性资源，是关于合理配置企业的经营战略中的软性资源的管理活动，包括合理分析会计数据信息，帮助企业管理者制定高质量的决策，有效提升企业经营业绩。作为财务柔性中的现金柔性尤其是长期性的现金柔性，其实是价值管理关注的核心问题，即价值管理者重视财务柔性资源的储备。因此，基于价值管理理论研究本书的相关问题有助于强调财务柔性的过程性储备活动，突出问题的关键内涵。

2.1.7　资源基础理论

资源基础观（Resource Based View，RBV）起源于 Penrose（1959），是最早发展成熟的"资源"理论核心主张，后经 Wernerfelt（1984）和 Barney（1991）的研究得到进一步发展。Barney（1991）将资源定义为企业所拥有的资产、信息、技术、人力资源、组织过程以及企业特质。RBV 强调企业发展的内生性，认为企业的成长依赖于企业内部所拥有的资源与能力，企业的成长需要有优势的内部资源与能力。根据"Value-Rarity-Imitability-Organization"（VRIO 框架）对企业内部资源是否有价值、是否稀缺、是否容易被竞争对手模仿的衡量，能够进一步检验何种组织结构会有利于企业对内部资源的利用，以及是否能进一步提升企业的经营绩效。可见，研究微观层面企业自有资源对制度环境的响应和调整能力要基于"制度基础观—资源基础观"相结合的视角，如果一个公司想要拥有持续竞争优势，它就必须获得和控制一定的资源，并配以适当的组织来吸收、利用它们（Barney，2002），以此帮助企业进行战略调整、提升持续的竞争力。

从 2003 年开始，三个新"资源"理论先后诞生，分别为资源拼凑理论、资源编排理论和网络编排理论。其中，资源拼凑理论与资源编排理论已各自形成相对成熟的理论框架（黄婉莹、谢洪明，2021）。第一，资源拼凑理论。资源拼凑理论主要包含手头资源、将就利用和新目的重组资源这三个核心要素，没有明确区分资源的内外部属性。"手头资源"指的是企业容易忽视的已有资源甚至遗忘的已有资源，通常这些资源能够以较低代价轻易获取，可利用程度很低；"将就利用"主要指的是积极发现已有资源的价值并纳入使用；"新目的重组资源"指的是基于与初期目的不同的目的来重新组合现有资源，通过形成新的机制来驱动创新。资源拼凑理论主要研究的是处于初创期的企业，但按照生命周期理论，还有成长期、成熟期以及衰退期企业，因此，资源拼凑并不能涵盖各发展阶段的企业，不能满足组织能力的提升以及其他发展要求，只是资源的简单拼凑。第二，资源编排理论。资源编排理论在资源基础理论的基础上，将管理者因素考虑在内，强调管理者在流程中参与和监督资源的职能。该理论将资源结构化、资源捆绑和资源杠杆化的综合过程涵盖在资源管理范畴内，以期为企业创造客户价值和竞争优势。资源编排理论也可以看作基于企业生命周期的视角对资源拼凑理论的扩充（黄婉莹、谢洪明，2021），而该理论更适用于发展相对成熟的企业，研究范围包括获取外部资源，积累、剥离内部资源，从而形成公司的结构化资源体系，而这个体系不是固定的，会随着竞争环境而变化，可见基于资源编排理论，企业的资源结构、资源捆绑和资源杠杆化会受到竞争等环境不确定性的影响。

不同于发达国家跨国公司，以中国为代表的新兴经济体的 OFDI 企业有其自身特点，由于市场机制尚未健全、企业自身对无形资产的垄断优势较为薄弱，企业需要基于自身资源并整合来自母国层面的所有权优势，形成比较所有权优势，继而克服潜在的"外商劣势"（余珮、彭思凯，2021），充分利用内部社会资本不仅有利于共享、转移、创造企业内部知识，而且有利于协调和配置企业各部门之间的财务资源，确保战略调整过程中资源配置能快速完成。资源的协调和配置依托于价值链，而价值链的创新既包括企业与外部创新主体之间的合作和价值交换，也包括企业内部创新要素的整合、知识流动和各部门之间的协调互动（王文华等，2020)。此外，针对财务资源，企业通过持有现金或保持低杠杆的形式储备财务能力能够有效地缓解金融危机对商业信用造成的负面影响，在一定程度上替代银行信贷为商业信用提供财务资源的支持 (Love et al.，2007)。另外，所有权性质会使国有企业和非国有企业在所拥有的资源禀赋以及可享受的政策支持等方面存在差异 (崔智星、胡志勇，2020)。

资源基础理论与本书研究问题的关系总结如下。财务资源的灵活配置和跨组织、跨部门的协调沟通将对价值创造产生决定性作用，维持创新价值链的完整和不断优化创新价值链是企业创新成败的关键，而企业财务资源的灵活配置需要重新组合和配置财务资源的能力使企业能够快速进行资源重新配置，即通过财务柔性系统来协调支持企业快速进行战略调整。再加之"一带一路"倡议以基础设施引领的经济一体化发展的平台，通过加强沿线各国的基础设施建设，继而深化全球开放合作、促进全球共同发展繁荣、推动构建人类命运共同体，有助于中国企业与沿线国家企业彼此之间经济要素与资源的流动。在"一带一路"倡议下，企业战略发生变革，资源往往需要跨部门甚至跨国配置，这往往需要财务部门与各业务部门的深度融合来缓解部门及分部之间的利益冲突，使财务资源重新组合和配置能够快速到位 (张学伟、徐丙岩，2020)。因此，作为适应财务环境和系统不确定性、有效管理企业财务风险的综合调控能力以及优化配置财务资源即管理财务风险的长效机制，财务柔性是企业提高核心竞争力的有效途径 (赵华、张鼎祖，2010)，能够通过研究财务柔性资源整合来为投资决策提供支撑、提高投资效率，保证企业创新价值链的连续性以提升企业创新绩效。

2.2   财务柔性述评

2.2.1   财务柔性的内涵

财务柔性 (Financial Flexibility, FF) 的定义，目前在国内外学术界还未得到统一。Heath (1978) 认为财务柔性是指企业拥有的能够迅速解决现金流入不敷出的困境的事后行动能力，美国财务会计准则委员会 (FASB, 1984) 把财务柔性定义为"一个实体能够采取有效行动改变现金流的数量和时间以对非预期需求和机会做出反应的能力"。美国注册会计师协会 (AICPA, 1993) 也主要侧重调控现金流量的能力，和 Heath (1978) 的理论基本一致。之后针对财务柔性的定义强调企业调控现金流量的具体方式，包括企业能够以较低的交易和机会成本为企业活动获得融资以及重组融资以便提供资金的能力，这种资本结构有助于储备负债融资能力或者是以公平价格为未来投资获取所需资金的能力以便用于今后的并购扩张，并且尽可能最小化支付利息义务（Higgins，1992；Gilson and Warner，1997；Graham and Harvey，2001）。财务柔性储备越充实，越有利于企业通过合理安排资本结构和股权结构，发挥降低资本成本的主观能动性（Gilson and Warner，1997）。国外学者在 2002 年之前的研究主要针对如何通过财务冗余储备财务柔性，集中研究从低财务杠杆（负债冗余）和高额现金持有（现金冗余）两种政策保持财务柔性。随后，一些研究者定义财务柔性为"未开发的借款能力"，并使用低杠杆率作为财务柔性的代理变量（Denis and McKeon，2016，Marchica and Mura，2010）。为了确定具有额外能力的公司，将每个公司的债务水平与行业中值进行比较，如果一家公司低于行业中位数，则该公司就被认为有额外的债务融资能力。而高于行业中值的公司被认为缺乏额外的债务融资能力，并进一步将缺乏额外的债务融资能力的公司识别为高杠杆公司（Fliers，2016；Arslan-Ayaydin et al.，2014）。

在财务柔性定义发展过程中有两类并未得到较广泛认可和长期发展的定义观，分别为收益观和资产负债表观：一个衡量的标准是将财务柔性界定为未限定用途的收益与总收益之比；另一个则指出财务柔性是未限定用途的资产在总资产中所占的份额。这种在财务柔性定义中限定其空间维度的做法难免会束缚管理层的决策视野，故而被后来的定义抛弃（曾爱民等，2014）。Gamba 和 Triantis（2008）认为财务柔性是一个公司以低成本融资以及重组的能力。首席财务官会把财务柔性作为公司财务政策决策中至关重要的考虑因素（Brounen et al.，2006；Graham and Harvey，2001；Pinegar and Wilbricht，1989）。财务柔性价值与财务柔性水平看似相关，但实际上存在较大差异，其中前者取决于企业实际财务柔性储备与理想水平的差距（Rapp et al.，2014）。面对财务柔性价值的变化，企业需要调整资本结构，但具体采用何种调整方式可能存在差异（林慧婷等，2016）。

一个公司的财务柔性依赖于外部融资成本，而财务柔性也能够影响企业与资本结构、流动性以及投资相关的战略性决策。Byoun（2011）进一步补充认为拥有财务柔性的企业能够及时调动财务资源以便预防或利用未来不确定性事件以实现企业价值最大化，对于财务柔性的定义逐渐转移到"预防"属性，在面临不利冲击时在财务方面具有充分柔性的企业比非柔性企业更能降低陷入困境的可能性，同时企业可以"利用"财务柔性，以低成本筹集到所需资金以便把握住合适的投资项目。在经济不景气时，现金储备有助于企业增强避免重大财务困境的能力，使其在动荡经营环境里，更好地把握有利可图的投资机会，并提高企业并购的主动性和灵活性（Soenen，2003）。Gerwin（1993）、刘英姿等（2002）将财务柔性划分为可实现柔性、潜在柔性和需求柔性，并对三种类型的柔性进行区分，其中可实现柔性不再是系统的一种潜能，而是对系统行为的体现。需求柔性是外界需求和不确定性的反映，它不是系统柔性的形态，而是要求系统柔性达到的水平和目标。刘英姿等通过控制模型解释了可实现柔性是系统在一定管理水平下某个时期所表现的能力，从某种意义上讲，在一定管理水平下，如果穷尽不同时期下的现金柔性，就可以得到可实现柔性；如果能穷尽不同管理水平下的可实现柔性，则可以得到系统的潜在柔性。2007 年之前，对于财务柔性的关注主要在于超额现金方面即现金柔性，研究大多认为财务柔性来自内部资金可得性（Myers and Majluf，1984；Opler et al.，1999），随着 DeAngelo 和 DeAngelo（2007）以及 Marchica 和 Mura（2010）对于财务柔性价值的研究中提到债务柔性，即公司实际选择的负债率小于资本结构理论预测的杠杆率时也可以创造财务柔性，逐渐将财务柔性从现金流领域扩展到负债融资以及权益融资方面，并对三种财务柔性进行了总结，其中现金柔性是指企业调用其现金存量的能力；负债融资柔性是指负债率小于资本结构理论预测的杠杆率，即企业可通过举借债务或者发行债券筹集所需资金的能力；而权益融资柔性则是指企业可通过发行权益性证券筹集资金的能力。无论是债务融资还是权益融资落脚点都是对于投资资金的贡献，因此在此期间对于财务柔性的定义都集中到调动财务资源以便处于财务柔性状态或利用的功效方面，学者不断意识到财务柔性和环境不确定性之间的密切关系。当不确定性事件发生时，企业所持现金可满足其突发性资金需求，从而降低企业陷入财务困境的概率，或者保证企业在融资约束下仍能坚持其财务政策的稳定性，从而增加企业价值（Ferreira and Vilela，2004），当经济不景气时，面临融资约束的公司会提高其现金持有比例以增强其财务柔性，以便能有效缓解其后续外部融资压力，提高其投资灵活性（Ferreira et al.，2005）。不少学者通过对比1997 年以及 2008 年金融危机前后财务柔性和非财务柔性公司的投资情况，发现企业获取和保持财务柔性的确能够帮助企业应对内外部经营和财务环境的变动性和不确定性，而且普遍存在的一种情况就是经理人在经历金融危机后更加重视储备柔性，其目的是以此规避风险（Almeida et al.，2004；Acharya et al.，2007；Denis and Sibilkov，2010；Lee and Song，2010；Gao and Grinstein，2013）。此外，Rapp 等（2014）将企业财务柔性总结为一种储备资源用来应对财务环境的动态变化和处理系统不确定性的综合能力。

国内学者较早开始研究财务柔性时主要针对财务柔性的来源和途径，葛家澍和占美松（2008）总结了财务柔性资源的四种主要途径。国内学者多针对财务柔性在环境不确定性背景下的"预防"和"利用"，包括金融危机以及货币政策转变发生时企业财务政策保持高财务柔性的企业，能够在危机中具有更强的资金筹集和调用能力，投资活动更少受到融资约束的困扰展开研究（曾爱民等，2011；曾爱民等，2013），国内鲜少针对财务柔性的定义有创新性的见解或者进行深入探究。

2.2.2 财务柔性的来源

在实践中，公司可以使用几种不同的方法提高其财务柔性的来源，如现金持有量、银行信贷额度（Almeida et al.，2007；Sufi，2009）、以低成本融资以及重组的能力（Gamba and Triantis，2008）。Graham 和 Harvey（2001）、Brounen 等（2006）、Bancel 和 Mittoo（2011）都提供强有力的证据表明，企业选择财务杠杆决策的唯一重要的决定因素是保持财务柔性状态，并且都通过研究发现财务柔性政策是首席财务官进行财务决策时的主要考虑因素。DeAngelo 和 DeAngelo（2007）认为企业财务柔性等于现金柔性、负债融资柔性和权益融资柔性之和，总和越大则企业获取和调用资金的能力越强，财务柔性也就越大。江伟和李斌（2006）发现国有上市公司能获得更多的长期债务融资，而在政府干预程度比较低的地区以及金融发展水平比较高的地区，国有银行对不同性质公司的差别贷款行为有所减弱。

2010 年之前，对于财务柔性的关注主要在于超额现金方面即现金柔性，研究大多认为财务柔性来自内部资金可得性（Myers and Majluf，1984；Baskin，1987；Opler et al.，1999）。随着 Marchica 和 Mura（2010）对于财务柔性价值的研究中提到债务柔性，即公司实际选择的负债率小于资本结构理论预测的杠杆率时也可以创造财务柔性，学者们开始将保持举债能力的方式作为财务柔性的外部资金来源。而金融中介和债券市场相反，它是公司债务资本的重要来源，企业的杠杆率存在显著差异与企业是否有机会获得公共债券相关，而企业能否获得公共债券由是否在市场上拥有债务评级所决定，能够从公共部门筹集债务的公司市场债务相对要高出 40%（Faulkender and Petersen，2006）。DeAngelo 等（2011）认为在选择负债率时还要考虑事前借贷导致事后不能借贷的机会成本，即是否需要保持一定的举债能力以便面临未来投资机会时拥有及时借贷的能力，因此 DeAngelo 等指出保持充分的举债能力、稳定低水平的杠杆率是较好的财务决策。Almeida 等（2011）、Denis（2011）认为财务柔性一般和企业未来投资能力相关，当信息不对称且代理问题可能影响企业对未来盈利能力的把握时，公司可能通过以下方式来获得财务柔性：重新整合企业资本结构，通过现金管理或者股利支付政策等。Bolton 等（2013）把那些周期性的回购归因于处于预防性动机所对应的现金需求，这也是现金柔性存在的重要原因。但 Denis 和 McKeon（2016）的研究结果与有序融资相悖，他们发现许多公司在突然增加债务的后续年份里会同时偿还债务并回购股票，再者公司基本不会使用初始增加的杠杆或后续的盈余来建立现金储备。当公司决定使用债务而不是股权时，会决定提前收到现金，然后使用未来现金流偿还债务（Frank and Goyal，2009）。Grullon 等（2002）证明了回购活动的增加既来源于年轻公司倾向于回购股票而不是倾向于分红，也来源于建立了分红项目的大公司回购次数的增加，回购股票已经成为分红项目的一部分。这就引出了股票回购是一种提高财务柔性的方法的观点（Brav et al.，2005；Fliers，2016）。一般高杠杆公司会受到更严格的债务契约的约束，这些契约降低了管理层对商业环境变化的应变能力，因此许多公司维持未使用的债务能力、超额的信贷额度来保持财务来源（Diamond and He，2014）。还有学者认为支付柔性和金融对冲可以互相替代（Daniel et al.，2007），套期保值减少了现金流的可变性，提高了可维持的股息水平，帮助股票回购的公司创造了财务柔性，但这种柔性降低了金融或者经营方面套期保值项目的益处。

国内研究中，邓康林和刘名旭（2013）指出产权性质债务柔性来源的影响因素，银行对于不同产权性质的公司的放贷时间、放贷类型差别对待，公司即使具备再举债的能力，也不一定能将这种能力转化为债务柔性。李芳芳和路丽丽（2013）从 TCL 集团实务角度分析了财务柔性储备与释放的非主流策略，包括：①出售闲置资产；②出售股权；③在一定程度上控制营运资本，依靠自有资金经营从而降低并控制杠杆水平。而财务柔性储备的释放主要是考虑到"十二五"时期的政策鼓励，为了更好地把握投资机会，同时也是出于环保循环产业链建设的考虑，都需要释放财务柔性以便注资。由于对未来投资机会有良好预期，公司在储备剩余负债能力的同时也可能选择将保留盈余用于投资，而减少现金股利支付，以此作为财务柔性的相关来源（董理、茅宁，2013）。财务柔性来源还包括增加货币资金存量、投资短期有价证券等来提高现金柔性，通过及时偿还债务提高信用等级、保留银行信贷额度等来调整融资结构以获取负债柔性（吴晨，2015）。闫书静和赵娟（2017）提出通过与上下游企业建立友好关系以稳固合作关系来降低风险的方式提高现金柔性，此外还有提高应收账款回收力度、使用多种保值工具、选择股票股利支付等方式。根据财务柔性理论，在获取资金方面，财务柔性强调对资金的及时筹集，实质是对筹资方式的跨期安排。虽然内源资金成本更低，但是若企业未来面临较高不确定性，其会在当期选择外源融资以保持现金柔性，从而储备应对不确定性的能力。随着我国股票市场的日益完善，股权融资成本降低，企业在进行权益融资及相关股利分配政策时均会考虑财务柔性（李玥等，2019）。王爱群和唐文萍（2017）研究发现环境不确定性是企业储备财务柔性的前提，企业为了储备财务柔性会增加现金持有、降低负债比率。魏建国和梁方瑞（2021）通过研究我国上市企业中财务柔性得出与王爱群和唐文萍（2017）基本一致的结论，即企业储备财务柔性一般是通过现金持有水平的提升或者债务比例的降低所实现的，同时研究得出过高的财务柔性会显著提升企业的现金持有水平，或者"零杠杆"企业数量增多。付玉梅等（2019）认为多元化公司倾向于保留更多的财务柔性（如留存更多的现金流）以谋取私利从而导致内部资本市场资金配置效率与经营风险盈余平稳效应失效，由此可见多元化战略的实施有助于企业提升财务柔性水平。

2.2.3 财务柔性的重要性

对于财务柔性的重要性，国内外学者主要总结为以下四个方面。

第一，财务柔性能够提高企业的投资能力、投资效率。Denis 和 McKeon（2016）、Marchica 和 Mura（2010）将财务柔性定义为"未开发的借款能力"，并使用低杠杆率作为财务柔性的代理变量，以此考察其对资本结构和投资决策的影响。Almeida 等（2011）、Denis（2011）研究发现财务柔性一般和企业未来投资能力相关。Bancel 和 Mittoo（2011）通过对法国上市公司 CFO 调查和访谈发现，财务柔性强的企业在金融危机中的投资支出、销售收入、盈利能力和股利政策等受的冲击相对较轻。Rapp 等（2014）将财务柔性的作用总结为：财务柔性可以缓解发展中国家的投资不足问题以及资本准入受限的情况，并且可以帮助避免与财务困境相关成本的发生。Jong 等（2012）、Bessler 等（2013）通过实证检验证明了财务柔性的价值直接关系到公司承接新的投资项目的能力。因为企业在外部资本市场中有时会面临融资摩擦，所以企业有时更为倾向于通过内部资金进行投资（韩庆兰、闵雨薇，2018）。虽然财务柔性能够提升企业投资水平，但是由于委托代理问题的存在，财务柔性企业的投资效率显著低于无财务柔性企业的投资效率（陈红兵、连玉君，2013）。朱磊和潘爱玲（2009）认为企业做出投资决策时，银行信贷往往成为企业首先考虑的债务资金来源，商业信用很难用于长期投资项目，对企业非效率投资行为的约束力也较小。Duchin 等（2010）发现 2008年金融危机对于短期负债较高或者现金储量较低的非财务柔性公司的投资具有更严重的阻碍影响。Almeida 等（2010）研究发现在 2008 年金融危机期间，流动负债占长期债务比例更大的公司比流动部分较小的公司削减了更多的投资。企业的投资不可逆程度、学习能力、所有权性质、机构持股比例以及股权集中度能够刺激经济政策不确定性对企业投资的抑制程度（李凤羽、杨墨竹，2015），但企业以保守财务杠杆达到财务柔性能够更有效地提高企业投资能力（Jong et al.，2012）。除了金融危机，技术冲击也会使企业对外部资金需求变大，技术冲击会使投资机会超出内部资金所能支持的范围（Rajan and Zingales，1998）。那么，控股股东就可能利用多元化经营所构建的内部资本市场来更为灵活地侵占企业自由现金流（Talavera et al.，2012）。而过度自信的管理者在考虑研发投资资金来源时会把财务柔性放在基础性地位（Deshmukh et al.，2013）。综上可见，财务柔性对企业投资水平、投资能力的提高有一定作用，尤其是在金融危机或者技术冲击等不确定性环境下。

第二，财务柔性能够优化企业的资本结构，有利于资本结构的动态调整。资本结构的权衡理论指出企业选择债务水平来平衡债务的税收优惠与潜在破产所增加的成本（Kraus and Litzenberger，1973；Myers and Majluf，1984）。如果经济环境或公司的财富发生变化，公司使用债务融资可能带来以下问题，无法承担应该履行的财务义务，这种明确的财务义务可能会限制公司的增长机会，并可能降低其财务柔性，这两种主要理论主导了资本结构的研究和动机（Arslan – Ayaydin et al.，2014）。当信息不对称产生逆向选择成本时，现金是企业常用的调整当期资本结构的一种方式，且基于择机发股，更有利于实现资本结构的有效调整，从而降低企业的财务风险，有利于企业获取更多的信贷额度（田旻昊、叶霖，2015）。Graham 和 Harvey（2001）通过对首席财务官的调查，发现管理层可能更倾向于股票回购而不是支付股息，因为回购可以为公司提供更大的财务柔性，而公司保持财务柔性是因为财务柔性是影响资本结构的最重要因素之一，这里的资本结构是指企业获取债务或股权融资的水平。在资本结构方面，高财务柔性价值（VOFF）的公司会选择较低的杠杆比率，为未来借款保留了更高比例的债务能力（Gamba and Triantis，2008）。而不支付股息、流动性边际价值较高的信贷违约掉期公司，现金持有量的增加更为明显。对于现金流波动性较高的信贷违约掉期公司，这些增加的现金持有并不意味着更高的杠杆率。总的来说，研究结果与信贷违约掉期引用公司采取更保守的流动性政策以避免与更苛刻的债权人谈判的观点是一致的（Subrahmanyam et al.，2017）。Brav 等（2005）认为当管理层认为他们的估价跌了，他们会强调使用财务柔性尝试把握市场时机以便加快回购进度，还会根据优势项目的可行性来选择不同的支付方式。能够确信的是管理层都知道财务柔性有价值，但是却并没有在使用财务柔性的时候给它增加附加值。Gamba 和 Triantis（2008）研究发现了一个令人费解的但却比较流行的财务管理政策，即大部分公司都会利用债务融资来保持现金存量并制衡两者之间的关系，因此财务柔性能够影响企业的资本结构、流动性以及投资相关的战略性决策。Lemmon 等（2008）界定了资本结构收敛，并研究杠杆率收敛对资本结构动态变化的影响，帮助确定不受金融发展影响的公司，毕竟杠杆率等反映财务柔性的指标对资本结构的影响还会受到所处金融环境的影响。金融发展对企业杠杆率的正向影响叫作动因收敛，在研究中先测试公司杠杆率的收敛性，以确定哪些公司的融资决策最有可能受到金融发展的影响，然后使用已经确定的公司将金融发展与公司杠杆率进行回归分析（Antzoulatos et al.，2016）。杠杆率大幅上升说明公司为了投资而主动偏离长期目标杠杆率，虽然会重新平衡估计杠杆率目标，但随后的债务削减既不是迅速的，也不是主动尝试（如股票发行）的结果，而是以重新平衡公司的资本结构，来实现其估计目标（如股票发行）的结果（Denis and McKeon，2012）。DeAngelo 等（2011）指出普遍使用临时债务来源意味着企业会以这样一种方式来安排他们的资本结构，即由未使用的债务能力构成资本结构，如果出现资金需求，这些债务能力可以事后使用。而 Denis 和 McKeon（2012）则指出一个公司的杠杆率在任何时候都包括永久性和暂时性两部分，永久性部分代表了公司的长期目标，而暂时性部分反映了公司现金流的演变以及运营需求。当公司有资金需求时，它们会借钱并利用借钱的优势。当随后的现金流相对于运营需求足够高时，它们会按照长期目标杠杆率来偿还债务。这种行为会产生杠杆模式，从而管理者很少关注债务的成本和收益。Bonaimé 等（2016）认为财务柔性的价值与各种可以广泛定义为公司治理问题的内容相关，包括积极的盈余管理、监控的缺失和根深蒂固的管理者及资本结构等。

资本结构动态调整包括资本结构的调整速度和资本结构的调整偏离度。企业内外部因素会影响企业资本结构调整。外部因素主要有行业因素、制度因素、融资约束、宏观经济状况、资本市场的定价功能；内部因素主要有企业的盈利能力、成长机会、公司规模、债务契约等（Antoniou et al.，2002；Banerjee et al.，1999）。企业获得内部融资机会越多，危机对其影响就越小，其杠杆率可能更低，现金资产比例较高，业务运作受到的影响较小，管理者如何看待和实现财务柔性，以及财务柔性在应对 2008 年全球金融危机中的价值（GFC）等方面进一步证明了财务柔性对资本结构决策十分重要（Bancel and Mittoo，2011）。同时，国内学者认为在考察政策不确定性与资本结构的关系中也是围绕财务柔性这个关键因素展开的（顾研、周强龙，2018）。周开国和徐亿卉（2012）认为中国上市公司的初始负债率对未来资本结构有显著影响，资本结构具有稳定性也反映了负债率的稳定性即债务柔性的稳定性。在资本结构调整方面，相比于非国有企业，国有企业更可能存在过度调整行为，而非国有企业则可能因面临资源约束而呈现调整不足的现象（盛明泉、车鑫，2016）。虽然财务柔性对资本结构调整存在促进作用，但考虑到我国制度因素，财务柔性会抑制国有企业的资本结构过度调整行为，会缓解非国有企业资本结构调整不足行为（李玥等，2019）。总之，应基于财务柔性的视角分析资本结构动态调整的原因，在实务中出于诸多原因，企业的筹资安排可能会偏离其目标资本结构，而追求价值最大化的企业不会让这种偏离长期存在，因此公司会进行资本结构调整，由此资本结构的动态调整逐渐受到国内外学者的广泛关注。不过少数学者通过研究我国上市企业中财务柔性，发现过高的财务柔性可以显著提升企业的现金持有水平，或者"零杠杆"企业数量增多，从而使企业资本结构处于不合理的状态（魏建国、梁方瑞，2021）。

第三，财务柔性能够提升企业价值。Marchica 和 Mura（2010）、Jong 等（2012）、Bessler 等（2013）都通过实证检验证明了拥有财务柔性的公司所进行的投资活动越多，公司价值越高。Jong 等（2012）、Bessler 等（2013）研究发现公司如果选择通过保守的杠杆政策或者零负债来获得财务柔性，那么公司地位相应越高。Ben-Rephael 等（2014）指出如果经理能够通过回购低于真实价值的股票，成功地利用回购交易中的内幕信息，那么财务柔性也可能增加企业价值。Bonaimé 等（2016）研究发现考虑到企业的内部信息和经验，人们可能希望管理人员通过战略性回购时机使用与股利支付相关的财务柔性来增加价值以及阻止购买其他股票。从择机发股的角度分析，稳定的股利分配向市场传递利好信息，从而有利于企业需要资金时在股票市场上更容易获取资金，若企业持有权益柔性，则其在择机发股时可以降低发行过程中的代理成本并提高发行成功率（田旻昊、叶霖，2015）。高昂的外部融资成本对一个成熟企业的价值影响相对较小，该企业继续收缩并扩大产能，以应对生产冲击，但高融资成本对一家小公司的价值影响可能相当大，尤其是当有一个重要的上升机会，或者当公司表现不佳正处在下滑期（Diamond and He，2014）。连玉君等（2010）以中国上市公司为研究对象证实，在面对融资约束时，以更多现金持有的形式来保持高流动性能，并提高企业未来投资选择权的价值。董理和茅宁（2013）认为除了考虑现金柔性，如果剩余负债也能满足企业未来投资需求，企业可以增加现金股利支付，股利支付能够传递公司良好发展的信号，有利于提高公司的市场价值。杨荣华和黄陟（2016）研究发现我国大多数企业还并未进行财务柔性的储备，尤其是国有企业柔性储备更低，因为其政治背景的特殊性，但企业如果储备了财务柔性可以促进企业价值的提升，特别是在环境不确定性程度较高时，财务柔性对企业价值的提升作用更加明显。闫书静和赵娟（2017）从财务柔性对企业成长的贡献方面展开研究，分析了矿产资源市场供需不稳定的低迷时期财务杠杆对经营绩效的影响，发现财务柔性对于公司成长性的影响以经营业绩为前提，业绩差的企业比业绩好的企业更需要储备债务柔性，降低财务杠杆，业绩好的企业适当降低债务柔性储备增加杠杆能够对企业成长起到积极的促进作用。企业的现金持有战略影响产品市场的结果。相对于竞争对手而言，现金储备的增加将导致未来市场份额的系统性增长，而这将损害行业竞争对手的利益。当竞争对手面临更严格的融资约束，以及竞争对手之间的战略互动数量可观时，现金储备的这种竞争效应就会被放大，现金的竞争效应有助于企业价值和经营业绩的提高（Fresard，2010）。但在各项财务决策的实施过程中，Ferrando 等（2017）认为财务决策与融资并不能完全协同，因此财务柔性会对企业业绩产生直接影响。公司治理显著增强财务柔性对企业业绩持续性的促进作用，同时显著削弱财务柔性在超过阈值时对企业业绩持续性的抑制作用（魏建国、梁方瑞，2021）。Fresard（2010）研究指出现金储备一定程度上抑制了潜在竞争对手的进入，扭曲了竞争对手的投资和收购决策，因此现金政策包含一个影响竞争对手行动的先发制人维度，各项财务决策的制定与实施效果直接决定着企业能否获得较好的业绩持续性。但姚禄仕和陈宏丰（2017）指出要客观认识到财务柔性的"双刃剑"特征，其在一定区间上有利于企业提升价值，企业应依据所处的内外部环境以及企业所处的产业性质，审慎评估财务柔性的最优储备量和组合，实现高财务柔性价值。不过，整体上来说，财务柔性作为企业能力的积蓄池，对企业价值影响较大，企业高管以及相关人员应注重财务柔性的储备，以将其控制在合理的水平之上（Deshmukh et al.，2013）。

第四，财务柔性能够帮助企业应对环境不确定性的冲击，并且有助于企业重新配置资源。Shapiro（1990）通过研究发现经过金融危机后大多数管理者同意低杠杆率，他们还使用内部融资、高现金持有量和银行信贷额度来提高财务柔性。财务柔性与经营及战略灵活性密切相关。当环境动态性较低时，决策者可以对外部环境的信息进行较为全面的掌握，对企业未来的发展方向做出合理判断，较高的财务柔性储备也使企业高管可以在战略变革上抢占先机（王新光、盛宇华，2021）。而经营环境剧变时，企业必须保持极强的环境适应能力，方能取得高绩效（Byoun，2011）。经营的灵活性在一定程度上提高了企业对外部环境变化的适应能力，使企业绩效更平稳。曾爱民等（2011）发现金融危机前通过财务政策保持高财务柔性的企业，在危机中具有更强的资金筹集和调用能力，投资活动更少受到融资约束的困扰。Almeida 等（2010）、Almeida 等（2011）、曾爱民等（2013）研究都得出企业储备内部资金的现金柔性和获取外源资金的负债融资柔性在不利冲击下均能有效地缓解企业所受融资约束程度，减轻环境不确定性对企业投资活动的冲击。Arslan-Ayaydin 等（2014）发现在危机前保持高负债融资柔性和高现金柔性的公司，在危机中能更为灵活地利用各种投资机会。刘名旭和向显湖（2014）认为财务柔性的动态性和权变思想表现在：企业可以逐渐利用柔性，在不利环境中主动调整核心财务资源的配置，适应环境的变化，同时抓住环境变化中有利于自身发展的因素，甚至积极创新，引领环境变化。财务柔性还能够促进资源在不同企业、行业间的优化配置，有助于实现规模经济（冯建、王丹，2013）。财务柔性在优化资本结构、资本投向的同时也在对企业内部各种资源进行重新配置，通过达到财务柔性状态来制衡资源以及资源的来源，这在一定程度上能够优化企业的资源配置（吴晨，2015）。2013 年以来，学者们逐步将财务柔性储备与企业内部的其他柔性以及宏观的柔性进行整合，以资源配置这个视角对财务柔性的价值展开研究。

根植于我国"新兴加转型"的特殊制度背景，企业赖以生存的经营环境与政策环境本来就面临着前所未有的模糊性、不连续性和宏观经济不确定性以及新冠肺炎疫情等外部环境的重要影响。政策不确定性会增大未来融资市场环境的不确定性，造成企业对财务柔性的评价上升，进一步影响企业财务决策。企业可通过事前的现金储备缓冲外部不利因素的冲击（Duchin et al. ，2010）。相关实证研究多从环境动态性与环境敌对性两个维度对不确定性进行解构，这两个维度分别对应环境不确定性的两个来源，即信息和资源（李大元，2010）。环境动态性是指外部环境随时间推移而发生变化的程度，外部环境动态变化的速率越快，组织越可能获得不充分或模糊的信息，或者战略行动会出现时滞。此外，这两个维度还可以反映信息变化的速度与资源依赖的程度（王凯、武立东，2016；韩庆兰、闵雨薇，2018），当环境敌对性程度较高时，企业从外部环境中获得资源便存在较高的成本，财务学上称之为融资约束。付玉梅等（2019）在研究企业财务柔性对于环境不确定性的预防和利用时，考虑了多元化经营战略，发现多元化经营与财务柔性在应对宏观经济不确定性方面存在明显的替代效应，宏观经济不确定性明显强化了企业多元化经营对公司财务柔性的负向作用。总之，在高度动态的竞争环境中，企业超额利润不再源自专门化的惯例，而是来自企业的柔性化能力，高绩效表现的企业必须具备极强的柔性化能力。

2020 年初的新冠肺炎疫情使不少企业遭受重创，财务柔性对于企业的重要性越发突出。整体财务杠杆水平较低、财务政策较为稳健的企业在新冠肺炎疫情来临时，账面资金较充裕，抗风险能力更强。企业在"后疫情时代"应该主动、科学合理地维持企业自身的财务柔性水平，以应对企业自身和外部环境不确定性的冲击。

2.2.4 财务柔性与结构性去杠杆

2008 年金融危机之后，我国宏观经济增速明显下降、企业盈利能力恶化，上市公司在国家"四万亿"大规模经济政策刺激下普遍经历了加杠杆调整过程。2015 年 11 月 10 日，我国提出了供给侧结构性改革，同年 12 月，"去杠杆"成为"三去一降一补"中的重要内容；2016 年 10 月 10 日，国务院发布了《国务院关于积极稳妥降低企业杠杆率的意见》（国发〔2016〕54 号），该意见明确提出了积极稳妥降低企业杠杆率等七大措施；2016 年 10 月 28 日，中共中央政治局在分析当前经济形势和部署经济工作时指出"去杠杆新举措开始实施"；2016 年 12 月 14 日至 16 日，中央经济工作会议指出，"去杠杆方面，要在控制总杠杆率的前提下，把降低企业杠杆率作为重中之重"。根据国际清算银行（BIS）发布的数据，2016 年我国非金融企业杠杆率已经达到 166.3%，远超过 90% 的企业杠杆率警戒线标准。"杠杆"主要指各经济主体（企业、政府或居民）通过增加负债的方式来扩大投资和消费等活动（李佩珈、梁婧，2015）。去杠杆过程存在僵尸企业与正常企业之间杠杆率的结构性分化与货币政策转向紧缩的时期叠加，紧缩性货币政策强化僵尸企业的成本转嫁效应等多重结构性错位现象（刘莉亚等，2019）。因此，在传统去杠杆思路上进一步聚焦部门之间以及各部门内部杠杆率的结构性特点及差异，应采取稳健有序的"去杠杆化"策略，促进经济平稳运行并且实现"高质量发展"，保证金融稳定。

中央银行提高政策利率会降低国有企业杠杆率，但是会导致非国有企业杠杆率上升，纵向产业联结度下降将会扩大国有企业与非金融企业整体杠杆率下降幅度，并减少非国有企业杠杆率上升幅度。蒋灵多和陆毅（2018）发现由于银行对国有企业实行软预算约束，导致外资管制放松后国有企业杠杆率显著提高。纪洋等（2018）发现经济政策不确定性的增加会导致国有企业的杠杆率提高，而非国有企业的杠杆率会下降，杠杆率分化加剧。而卓敏和鲍璐（2012）认为企业大幅降低财务杠杆，维持高负债柔性，意味着企业放弃了一部分负债产生的利息抵税的好处，提高了资金成本。因此，"去杠杆"的真实含义应当是把杠杆率降低到有效防范风险的阈值内，所以保持财务柔性是企业"去杠杆"的重要方式，符合"在控制总杠杆率的前提下，把降低企业杠杆率作为重中之重"的指导要求（王国刚，2017）。

"去杠杆"过程中有"空中加油"的方式，即在减少企业现有债务的同时，增加权益资产和控制新增债务；透过国有资产证券化，减少竞争性投资，调整产业结构，进而降低企业高杠杆（陆岷峰、葛和平，2016）。根据不同企业的规模、所有权性质、行业及地区金融发展等多重结构特征来完善差别化调控政策。优化信贷资源配置，对技术领先、盈利较高的实体企业不以降杠杆为要求，对技术落后、产能过剩且长期经营亏损的"僵尸企业"应降低杠杆率，释放存量占用资金，疏通货币政策传导渠道，同时需要硬化经济主体预算约束，推进多部门协调（王连军，2018；刘莉亚等，2019）。而相比"债务总额/GDP"这个指标，用"债务总额/资产总额"计算杠杆率有以下优点：资产总额与负债总额同属存量范畴，资产总额与债务总额之间有着内在的因果关系；有着普遍的实践适用性；容易明示偿付债务的能力；有利于透明杠杆率高低与经济金融危机的直接关联性（王国刚，2017）。因此，从传统的"去杠杆"到"结构性去杠杆"的优势在于：①强调企业把杠杆率维持在风险防范范围之内，抑制市场主体的过度投机行为，提高银行等金融机构的资产质量和抗风险能力，从而防范和化解金融风险；②改变此前资金在金融部门空转以及资金"脱实向虚"等顽疾，并且显著缩短资金在金融体系中的传导链条以降低资金成本，使金融更好地服务于实体经济；③"优胜劣汰"能够使"僵尸企业"尽快退出市场，从而将信贷等资源更多地配置到生产效率较高的企业，有助于实现资源优化配置；④帮助地方政府摆脱还本付息的困扰，将更多的财政资金用于教育、医疗和社会保障等民生领域，并且腾出更大的空间来减税降费，促进家庭消费和企业投资，增强经济内生增长动力（陈小亮、陈彦斌，2018）。所以，不论是"结构性去杠杆"的内涵、具体实施措施还是相关目标，都与企业资源的整合与释放相关，尤其是与企业财务资源的高效配置相关，同时与财务柔性政策紧密相连。

2.3　财务柔性与投资决策的文献综述

2.3.1　财务柔性与内外部投资决策的文献

本书主要将投资决策分为内部投资决策和外部投资决策，因此文献梳理主要基于该研究思路。

（1）国外文献回顾

国外学者对于财务柔性政策与内外部投资决策关系的研究如下。财务柔性的价值直接关系到公司承担新投资项目的能力，Marchica 和 Mura（2010）通过关注英国公司发现，公司在目标杠杆率以下能够做更多更好的投资项目，他们指出，公司会采用保守的杠杆政策来保持财务柔性以便增强投资能力（主要是扩大投资支出）。而财务柔性公司的投资越多，其财务柔性的价值就越高（Ferrando et al.，2017）。Gahlon 和 Stover（1979）研究剩余负债与未来投资之间的关系发现，企业的负债能力并不是现有投资项目的添加剂，即剩余负债能力的优势体现在对未来的投资的贡献。Jong 等（2012）通过考察企业是否保留债务能力以减少未来的投资扭曲发现，未利用债务能力较高的公司在未来几年的投资要比未利用债务能力较低的公司更多。此外，不愿意在不受限制的时期借贷的公司更有可能在资本市场准入条件受到较多限制的时期发行债务。Myers 和 Majluf（1984）根据优序融资理论（Pecking Order Theory）针对剩余的负债能力对于未来的投资的贡献进行了解释，优序融资模型认为经理们更喜欢优先选择内部融资，从财务柔性和非财务柔性公司的实证检验结果发现，企业保留剩余借款能力可以在保守财务政策之后几年轻松获得外部资金，进而逐渐扩大投资规模，所以财务柔性公司投资对现金流的敏感性低于非柔性公司（Gerwin，1993）。而股利支付会造成融资约束，显著降低可用于投资的现金流均值水平（Daniel et al.，2007）。Gamba 和 Triantis（2008）认为财务柔性是一个公司以低成本融资以及重组的能力，能够帮助公司在盈利机会增加时及时准备好投资资金。当企业的实际杠杆低于目标时，政策不确定性程度越高，高财务柔性价值企业的资本结构调整速度越慢（Fama and French，2001）。Minton 和 Wruck（2001）发现公司的杠杆率低于 20 分位时，其面对更低的内部资金成本以及高投资需求时会增加杠杆率。Jong 等（2012）检验了债务能力如何影响投资偏差，他们研究发现高财务柔性与高投资显著正相关，结果并没有依赖于获得特定较低的信用评级的缺口，跨领域的财务柔性的差异都是相似的，他们发现对于债务很严谨的公司在非融资约束期间相比融资约束期间更倾向于发行债券。Graham 和 Harvey（2001）研究都指出财务柔性对于资本结构决策的制定十分重要，并主要解释了为什么公司使用较低杠杆以权衡税盾和破产成本。Rapp 等（2014）发现公司的股东把财务柔性作为更有价值的因素时，通常会支付较低的股息，且更喜欢股票回购的方式，公司通常表现出较低的杠杆率，而且往往积累更多现金。企业通过股利支付政策的相关决策增加了财务柔性，因此愿意接受通过增加债务水平而减少财务柔性的情况。Almeida 等（2011）、Denis（2011）认为，财务柔性一般和企业未来投资能力相关，当信息不对称且代理问题可能影响企业对未来盈利能力的把握时，企业可能通过以下方式来获得财务柔性：重新整合企业资本结构，通过现金管理或者股利支付政策以及通过创造财务决策和投资决策之间的"跨期依赖性"。股票回购带来的潜在财务柔性与股息作为财务约束的可能性形成了鲜明对比，在一定程度上会激励经理在面临现金短缺时减少投资（Daniel et al.，2007）。Marchica 和 Mura（2010）、Jong 等（2012）、Bessler 等（2013）都通过实证检验证明了投资对于公司财务柔性的敏感性，他们研究发现财务柔性的价值直接关系到公司承接新的投资项目的能力，财务柔性公司所进行的投资活动越多，公司价值越高。Porta 等（1997）、McLean 等（2012）、Mortal 和 Reisel（2013）认为法律保护程度低会加剧公司预期的信息不对称程度和契约问题，这会对公司的财务柔性与投资决策产生负向影响。管理者似乎认为，对传统的杠杆率决定因素（即税收、困境成本）进行优化的好处相对较低，而且潜在投资不足的成本相对较高，因此管理者很少关注债务的成本和收益，估计目标杠杆率的经验模型未能考虑所有相关成本和收益，此外，可能用到的债务的期权价值在经验估计中也没包含在内（Denis and McKeon，2012）。Jong 等（2012）研究了通过保持债务能力对未来投资的影响发现，企业未使用债务的能力越高，在未来投资越多。Arregle 等（2012）基于环境资源观阐述了财务柔性的优势以及对投资的影响，他们认为企业内部的资源禀赋能力就是企业分配资源的效率，具体指资源被有目地整合在一起以此作为竞争优势的来源，该优势能够帮助企业进一步把握有利投资机遇、扩大市场份额，实现最大化股东财富，提高公司价值。Marchica 和 Mura（2010）、Arslan-Ayaydin（2014）在研究财务柔性与投资的关系时，加入了外部冲击变量"金融危机"，通过危机前后企业在财务政策方面的差异以及对投资的影响，验证了在危机前保持高负债融资柔性和高现金柔性的企业即具有财务柔性状态且财务柔性水平较高的企业相比于非财务柔性企业，更能在危机中灵活地把握住各种投资机会，由此可见财务柔性能够支持投资需求。Ferrando 等（2017）也进行类似研究，以 2008 年金融危机作为自然实验，发现较高程度的财务柔性能够使企业减少流动性冲击对投资的负面影响，尽管市场摩擦阻碍了企业可能的增长机会，但财务柔性能够帮助企业提高未来投资的承受能力。随着财务柔性研究的深入，财务柔性不断与更多理论融合。Byoun（2011）指出，成长性区域稳定的公司对于先前的借款一般用来自盈余的内部资金进行偿付，注重积累剩余负债不仅提高财务柔性储备也能提高适应未来投资发展环境的能力。

对于外部并购，Minton 和 Wruck（2001）研究发现企业可利用债务类财务柔性来满足未来可能发生的投资、并购及回购等多种投融资行为所需要的资源。Megginson 等（2004）以 1977~1998 年发生的 204 起并购事件为研究样本，采用赫芬达尔—赫希曼指数来测量并购之后的行业集中度，企业的集中度与并购绩效的关系是正相关。综合以上文献可知，财务柔性基于资源基础观（Resource-based View，RBV）角度应该属于企业内部资源，而财务柔性储备是企业内部资源配置的结果，财务柔性储备对企业并购的影响反映了企业分配内部资源的效率，也是企业提升自身竞争力的一种方式。Harford 等（2009）借鉴 Kayhan 和 Titman 的调查（2007）的研究并进行了补充，分析了债务融资的大型收购后所产生的变化，通过研究投标人的资本结构是否允许其他公司调整资本结构来分析财务柔性对于并购的影响，以及并购后杠杆水平恢复并购前所需要的调整时间。Harford 等（2009）认为当公司的债务水平比目标债务水平高时，也就是公司没有剩余负债的情况下更喜欢使用股本支付，即以股权融资而非债务融资进行收购，可见公司是否存在债务柔性是决定并购方式的重要因素。20 世纪 80 年代末期的恶意杠杆收购（LBO）案显示，由于有投资银行以及商业银行的帮助，杠杆公司的竞价收购对象的价格水涨船高，由此成功吸引了其他投资者的注意，进而有更多杠杆收购公司成立，寻求收购交易①。

---

① 汤姆·科普兰，蒂姆·科勒，杰克·默林. 价值评估——公司价值的衡量与管理（第 3 版）[M]. 郝绍伦，谢关平译. 北京：电子工业出版社，2002：12-13.

内部投资决策与企业目标紧密相连，按照目标把企业分为两类：一类是永久的即有长期目标的公司，它们在大量投资之后杠杆都会回归到之前的大致水平上；另一类是暂时的即偏离长期目标的公司，它们的投资具有长期性，投资决策属于企业的长期目标（DeAngelo et al.，2011）。从固定资产投资来看，现金流管理权和控制权分离程度越大，越有可能促使终极股东将可分配利润转移为对固定资产的投资（如制备固定资产），在一定程度上提高了过度投资的风险（Almeida and Wolfenzon，2006）。对于具有投资刚性和资产专用性的投资，企业必须保持稳定的自由现金流以补充长期投资需求，而过度自信的高管倾向于提前储备财务柔性，以便降低企业融资约束，方便企业战略安排（Deshmukh et al.，2013）。针对无形资产投资，Brown 和 Petersen（2011）探讨了流动性管理与 R&D 投资的关系。他们研究发现，R&D 投资本身所固有的信息不对称及高额的调整成本使现金持有成为平滑 R&D 投资的关键因素，特别是对于规模较小且在企业外部融资条件较差的情况下，企业会通过大量地储备现金资源，支持其 R&D 投资支出。虽然 Bottazzi 等（2002）认为有些投资者更看重科技研发等带来的潜在发展性及长期收益，并说明无形资产相比于固定资产更容易获得外部投资资源，但是在现实生活中，无形资产投资明晰度较低且价值评估较难，尤其是专业技术含量高的研发项目，信息不对称度较高，伴随的投资风险也较高，投资收益很难确定，因此理论上技术创新类的无形资产应该更容易获得投资支撑，但是实践中并非如此。Himmelberg 和 Petersen（1994）研究发现，从外部投资者的角度来看，以银行为首的债权人大多需要企业固定资产作为抵押才会提供贷款，而创新投资产生的知识资本和人力资本都是无形资产，难以提供有形资产为债务借款进行担保。从这个角度分析，尽管无形资产对于财务柔性包括债务柔性的需求度高于固定资产投资，但是由于债务柔性不能立刻实现，在分析时必须将不同财务柔性的属性特征考虑在内，综合考虑不同投资取向对于财务柔性的需求和对于财务柔性的使用条件等情况。

（2）国内文献回顾

我国学者对于财务柔性与内外部投资决策关系的研究如下。持续持有足够现金的企业，其投资水平会显著提高，而这种储备较多现金的行为往往也是企业选择财务柔性策略的结果（顾乃康等，2011）。和国外学者一样，国内学者从 2012 年也开始关注财务柔性和资源基础观的融合。李芳芳和路丽丽（2013）从资源整合角度阐述了财务柔性决策对企业提升竞争优势、把握有利投资机遇的贡献，认为财务柔性储备是企业整合资源的实用而又有效的手段，具体使用时需要根据内外部环境变化进行合理分析，考虑如何将不同性质的资本安排在合理时期以及不同资本之间的转换，充分使用非主流的财务柔性储备策略，并在适当时机释放相应的财务柔性，利用财务柔性释放能够提升企业竞争力、把握有利投资机遇、扩大市场份额，进而最大化股东财富，提高公司价值的贡献。陈立敏和王小瑕（2016）在 Arregle 等（2012）、李芳芳和路丽丽（2013）有关财务柔性与环境资源观结合研究之外，还进行了创新发展，将企业战略管理理论的制度基础观（Institution-based View，IBV）也综合考虑在内，以双重视角出发考察资源因素和制度因素对投资决策的影响，发现财务柔性资源作为内部资源能够促进企业的投资支出。企业所处的成长阶段决定了企业资源配置效率等，是财务柔性的重要决定因素之一，而成长性又直接影响了投资规模以及相关投资决策。超额现金持有会由于委托代理问题的存在导致企业现金持有成本过高，过低的负债比率使企业债务融资代理成本过高，过高的财务柔性储备成本占用了企业发展的资金资源，因此财务柔性抑制了企业的成长，环境不确定性越高，财务柔性对企业成长性的抑制作用越弱（王爱群、唐文萍，2017）。可见，不断有学者注意到财务因素和成长因素之间的关系也会进一步影响财务柔性与投资决策的关系。基于投资的资本成本锚定效应，低财务柔性能显著增加投资的资本成本敏感性，而高财务柔性却降低了投资的资本成本敏感性。陈红兵和连玉君（2013）研究指出财务柔性能够提升企业投资水平。在低财务柔性样本中，公司现金柔性相较债务柔性更大地增加了公司投资的资本成本敏感性；在高财务柔性样本中，债务柔性相较现金柔性更大地降低了公司投资的资本成本敏感性。从创新投资方面来看，张倩和张玉喜（2017）发现适当提升财务柔性有助于企业创新投入强度的提升，也就是说财务柔性储备能显著提升企业积极创新战略实施的主动性。董理和茅宁（2013）认为"年轻"公司的收益相对较少，应将资金主要用于满足投资需求；随着公司成熟度的提高，收益稳定增长，而投资机会反而相应减少，对于剩余资金的使用可以将重点从投资需求上转移，可以选择支付现金股利。可见企业的成长程度对于企业是选择储备财务柔性还是释放财务柔性具有一定的影响，企业的成熟度和财务柔性决策之间的关系主要是企业所处的发展阶段不同导致投资环境差异性较大所引起的。影响企业成长性的因素大体上可分为内外两种，而企业的发展归根结底要依靠自身的发展壮大，其中财务状况是重要的内部影响因素（杨丽芳，2014）。刘名旭和向显湖（2014）发现企业成长性较高时会促使企业积极储备财务柔性，而已投资项目比重较少或者可抵押资产比例较低都会在一定程度上促使企业储备较多的财务柔性。

国内学者对于财务柔性与内外部投资决策的关系研究主要包括如下内容。按照投资方向的不同，将企业投资分为内部投资和外部投资两类。其中，内部投资是指企业将资金投放到企业内部以形成各种流动资产、固定资产、无形资产等的投资行为；外部投资则是指企业对其他经济实体的投资，包括购买各类金融资产和长期股权投资（郝颖等，2012；汪海凤、白雪洁，2018）。从外部投资决策来看，陈立敏和王小瑕（2016）发现以企业内部的资源禀赋和资源利用能力为主要衡量指标的资源因素都对并购绩效有积极的作用。而并购绩效包括三个性质、范畴完全不同的阶段，其中一个阶段是并购后的整合活动（高良谋，2003），并购后的绩效主要从并购完成后第 1 年为基准，连续考察几年（田满文，2015），因此并购绩效的提高除了依赖于企业财务柔性还依赖于长期的财务柔性储备。吴晨（2015）从并购的特征出发研究了财务柔性储备与企业并购的关系，并购不属于一般性投资，不论是支付给目标公司的对价还是整合完成后的再投资都需要大量资金，且无法分期支付，因此财务柔性储备在一定程度上可以缓解并购过程中企业对外部融资的依赖性，对并购顺利完成起到协同作用。成功的并购活动往往以并购后短期内或长期内企业绩效的增加为主要特征（朱滔，2006）。有学者研究我国企业的并购绩效的影响因素时发现，以企业内部的资源禀赋和资源利用能力为主要衡量指标的资源因素对并购绩效都有积极的促进作用，而制度因素能够双向调节企业资源能力与并购绩效的关系（陈立敏、王小瑕，2016）。经济政策波动较大时，随着上市公司固定资产投资意愿与力度的下降，现金资源对固定资产支持力度亦有所减弱，进而使上市公司可能会因推迟固定资产投资计划而选择积累一定的现金资源储备。并购活动使一个企业从可见到不可见的资源都得到了重新配置，并购绩效与资源的配置模式息息相关（潘毅，2011）。

陈慧娟和胡玉明（2015）指出国内文献多从企业规模、财务状况、终极控股股东性质等企业自身特征出发来展开研究，而较少关注企业的外部投资。因此，有必要从外部投资决策视角出发，研究财务柔性对外部投资的影响。翟淑萍等（2015）指出，管理者过度自信会对企业的创新类投资产生显著的正向影响，而对于不同类型投资的偏好会影响其对内部资源的配置，进而影响其采取的财务柔性政策。郑立东（2016）指出固定资产的削减可能成为管理层实施削减投资计划的重要方式。

基于对上述文献的深入分析，笔者发现有关财务柔性和各类资本投向的影响还有待进一步完善。

2.3.2　财务柔性与投资效率的文献

早期的观点认为保持现金柔性容易导致非效率投资（Jensen，1986），但是近期的研究更加严谨，针对财务柔性对投资效率的影响具体区分对过度投资的影响及投资不足的影响。拥有大量现金的企业比拥有少量现金的企业更容易做出非效率投资决策，Dittmar 和 Mahrt-Smith（2007）从管理层权力视角出发研究也得到相同结果。Myers 和 Turnbull（1977）、Myers 和 Majluf（1984）均认为，在市场不完善的前提下，如果企业没有储备足够的现金，那么当预期盈余不足或者出现有利可图的投资机会时，企业会因为资金不足而投资不足。除了过度投资和投资不足所代表的非效率投资，还有学者从异常投资角度出发研究得出公司在实际经营中发生的异常投资会受到财务柔性的影响（DeAngelo et al.，2011）。之后，代理理论不断融合进来，吴荷青（2009）分析决定公司现金持有水平的影响因素，发现公司治理结构和企业现金持有量两者之间存在显著的相关性。这是因为公司治理结构的变量是通过企业的融资、投资等活动间接作用在企业的现金持有量的，并不是直接影响企业的现金持有量的。Sheu 和 Lee（2012）超额持有现金与投资的正相关关系在管理层侵占程度较高的企业中更为明显，具体体现为超额持现导致了过度投资行为的发生。金余泉（2012）在研究得出财务柔性对过度投资有显著正向影响，而对投资不足有显著负向影响后，基于不同的产权性质，进一步研究发现财务柔性对企业非效率投资影响作用会由于产权性质的差异而存在显著不同。Harford 等（2014）从剩余负债能力出发探讨财务柔性，这是独立于超额现金的一个分支，其从剩余负债降低未来再融资风险以及管理层和债权人对公司的担心程度方面指出，未来不能通过债务再融资，就要通过保留或增加现金持有来满足未来的投资需求，他们创新性地指出了两类财务柔性在投资过程中的相互影响。吴建祥和李秉祥（2014）指出经理管理防御是影响企业非效率投资行为的一个重要原因，经理人在考虑投资决策时既会权衡投资项目价值和投资风险，也会考虑投资行为给自己带来控制权私利的大小。田昆昊和叶霖（2015）通过实证检验发现财务柔性对非效率投资具有显著的影响，并且这种影响具有双刃剑效应，财务柔性既能通过缓解融资约束解决企业的投资不足问题，又能通过加剧代理问题导致企业过度投资。董理和茅宁（2016）研究表明一旦财务柔性缺乏，公司首先削减投资，其次才是削减股利，他们进一步考察在剩余负债能力不同时，管理决断权对超额现金持有与投资扭曲之间关系的影响效应有何差异。他们研究发现企业有剩余负债能力时，管理决断权较大比管理决断权较小时，超额现金持有与投资扭曲之间表现出比总体更强的正相关关系；反之，无论管理决断权大小，超额现金持有与投资扭曲之间不存在显著的相关性。较高的财务柔性储备会导致公司的资本支出脱离资本成本锚定，体现出投资的非理性特征，不利于效率提升，而较为稳健的财务柔性储备却会实现良好的投资效率提升效果（赵华、张鼎祖，2010）。此外，过高的财务柔性在提升创新投入强度的同时加剧在创新过程中的过度投资等非效率投资行为，同时也会显著增高管理层利用创新过程信息不对称特点实施盈余管理等机会主义行为的概率（张倩、张玉喜，2017；魏建国、梁方瑞，2021）。殷钱茜和胡建雄（2016）指出当企业具有剩余短期银行借款能力时，就拥有了在未来继续获得短期银行借款来满足经营和投资活动所需资金的能力，从而有利于增强自由现金流对投资不足的约束作用。除了代理问题等公司治理类因素，肖作平和吴世农（2002）、杨兴全和孙杰（2007）、肖作平（2008）等的研究则发现企业成长性、产品竞争力等对负债水平和现金持有水平有重要影响。成长性越高且可抵押融资资产更少时，企业的财务柔性越高（刘名旭、向显湖，2014）。

根据产品市场竞争与企业财务关系的战略财务理论，企业产品市场竞争需要财务资源的支持，而很多企业财务政策本身就具备市场竞争战略的性质（Cestone and White，2003）。而 Blau 和 Fuller（2008）指出，股利政策的生命周期理论体现了管理者在制定股利政策时对财务柔性的关注，不同的关注度以及不同的财务柔性水平必然影响企业对财务柔性的需求，因此财务柔性对投资效率的影响依赖于所处成长阶段的特征，但关于这方面问题现有的研究还没有较一致的结论。考虑到外部融资的生命周期模式因行业而异，成熟期公司的融资需求更能代表其他国家现有公司的融资需求（Rajan and Zingales，1998），以此分析内部融资情况也会因为企业所处的生命周期阶段不同而有所差异。基于生命周期变量（收益贡献股权组合），Kuo 等（2013）也做了研究，生命周期效应的显著性相比风险的显著性很小。即使考虑了企业生命周期和流动性的影响，企业特有的和市场驱动的风险变量在解释股利支付政策方面仍然具有很强的显著性。

财务柔性与投资效率的实证研究还存在以下问题：①财务柔性与投资效率的关系研究主要是从财务柔性对非效率投资的影响方面侧面反映财务柔性下对投资效率的研究，缺乏投资效率的直接衡量指标以及两者之间的直接研究。②缺乏系统的财务柔性对过度投资和投资不足的实证研究。早期主要针对现金柔性与投资不足以及国股投资的关系，随后逐渐展开债务柔性对于非效率投资的影响研究，而现金柔性和债务柔性作为财务柔性的两大主要组成部分，企业实践中难免同时拥有两类财务柔性，且两者属性有所不同，是否会协同优化内外部资源整合，抑制非效率投资的这类研究目前还较少。③研究结果不可比，因此现有研究还有待进一步完善。目前有关财务柔性对投资效率的影响研究，都集中为对过度投资或者投资不足的影响，两类非效率投资之间缺乏可比性，无法通过对比得到投资效率被优化等结论。

2.4 文献述评

基于对已有相关文献及制度背景的回顾，本书的研究述评可简要归纳如下：

首先，财务柔性是当下环境不确定性不断深化的背景下企业普遍需要维持的一种财务状态。财务柔性能够提高企业的投资能力、投资效率，有助于优化企业的资本结构；对于提升企业价值有贡献，也能够帮助企业应对环境不确定性的冲击，并且有助于企业重新配置资源。因此在建设现代化经济体系，深化供给侧结构性改革过程中，需要重视企业的财务柔性情况，企业应随着环境变化不断自发地通过降低杠杆水平和现金持有量来增强自身灵活性，以便提升企业应对未来现金流冲击的防御能力。储备财务柔性反映了企业的主动适应力。主动适应力是指根据行业环境变化的趋势以及企业在现有企业特征约束下，积极主动地保持财务柔性状态的能力。所以，财务柔性储备是企业主动根据环境不确定性对投资需求导向及决策执行效率的敏锐性反应。应该深入探究财务柔性储备对于环境不确定性的主动预防和利用。由于非财务柔性状态没有财务柔性储备，其对应的只可能有财务柔性。财务柔性相比于财务柔性储备更强调对于环境不确定性的利用，通常是企业在面临过环境不利冲击之后所做的决策，并不注重利用之后是否保留部分财务柔性以便继续保持财务柔性状态。非财务柔性状态的公司不需要权衡财务柔性资源的释放与补充，拥有财务柔性时可以完全释放，无须留存财务柔性资源，财务柔性状态公司不会完全释放财务柔性，利用的同时要注意留存财务柔性，形成财务柔性储备。基于已有文献对于财务柔性重要性的总结，财务柔性状态下的公司长期拥有财务柔性资源，政策稳健，应该更有助于发挥财务柔性的优势，但目前文献中鲜少针对财务柔性的跨期储备来展开研究，值得进一步研究以便解决财务柔性的核心问题。

其次，由于经营规模的扩展和经营的深化，上市公司普遍需要充分把握和利用投资机遇。因此企业会不断积累财务柔性储备，以帮助企业集中财务资源迅速投资于新机遇，此外，财务柔性对于提高企业并购主动性和灵活性以及固定投资的稳定性和技术革新都有重要贡献作用，现有文献对于财务柔性和投资决策的影响不够系统、不够细化，没有充分考虑财务柔性各分类的不同属性以及财务柔性的跨期性。财务柔性储备属于企业拥有的数量充裕的财务资源，这是企业适应环境变化的实物基础条件，是企业自身为各种需求导向提供的资源。根据财务柔性对投资决策的文献综述可知，财务柔性对各类投资的贡献主要体现在资金需求与供给影响下的企业投资能力提供了内部应变范围，所以储备财务柔性的公司不仅注重主动维持财务柔性政策，还要根据投资适应力的应变范围适当地释放财务柔性资源以及补充财务柔性资源，这个过程充分体现了事前处于财务柔性状态、事中利用以及事后保持，体现了财务柔性的跨期作用。因此，根据财务柔性的跨期性结合内外部投资决策的特征差异，深入探究财务柔性储备对各类投资决策的影响有重要的实践指导意义。现金柔性属于企业自有，并且可以立刻被利用，是企业的可实现柔性;而债务柔性是企业未动用的举债,也是最高的举债水平,是企业的潜在柔性(Gerwin,1993)。此外,相比于财务柔性中的现金柔性而言,财务柔性储备是企业根据投资适应力的应变范围,权衡需要释放以及补充的财务柔性资源之后所维持的财务柔性状态,因此财务柔性储备是企业穷尽不同时期下的现实柔性,即可以得到的可实现柔性,所以按照此种观点财务柔性储备也属于企业潜在的柔性。但财务柔性储备具体分为现金柔性储备和债务柔性储备,因此相应的现金柔性储备的可实现程度高于债务柔性储备,因此当企业放弃继续维持财务柔性状态,可首先释放的就是现金柔性储备资源,所以一般情况下拥有财务柔性状态的企业所储备的财务柔性是基于预防和利用后的产物,企业不会在某期选择完全释放财务柔性,而是权衡外界需求和未来不确定性所做出的反应,它指系统柔性要求达到的目标,是企业财务政策要维持的水平,从这个观点出发,财务柔性储备更符合"需求柔性"。特殊情况下,财务柔性储备中的现金柔性储备可以由需求柔性转换成可实现柔性,而债务柔性储备可以由需求柔性转换成潜在柔性。因此,各属性财务柔性之间的关系如何影响不同类型的投资决策也有十分重要的意义,这也是本书主要研究的问题之一。

最后,从国内外文献以及实践经验来看,通过去杠杆优化资本结构,不仅能够使企业保持财务柔性,使企业提高投资的自适应能力,还能够增强企业的风险承受能力,更好地适应产业转型升级过程中的不确定性因素,促进企业的可持续发展。但是,文献针对长期保持财务柔性是否更有利于企业优化资源配置的研究多停留在理论分析层面,鲜少从实证角度验证分析。此外,财务柔性状态的保持需要权衡继续释放财务柔性给企业投生产经营等活动带来的收益与继续储备财务柔性给企业带来的未来收益以及现金流流入的大小,这就拓展到财务柔性状态保持多久对企业来说更为合适,毕竟过多的资源储备也可能造成资源冗余、带来较大的机会成本,能够保证财务柔性政策稳健的同时尽量避免财务柔性资源浪费。所以,在已有文献基础上,注重财务柔性的跨期性能够为企业的财务柔性政策提供政策性建议。

第3章 财务柔性量化研究

本章主要对财务柔性的量化展开研究，基于此考察保持财务柔性状态的样本公司的分布情况，财务柔性状态意味着持续拥有财务柔性3年及以上，反映了跨期拥有财务柔性资源，所以通过对财务柔性状态公司的财务柔性进行量化来反映跨期储备的财务柔性资源，本章的研究能够为分析财务柔性状态对投资决策的影响奠定基础。

3.1 财务柔性计量方法述评

（1）结合具体财务指标度量财务柔性

Opler等（1999）提出的用超额现金持有来测量现金柔性的方法被众多学者广泛认可和运用。曾爱民等（2011）采用两项单指标，将现金柔性用"企业现金持有率超过行业平均现金持有率"的部分来衡量，负债柔性通过比较行业平均负债比率和公司负债比率来进行计算，体系中不包含权益柔性，因为我国特有的制度背景，上市公司的股权再融资资格、时间、数量等都受到证监会的严格管制，且我国的股利和分红特征又具有半强制性，因而很少会有企业拥有权益融资柔性。对此，曾爱民等（2013）进一步做出解释，将负债融资柔性处于总体分布中最高的样本企业判定为财务柔性企业，这是考虑到金融危机等的冲击。Jong等（2012）利用企业不会陷入财务困境的最大负债比率与实际负债比率的差额度量财务柔性。

董理和茅宁（2013）利用公司杠杆率的25%分位数和75%分位数来判断剩余负债能力的高低。张长城（2015）把财务柔性与企业竞争力进行整合，将现金柔性增加"现金周转期"指标，负债柔性增加"有息负债占总负债的比重"指标，权益柔性增加"跟投"指标。王满和刘子旭（2016）将财务柔性储备表示为现金柔性和负债柔性的相加，并按照百分位排序，该研究希望在未来进一步寻求更加精准的度量方法。Estwick（2016）用流动性指标作为企业现金柔性的代理变量，这和国内学者张长城的思路基本一致。

（2）构建综合指数度量财务柔性

Marchica 和 Mura（2010）为了研究财务柔性（FF）公司的长期绩效，采用时间序列分析，分析公司达到财务柔性状态开始之前的 24 个月、36 个月、60 个月的平均资产组合的月超额回报。本书借鉴他们的研究思路，研究 A 股上市公司在达到财务柔性状态时，处于财务柔性状态的 12 个月、24 个月、36 个月的现金柔性和债务柔性，分别研究不同时间段的财务柔性储备对资本投向以及投资效率的影响。马春爱和孟瑾（2011）构建了一个由现金指标、杠杆指标和外部融资成本指标构成的多维财务柔性指标体系。韩鹏（2010）以留存收益资产比等 9 个指标，利用主成分分析法建立财务柔性综合指数。周心春（2012）基于反映现金持有量及反映企业长短期负债水平两类指标，利用因子分析法求得财务柔性综合指数。还有学者提出采用打分法及在打分基础上采用层次分析法或模糊数学方法等确定财务柔性，但另一些学者质疑综合指数的科学性，这种方法并未得到推广。

（3）目标模型方法及其他

Dittmar 和 Mahrt-Smith（2007）、董理和茅宁（2016）提出用模型来估计目标现金持有水平，再将实际现金持有水平与目标水平进行比较，通过得出的正偏离来间接捕捉企业对财务柔性的需求，以观测的实际现金持有水平与这个估计出的现金持有水平之差来衡量现金柔性，其模型为：$Cash_t = \alpha_0 + \beta_1 Size_t + \beta_2 Nwc_t + \beta_3 LEV_t + \beta_4 OpeCash_t + \beta_5 Cap_t + \beta_6 Tobin's Q_t + \beta_7 Div_t + Industry + Year + \varepsilon$。

Frank 和 Goyal（2009）、Marchica 和 Mura（2010）在 Dittmar 和 Mahrt-Smith（2007）对现金柔性衡量模型的基础上，构建了测定剩余负债能力的回归模型，也是通过残差项衡量债务柔性，其模型为：$Lev_t = \alpha_0 + \beta_1 Lev_{t-1} + \beta_2 Indlev_t + \beta_3 Tobin's Q_{t-1} + \beta_4 Asset_t + \beta_5 Tang_t + \beta_6 ROA_t + \beta_7 NDT_t + Industry + Year + \varepsilon$

Marchica 和 Mura（2010）将真实债务水平与预测债务水平比较，并定义连续 3 年以上具有剩余举债能力的公司为财务柔性公司。Bonaimé 等（2016）通过考虑支付政策给予管理层灵活性方面来量化财务柔性，但该方法把总金额均匀分散扩展到长短不一的时间区域内，这在一定程度上影响了该种财务柔性量化方法的推广。顾乃康等（2011）基于现金持有视角，利用行业中位数法、拟合值法、全样本三分位数法，分别从行业因素、企业特征、绝对现金持有水平角度识别企业现金储备是否充足。

3.2   财务柔性量化分析

3.2.1   现金柔性

借鉴 Opler 等 （1999）、Dittmar 和 Mahrt-Smith （2007）、杨兴全等 （2010）、董理和茅宁 （2016） 的研究方法，用回归模型（3-1）估计目标现金持有的正偏离来间接捕捉企业对财务柔性的需求：

$$Cash_t = \alpha_0 + \beta_1 Size_t + \beta_2 Nwc_t + \beta_3 LEV_t + \beta_4 OpeCash_t + \beta_5 Cap_t + \beta_6 Tobin's Q_t + \beta_7 Div_t + Industry + Year + \varepsilon \tag{3-1}$$

本章关于现金柔性模型的相关变量如表 3-1 所示。

表 3-1   变量定义及计算方法

变量类型	变量名称	变量符号	计算方法
被解释变量	现金持有量	$Cash$	现金和短期投资之和的自然对数与总资产扣减现金及短期投资之后取自然对数之差
解释变量	企业资产规模	$Size$	企业期末总资产取自然对数
	净营运资本水平	Nwc	（营运资本-现金持有量）/期末总资产
	负债水平	LEV	期末负债总额与期末资产总额之比
	经营活动现金流	$OpeCash$	经营活动产生的现金流净额与年末资产总额之比
	资本性支出	Cap	购建固定资产、无形资产和其他长期资产支付的现金与期末资产总额之比
	成长性	$Tobin's\ Q$	流通股市值、非流通股净资产账面值和负债账面值之和与期末资产总额之比
	股利和股息分配额	Div	前后两期股利及股息分配额的变动值：本期和上期支付的股利和股息的差值/公司市值
控制变量	年度虚拟变量	$Year$	控制年度固定效应
	行业虚拟变量	$Industry$	控制行业固定效应

3.2.2   债务柔性

借鉴 Frank 和 Goyal （2009） 确立的基础水平模型 （Basic Line Model） 的分

析，利用估计目标杠杆的负偏离来间接捕捉企业对财务柔性的需求，由于通货膨胀是物价水平普遍而持续的上升，因此本章把模型中的预期通货膨胀率用消费物价指数的变动率来代替，具体模型如下：

$$Lev_t = \alpha_0 + \alpha_1 Lev_{t-1} + \alpha_2 Indlev_{i,t} + \alpha_3 MBV_{i,t-1} + \alpha_4 Size_{i,t} + \alpha_5 Tang_{i,t} + \alpha_6 \Delta CPI_{i,t} +$$
$$\alpha_7 \Delta Profit_{i,t} + Industry + Year + \varepsilon \qquad\qquad (3\text{-}2)$$

本章关于债务柔性模型的相关变量如表 3-2 所示。

表 3-2　变量定义及计算方法

变量类型	变量名称	变量符号	变量定义
被解释变量	杠杆	Lev	年末负债总额与年末资产总额之比
解释变量	行业平均杠杆	$Indlev$	行业资产负债率的中位数
	市账率	MBV	公司市场价值与账面价值之比，托宾 Q
	公司规模	$Size$	公司年度总资产取自然对数
	有形资产率	$Tang$	固定资产净额、存货净额之和与年末资产总额之比
	消费物价指数变动率	ΔCPI	消费物价指数同比增长率
	营业利润增长率	$\Delta Profit$	前后两期营业利润差额与上期营业利润之比
	滞后一期资产负债率	Lev_{t-1}	上期期末负债总额与上期期末资产总额之比
控制变量	年度虚拟变量	$Year$	控制年度固定效应
	行业虚拟变量	$Industry$	控制行业固定效应

3.2.3　财务柔性状态的量化

（1）财务柔性状态的量化

企业保持财务柔性状态是基于稳健性财务政策，更重视处于财务柔性状态，因此借鉴 Ferrando 等（2017）对于财务柔性状态（Financial Flexibility Status）的定义思路，将保持现金柔性或者债务柔性 3 年以上的企业视为处于财务柔性状态，那么将现金柔性或者债务柔性的持续时间作为区分财务柔性状态和非财务柔性状态的标准，可以从侧面反映企业采取财务柔性政策的动机，采取财务柔性政策的时间在 3 年以上，就代表企业制定财务政策重视处于财务柔性状态，持续的时间越长，反映企业维持财务柔性状态的一贯性，即反映企业一贯地出于稳健性来采取财务柔性政策。财务柔性状态包括现金柔性状态和债务柔性状态以及两者均存在的情况，拥有现金柔性达到 3 年及以上的处于现金柔性状态，拥有债务柔性达到 3 年及以上的处于债务柔性状态，只要满足现金柔性状态或者债务柔性状态的标准，就将企业归属为处于财务柔性状态。此外，依据现金柔性或者债务柔性持续年数的长短来衡量企业财务柔性政策所达到的财务柔性状态的程度。

（2）财务柔性储备的量化

根据本章模型（3-1）与模型（3-2），现将财务柔性储备的计算模型总结为模型（3-3）。其中，现金柔性储备的计算要求公司处于财务柔性状态，即连续 3 年现金柔性都为正，否则现金柔性储备为 0。现金柔性储备水平 $CFRS_t$ 见模型（3-3-1），同理，债务柔性储备水平 $LFRS_t$ 见模型（3-3-2）。

$$FFRS_t = FF_t + FF_{t-1} + FF_{t-2} \tag{3-3}$$

其中，$FF_t > 0$ 且 $FF_{t-1} > 0$ 且 $FF_{t-2} > 0$。

$$CFRS_t = CF_t + CF_{t-1} + CF_{t-2} \tag{3-3-1}$$

其中，$CF_t > 0$ 且 $CF_{t-1} > 0$ 且 $CF_{t-2} > 0$。

$$LFRS_t = LFF_t + LFF_{t-1} + LFF_{t-2} \tag{3-3-2}$$

其中，$LFF_t > 0$ 且 $LFF_{t-1} > 0$ 且 $LFF_{t-2} > 0$。

3.3　样本选择与数据来源

本章以 2003~2016 年在上海证券交易所与深圳证券交易所 A 股主板上市的公司作为初选样本，之所以选取 2003 年作为样本选取的起始年份是因为本章主要参考 Ferrando 等（2017）的研究思路，由于本章研究需要考虑金融危机期间包括其前后我国上市公司的财务柔性情况，因此本章选取从 2007 年往前推 4 年即 2003 年作为样本选取的起始年。行业分类依据中国证券监督管理委员会公布的《上市公司行业分类指引》（2012 年修订）。研究数据包括企业资产、负债等财务数据，还包括股票市场交易数据以及物价指数，其中财务数据均来自 China Stock Market & Accounting Research（CSMAR）数据库，股票市场交易数据来自 China Center for Economic Research（CCER）数据库，物价指数取自《中国统计年鉴》。

本章依据下列原则对样本进行筛选：①剔除金融类上市公司，因为金融业的经营业务及模式与其他行业差异较大，且银行、保险、证券等行业所遵循的准则不同于通用的《企业会计准则》，而是特定的《金融企业会计准则》；②剔除 ST、PT 公司，因为这些公司财务状况异常，不利于对财务柔性进行深入分析；③剔除 IPO 当年的样本观测值，因为模型中多个指标需要用到上年度财务数据，而新上市公司上年度财务数据无法获取；④删除数据库及年报中重要变量缺失的观测值。经过筛选后，最终得到的样本包括 2003~2016 年的 3216 家公司，共 22944 个观测值，由于在后续模型中考虑到滞后一期变量，因此部分观测值实际从 2004

年开始，共 21410 个观测值。对主要变量为了避免离群值影响，进行了 1% 的缩尾（Winsor）处理，本书所用计量分析工具为 Stata14 和 Excel 2010。样本选择情况如表 3-3 Panel A 所示，年度样本量如表 3-3 Panel B 所示，行业分类情况如表 3-3 Panel C 所示，具体情况如表 3-3 所示：

表 3-3　样本选择及分布情况

Panel A：样本选择	现金柔性	债务柔性
A 股主板上市公司披露现金（债务）柔性的观测值（样本区间为 2003～2016 年）	27027	27027
减去：金融行业观测值	（597）	（597）
ST、PT 观测值	（1638）	（1638）
CSMAR 和 CCER 数据缺失的观测值	（772）	（1848）
最终样本观测值	24020	22944

Panel B-1：年度样本量（现金柔性）

年份	观测值数量	年份	观测值数量
2003	1031	2010	1605
2004	1192	2011	1955
2005	1159	2012	2189
2006	1153	2013	2318
2007	1256	2014	2367
2008	1401	2015	2468
2009	1454	2016	2673
合计		24020	

Panel B-2：年度样本量（债务柔性）

年份	观测值数量	年份	观测值数量
2003	1100	2010	1513
2004	1097	2011	1834
2005	1189	2012	2116
2006	1179	2013	2246
2007	1188	2014	2162
2008	1304	2015	2186
2009	1423	2016	2407
合计		22944	

续表

Panel C-1：观测值的行业分布（现金柔性）

行业分类名称	行业代码	观测值	百分比（%）
农、林、牧、渔服务业	A	439	1.83
采矿业	B	542	2.26
农副食品加工、饮料制造、纺织业	C1	1803	7.51
化学、医药、木材、塑料制造业	C2	4581	19.07
非金属、金属矿物、设备制品业	C3	8246	34.34
废弃资源综合利用业、仪器仪表及其他制造业	C4	472	1.97
电力、热力、燃气及水生产和供应业	D	941	3.92
建筑业	E	575	2.39
批发和零售业	F	1567	6.52
交通运输、仓储和邮政业	G	907	3.78
住宿和餐饮业	H	113	0.47
信息传输、软件和信息技术服务业	I	1139	4.74
房地产业	K	1279	5.32
租赁和商务服务业	L	272	1.13
科学研究和技术服务业	M	97	0.40
水利、环境和公共设施管理业	N	211	0.88
教育	P	6	0.02
卫生和社会工作	Q	27	0.11
文化、体育和娱乐业	R	202	0.84
综合	S	601	2.50
合计		24020	100

Panel C-2：观测值的行业分布（债务柔性）

行业分类名称	行业代码	观测值	百分比（%）
农、林、牧、渔服务业	A	421	1.83
采矿业	B	543	2.37
农副食品加工、饮料制造、纺织业	C1	1728	7.53
化学、医药、木材、塑料制造业	C2	4366	19.03
非金属、金属矿物、设备制品业	C3	7806	34.02
废弃资源综合利用业、仪器仪表及其他制造业	C4	429	1.87
电力、热力、燃气及水生产和供应业	D	910	3.97
建筑业	E	656	2.86

续表

Panel C-2：观测值的行业分布（债务柔性）			
批发和零售业	F	1487	6.48
交通运输、仓储和邮政业	G	887	3.87
住宿和餐饮业	H	102	0.44
信息传输、软件和信息技术服务业	I	1061	4.62
房地产业	K	1235	5.38
租赁和商务服务业	L	266	1.16
科学研究和技术服务业	M	92	0.40
水利、环境和公共设施管理业	N	201	0.88
教育	P	5	0.02
卫生和社会工作	Q	25	0.11
文化、体育和娱乐业	R	188	0.82
综合	S	536	2.34
合计		22944	100

　　从表 3-3 Panel C-1 现金柔性观测值的行业分类可以看出，占比排前三位的行业大类分别为制造业、批发和零售业及房地产业，制造业下属子行业中，C3（非金属、金属矿物、设备制品业）行业占比高达 34.34%，C2（化学、医药、木材、塑料制造业）比重为 19.07%，C1（农副食品加工、饮料制造、纺织业）比重为 7.51%，这三类行业占比总计 60.92%；除了制造业，F（批发和零售业）的观测值比重相比其他行业处于前列，高达 6.52%，此外，K（房地产业）拥有现金柔性的公司比重达 5.32%，这三个行业的样本数量占总样本量的 72.76%。

　　从表 3-3 Panel C-2 债务柔性观测值的行业分类可以看出，行业分布情况和现金柔性基本一致。占比排前三位的行业大类分别为制造业、批发和零售业及房地产业，制造业下属子行业中，C3（非金属、金属矿物、设备制品业）占比高达 34.02%，C2（化学、医药、木材、塑料制造业）比重为 19.03%，C1（农副食品加工、饮料制造、纺织业）比重为 7.53%，这三类行业占比总计 60.58%；除了制造业，F（批发和零售业）的观测值比重相比其他行业处于前列，高达 6.48%，此外，K（房地产业）拥有债务柔性的公司比重达 5.38%，这三个行业的样本数量占总样本量的 72.44%。

3.4　实证结果分析

3.4.1　描述性统计

表 3-4 列示了经过缩尾处理剔除极端值后的样本关键变量的描述性统计，结果如下：样本公司资产规模（Size）均值为 21.740，最小值 19.00，最大值 22.43，标准差为 1.261。资产负债率（Lev）均值为 0.459，中位数为 0.285，不到 0.5，最小值为 0.047，最大值为 0.618，公司资产负债率都不到 1，标准差为 0.230，说明样本公司资产负债率差异化较大。从公司净营运资本水平（Nwc）和经营活动现金流（OpenCash）来看，净营运资本水平均值为 0.183，标准差为 0.285，最小值为 -0.709，最大值只有 0.374，可见样本公司净营运资本水平差异化较大；经营活动现金流均值为 0.044，标准差为 0.078，最小值为 -0.209，有相当一部分公司通过经营活动产生的现金流净额为负。公司成长性（Tobin's Q）均值为 2.018，标准差为 1.920，样本公司间成长性差异化较大。有形资产率（Tang）均值为 0.408，股利和股息分配额（Div）均值为 0.002，资本性支出（Cap）的均值为 0.056，最大值为 0.079，不到期末资产总额的 10%。

表 3-4　现金柔性相关变量描述性统计

变量	样本量	均值	标准差	最小值	中位数	75 分位数	最大值
Size	25800	21.740	1.261	19.00	20.86	21.59	22.43
Lev	25800	0.459	0.230	0.047	0.285	0.456	0.618
Nwc	25800	0.183	0.285	-0.709	-0.001	0.178	0.374
OpenCash	25800	0.044	0.078	-0.209	0.003	0.044	0.088
Tobin's Q	25800	2.018	1.920	0.212	1.436	2.376	11.372
Div	25800	0.002	0.014	-0.045	-0.003	0.002	0.008
Tang	25800	0.408	0.187	0.027	0.270	0.403	0.541
Cap	25800	0.056	0.054	0	0.016	0.040	0.079

表 3-5 列示了经过模型（3-1）回归后得到的现金柔性水平的描述性统计结果，经过缩尾处理剔除极端值后得到均值为 0.003，最小值为 -2.825，10 分位数为 -1.121，25 分位数为 -0.507，仍为负值，中位数是 0.068，大于均值水平，75

分位数为 0.598，90 分位数为 1.070，大于 1，95 分位数为 1.353，最大值为 1.947，接近 2，标准差为 0.889，说明样本公司现金柔性差异化较大。

表 3-5　现金柔性水平描述性统计

样本量	均值	标准差	最小值	10 分位数	25 分位数
23371	0.003	0.889	−2.825	−1.121	−0.507
中位数	75 分位数	90 分位数	95 分位数	最大值	
0.068	0.598	1.070	1.353	1.947	

表 3-6 列示了经过缩尾处理剔除极端值后的样本关键变量的描述性统计，结果如下：从资产负债率来看（Lev）均值和中位数都不到 0.5，75 分位数为 0.633，说明大部分公司资产负债率不到 1，而该变量最小值为 0.053，最大值为 1.130，可见不同公司间杠杆水平差异化较大。从公司特征来看，市账率（MBV）均值为 2.021，有形资产率（$Tang$）均值为 0.487，盈利能力即营业利润增长率（$\Delta Profit$）的均值为 0.009，行业资产负债率即行业平均杠杆（$IndLev$）的均值为 0.459。

表 3-6　剩余负债与相关变量描述性统计

变量	样本量	均值	标准差	最小值	中位数	75 分位数	最大值
Lev	22944	0.477	0.220	0.053	0.481	0.633	1.130
MBV	22944	2.021	1.917	0.222	1.428	2.483	11.439
$Size$	22944	21.842	1.271	19.116	21.693	22.566	25.655
$Tang$	22944	0.487	0.238	0.041	0.468	0.624	1.392
$\Delta Profit$	22944	0.009	4.145	−20.599	0.007	0.419	22.821
ΔCPI	22944	−0.005	0.024	−0.062	−0.005	0.010	0.040
$IndLev$	22944	0.459	0.125	0.198	0.454	0.555	0.740
Lev_{t-1}	21410	0.466	0.219	0.046	0.472	0.626	1.078

经过缩尾处理剔除极端值后剩余负债（ΔLev）的描述性统计结果如表 3-7 所示，均值为 0，最小值为 −0.473，25 分位数为 −0.066，中位数是 0.003，说明 50 分位数已存在闲置的负债，75 分位数为 0.074，90 分位数为 0.155，超过 10%，最大值为 0.327，也就是闲置的杠杆水平最多可达 0.327，不到 0.500。

表 3-7　剩余负债水平描述性统计

样本量	均值	标准差	最小值	10 分位数	25 分位数
21410	0	0.130	−0.473	−0.041	−0.066
中位数	75 分位数	90 分位数	95 分位数	最大值	
0.003	0.074	0.155	0.211	0.327	

3.4.2　财务柔性状态的统计结果

（1）现金柔性持续时间衡量的财务柔性状态的统计结果

通过模型（3-1）的回归分析得到处于财务柔性状态的公司共 1496 家（包含在样本期内一直处于现金柔性状态的公司 70 家），样本期内一直不处于现金柔性状态的公司共 1697 家。可见，出于维持财务政策稳健性的公司有 1496 家，占总样本的 46.85%，说明有 46.85% 的上市公司采取财务柔性政策更重视"预防性属性"。

将现金柔性为正的连续年数进行统计，以反映达到财务柔性状态的情况以及财务柔性政策的稳健性。如表 3-8 所示，样本期为 2003~2016 年，共 14 年，贯彻稳健性财务政策达到最低标准 3 年的公司有 360 家，这里的连续 3 年包括在样本期内间断的情况，在稳健性财务政策公司中占比 24.06%；连续 4 年（最多）的公司有 292 家，占比 19.52%；连续 5 年（最多）的公司有 228 家，占比 15.24%；连续 6 年（最多）的公司有 177 家，占比 11.83%；连续 7 年（最多）的公司有 128 家，占比 8.56%；连续 8 年（最多）的公司有 82 家，占比 5.48%；连续 9 年（最多）的公司有 59 家，占比 3.94%；连续 10 年（最多）的公司有 36 家，占比 2.41%；连续 11 年的公司有 11 家，占比 0.74%；连续 12 年的公司有 27 家，占比 1.80%；连续 13 年的公司有 26 家，占比 1.74%；连续 14 年的公司有 70 家，占比 4.68%，其中现金柔性均值为 0.904，最小值为 0.072，最大值为 1.947。具体情况如表 3-8 所示。

表 3-8　现金柔性连续年数汇总

连续年数	公司数	均值	标准差	最小值	50 分位数	最大值
3	360	−0.040	0.801	−2.547	0.41	1.809
4	292	0.084	0.768	−2.463	0.116	1.824
5	228	0.275	0.709	−1.870	0.319	1.872
6	177	0.446	0.658	−1.305	0.440	1.947

续表

连续年数	公司数	均值	标准差	最小值	50分位数	最大值
7	128	0.422	0.686	−1.770	0.415	1.947
8	82	0.408	0.639	−1.431	0.435	1.947
9	59	0.580	0.561	−0.938	0.565	1.950
10	36	0.643	0.591	−0.737	0.589	1.947
11	11	0.604	0.637	−1.727	0.629	1.947
12	27	0.730	0.542	−0.458	0.689	1.947
13	26	0.695	0.512	−0.301	0.650	1.947
14	70	0.904	0.494	0.072	0.864	1.947

（2）债务柔性持续时间衡量的财务柔性状态的统计结果

通过模型（3-2）的回归分析得到拥有财务柔性的公司共1212家（包含在样本期内一直处于债务柔性状态的公司19家），样本期内一直不处于债务柔性状态的公司共1718家。可见，出于维持财务政策稳健性的公司有1212家，占总样本的41.37%。

其中，贯彻稳健性财务政策达到最低标准3年的公司有272家，在稳健性财务政策公司中占比22.44%，这里的连续3年包括在样本期内间断的情况，以下均同标准；连续4年（最多）的公司有278家，占比22.94%；连续5年（最多）的公司有221家，占比18.23%；连续6年（最多）的公司有118家，占比9.74%；连续7年（最多）的公司有105家，占比8.66%；连续8年（最多）的公司有62家，占比5.12%；连续9年（最多）的公司有43家，占比3.55%；连续10年的公司有40家，占比3.30%；连续11年的公司有30家，占比2.48%；连续12年的公司有24家，占比1.98%；连续13年的公司有19家，是债务柔性状态保持最久的公司，占比1.57%。与表3-8对比分析可以看出，现金柔性与债务柔性连续年数所对应的公司数目分布情况基本相同。具体情况如表3-9所示。

在样本期内一直贯彻稳健性财务政策的公司虽然只有19家，占比仅为1.57%，但其债务柔性均值在所有组别中第二大；存在财务柔性状态的最小单元即3年的样本公司的债务柔性均值最小。债务柔性（剩余负债）连续3年以上的样本公司的债务柔性和连续年数基本上同比例增长，说明稳健性财务政策贯彻时间越长，债务柔性的平均水平相应越高。具体情况如表3-9所示。

表 3-9　债务柔性连续年数汇总及描述性统计

连续年数	公司数	均值	标准差	25 分位数	50 分位数	最大值
3	272	0.084	0.067	0.029	0.063	0.306
4	278	0.099	0.080	0.036	0.075	0.372
5	221	0.095	0.075	0.036	0.077	0.474
6	118	0.108	0.083	0.044	0.086	0.342
7	105	0.109	0.080	0.044	0.089	0.329
8	62	0.117	0.082	0.051	0.103	0.364
9	43	0.127	0.086	0.057	0.111	0.369
10	40	0.136	0.100	0.057	0.114	0.410
11	30	0.124	0.088	0.053	0.106	0.388
12	24	0.128	0.088	0.058	0.108	0.360
13	19	0.127	0.089	0.051	0.110	0.381

（3）财务柔性状态起始年份统计情况

由于在样本期 2004~2016 年内，公司保持财务柔性状态不都是连续的，因此有些公司会存在财务柔性状态的间断，所以表 3-10 在以上分析的基础上汇总了拥有财务柔性状态公司剩余负债的起始年度即财务柔性状态的起始年度。由表 3-10 可以看出，从 2004 年开始基于稳健性采取财务柔性政策的公司最多，有 374 家，占比接近 30%，从 2004 年开始最久可以持续到样本期期末 2016 年；其次是从 2011 年开始的公司，有 221 家，占比为 17.61%；再次是 2012 年开始的公司，有 120 家，占比 9.56%，之所以 2011~2012 年开始储备财务柔性的公司比较多，可能是我国为了缓解 2008 年金融危机造成的经济增长放缓所施行的"四万亿"投资计划，企业普遍都开始注重"利用"环境不确定性；2008 年开始基于稳健性采取财务柔性政策的公司数目 94 家，占比 7.41%，排第四位，可见受 2008 年金融危机影响，我国 A 股上市公司多数需要进行资本结构调整，为了保证稳健发展，多数选择在金融危机爆发后开始采取财务柔性政策，且基于稳健性即注重储备财务柔性，具体情况如表 3-10 所示。

表 3-10　债务柔性的各起始年份统计

剩余负债起始年份	公司数目（家）	所占比重（%）	债务柔性起始年份
2004	374	29.8	2007
2005	88	7.01	2008
2006	52	4.14	2009
2007	68	5.42	2010

剩余负债起始年份	公司数目（家）	所占比重（%）	债务柔性起始年份
2008	94	7.41	2011
2009	68	5.42	2012
2010	78	6.29	2013
2011	221	17.61	2014
2012	120	9.56	2015
2013	54	4.30	2016
2014	38	3.03	2017
合计	1255	100	

3.4.3 财务柔性储备的统计结果

（1）全样本的财务柔性储备

根据模型（3-1）、模型（3-2）以及模型（3-3），得到财务柔性储备的描述性统计如表3-11所示。现金柔性储备（$CFRS$）均值为0.712，超过现金柔性均值（CF）的10倍，最大值为4.786，由于现金柔性储备是连续3年正向现金柔性之和，因此拥有现金柔性储备的公司平均每年的现金柔性为0.2373，是总样本现金柔性均值的3.5倍，现金柔性储备最大的公司平均每年的现金柔性为1.595，拥有现金柔性储备的观测值为6651，占全体样本的42.88%。由于现金柔性储备反映的是我国具有财务柔性状态的公司的财务柔性政策，从这个层面说明有42.88%的样本公司在采取财务柔性政策时是基于稳健性财务政策的。

债务柔性储备（$LFRS$）均值为0.332，小于现金柔性储备均值水平，最大值为1.105，债务柔性储备最大的公司平均每年的债务柔性为0.3683，相当于整体的债务柔性均值的3.76倍左右，拥有债务柔性储备的观测值为4474，占全体样本的28.84%；从债务柔性储备这个层面说明有28.84%的样本公司在采取财务柔性政策时是兼顾预防属性和利用属性的，且债务柔性政策稳健性的贯彻程度小于现金柔性政策。具体情况如表3-11所示。

表3-11　财务柔性及财务柔性储备描述性统计

变量	样本观测值	均值	标准差	最小值	中位数	最大值
CF	15512	0.067	0.909	-2.805	0.137	1.922
LFF	15512	0.098	0.131	0	0.049	0.634

变量	样本观测值	均值	标准差	最小值	中位数	最大值
FF	15512	0.165	0.905	−2.648	0.230	1.922
CFRS	6651	0.712	1.189	0	0	4.786
LFRS	4474	0.332	0.251	0	0.292	1.105

注：此表通过现金柔性储备和债务柔性储备的描述性统计结果反映样本公司的财务柔性状态。

（2）不同生命周期阶段公司的财务柔性储备

表 3-12 的 Panel A、Panel B 和 Panel C 分别报告成熟期、成长期和衰退期这三个子样本的财务柔性及财务柔性储备情况。其中成熟期样本 5831 个，成长期样本 6309 个，衰退期样本 3372 个。成熟期现金柔性均值为 0.093，大于零，明显高于衰退期均值−0.119；债务柔性均值为 0.094，最大值为 0.641；整体财务柔性的均值为 0.187，为正；现金柔性储备均值为 0.708，明显高于衰退期；债务柔性储备均值为 0.327，最大值为 1.404。成长期现金柔性均值为 0.144，明显高于衰退期和成熟期均值；债务柔性均值为 0.101；整体财务柔性的均值为 0.244，在三期中最高，尤其高于衰退期；现金柔性储备均值为 0.768，也高于另外两期，尤其是衰退期，最大值为 5.667，小于成熟期最大值 5.816；债务柔性储备均值为 0.325，略小于成熟期和衰退期均值，最大值为 1.283，在三期中也是最小的。衰退期现金柔性均值为−0.119，小于零，最大值为 1.922，说明衰退期样本公司的现金柔性整体水平较低；债务柔性均值为 0.102，最大值为 0.641，整体财务柔性的均值为−0.018，最大值为 2.564；现金柔性储备均值为 0.662，最大值为 5.816；债务柔性储备均值为 0.356，最大值为 1.875。

表 3-12　不同生命周期阶段的财务柔性及财务柔性储备描述性统计

Panel A 成熟期						
变量	样本量	均值	标准差	最小值	中位数	最大值
CF	5831	0.093	0.895	−2.805	0.152	1.922
LFF	5853	0.094	0.130	0	0.0420	0.641
FF	5831	0.187	0.902	−2.805	0.264	2.564
CFRS	2621	0.708	1.167	0	0	5.816
LFRS	1802	0.327	0.258	0	0.280	1.404

Panel B 成长期					
变量	样本量	均值	标准差	最小值	中位数	最大值
CF	6309	0.144	0.827	-2.805	0.184	1.922
LFF	6322	0.101	0.123	0	0.062	0.641
FF	6309	0.244	0.827	-2.805	0.304	2.564
CFRS	2267	0.768	1.237	0	0	5.667
LFRS	1488	0.325	0.239	0	0.294	1.283
Panel C 衰退期					
变量	样本量	均值	标准差	最小值	中位数	最大值
CF	3372	-0.119	1.044	-2.805	-0.023	1.922
LFF	3403	0.102	0.146	0	0.039	0.641
FF	3372	-0.018	1.045	-2.805	0.062	2.564
CFRS	1763	0.662	1.216	0	0	5.816
LFRS	1184	0.356	0.274	0	0.303	1.875

企业的成长程度反映企业的经营状况，企业的成熟度和财务柔性决策之间的关系主要是企业所处的发展阶段不同投资环境差异性较大，因而不同生命周期阶段的企业在是否保持财务柔性状态方面具有差异。表3-13列示了财务柔性的中位数检验（Wilcoxon 检验）结果，可见成长期、成熟期和衰退期的现金柔性都存在显著差异（p<0.01），成长期的现金柔性明显高于衰退期，成熟期的现金柔性也显著高于衰退期；成长期的债务柔性显著高于成熟期和衰退期（p<0.01），但成熟期和衰退期之间的债务柔性差异并不显著；由于三个生命周期阶段的现金柔性有明显差异，所以整体的财务柔性水平存在明显差异，成长期的整体财务柔性显著大于成熟期和衰退期（p<0.01），成长期和衰退期之间的整体财务柔性差异为0.242；成长期和成熟期的现金柔性储备差异并不显著，但成长期和衰退期的差异显著（p<0.01），成熟期和衰退期的差异也显著（p<0.01）。成长期企业为了满足自身发展需求会注重利用财务柔性，而不是保持财务柔性状态，因此成长期企业的财务柔性虽然显著高于成熟期，但是长期储备的财务柔性并不高于成熟期企业，说明成熟期企业相比于成长期企业而言更注重保持财务柔性状态，成熟期企业更重视贯彻"处于财务柔性状态"；就债务柔性而言，与现金柔性、债务柔性以及现金柔性储备都不相同，衰退期的公司债务柔性储备最高，其次是成长期的公司，然后是成熟期的公司，且衰退期的公司的债务柔性储备显著高于成长期和成熟期的公司，这主要是因为处于衰退期的公司，经营状况欠佳，盈利能力

不如另外两类公司，因此举债能力较低，从这个方面来看，用现金柔性储备来衡量"财务柔性状态"比债务柔性储备更合适。具体情况如表 3-13 所示：

表 3-13 不同生命周期阶段财务柔性统计分析（Wilcoxon 检验）

变量	成长期和成熟期		成长期和衰退期		成熟期和衰退期	
	中位数之差	Z 统计量	中位数之差	Z 统计量	中位数之差	Z 统计量
CF	0.032	2.811***	0.207	11.775***	0.175	9.245***
LFF	0.02	6.164***	0.023	5.720***	0.003	0.927
FF	0.04	3.325***	0.242	11.932***	0.202	8.905***
CFRS	0	1.480	0	3.877***	0	2.660***
LFRS	0.014	0.713	−0.009	2.016***	−0.023	−2.738***

注：***表示在 1%水平上显著。

3.5 本章小结

通过研究发现拥有财务柔性储备的公司平均每年的财务柔性都大于其他样本公司的财务柔性，说明处于财务柔性状态的公司兼顾"预防"和"利用"属性，公司选择连续跨期储备财务柔性，使财务柔性普遍更高。而不同生命周期阶段的公司由于所处的经营环境和发展潜力差异化较大，衰退期的现金柔性显著低于另外两期的公司；成长期的债务柔性显著高于另外两期；但是成长期企业长期储备的财务柔性并不高于成熟期企业，成熟期企业更重视贯彻稳健性财务政策；衰退期的公司的债务柔性储备最高，其次是成长期的公司，然后是成熟期的公司，且衰退期公司的债务柔性储备显著高于成长期和成熟期的公司。

通过财务柔性状态维持时间来衡量财务柔性状态可以发现，采取现金柔性政策的样本公司中拥有财务柔性状态的公司占样本公司总数的 46.85%，而采取债务柔性政策的样本公司中处于稳健性财务政策的公司占样本公司总数的 41.37%。说明用该种方法衡量的拥有财务柔性（现金柔性或者债务柔性）的公司中财务柔性政策（现金柔性政策或者债务柔性政策）较为稳健的公司平均维持在 44.11%的水平。

由于在样本期 2004~2016 年内，公司保持财务柔性状态不都是连续的，因此有些公司会存在财务柔性状态的间断，从 2004 年开始基于稳健性采取财务柔性政策的公司最多，占比接近 30%；其次是从 2011 年开始的公司，有 221 家，占比为 17.61%；再次是 2012 年开始的公司，有 120 家，占比 9.56%。综合分析可知企业的财务柔性政策受 2008 年金融危机等外部环境不确定性的影响，同时也会受到我国经济政策调整的影响，为了保证稳健发展，多数企业选择在 2008 年金融危机爆发后采取财务柔性政策。

第4章　财务柔性状态对内部投资
　　　　　决策的影响研究

按照投资方向的不同，企业投资分为内部投资和外部投资两类，本章主要研究上市公司达到财务柔性状态这种不完全释放并跨期储备财务柔性的资源配置方式对内部投资决策有什么影响。有关现金资源与资本投资、投资效率的文献比较丰富，但是从柔性角度分析现金资源对不同方向的内部投资决策的影响类研究并不是很多，虽然有不少学者已经研究财务柔性与投资效率之间的关系，但鲜少有学者从跨期性方面来研究企业财务柔性对内部投资决策的影响。从财务柔性状态角度出发研究其对细化的资本投资各类别的影响，有助于企业了解在稳健的财务政策基础上财务资源如何配置。因此，本章研究处于财务柔性状态对不同类型的内部投资决策的影响，进而研究财务柔性状态保持的程度不同是否差异化影响内部投资决策，以丰富该领域的相关研究，为企业利用财务柔性优化资源配置提供经验证据。

4.1　理论分析与研究假设

在非完美资本市场（市场摩擦存在时）中，公司预期未来会出现有价值的投资机会时可能遵循财务柔性政策来提高对未来成长机会的把握度。一旦公司达到财务柔性状态，它们应该拥有更强的投资力度，也能够弥补融资约束对投资的负面影响。

Mayer 和 Sussman（2004）以及 Tsyplakov（2008）整理发现小公司在进行异常投资时更偏向于选择股权融资，而盈利型和规模较大的公司则对于债券融资有更清晰的偏好。DeAngelo 等（2011）坚持认为公司目标包括永久性的和暂时性的，拥有长期目标的公司在大量投资之后其杠杆都会回归到与之前大致相当的水平上，而暂时偏离这个长期目标会短暂影响公司发生异常投资。Marchica 和 Mura

（2010）观察到在公司增加他们的投资时公司的净债务发行也会增加（新债发行减去到期债），因为在保守杠杆政策下一般都依靠限制负债来融资。企业的财务柔性储备属于跨期的财务柔性资源，是企业长期维持财务柔性状态所积累的资源，因此更能满足企业发展的长期目标。

内部投资决策的周期都较长，需要企业长期拥有财务柔性资源，以满足未来较长时期内的现金流流出。长期拥有财务柔性资源反映企业储备财务柔性以维持财务柔性状态，所以，处于财务柔性状态的企业相比于非财务柔性状态的企业更注重根据行业环境变化的趋势以及企业在现有特征约束下，积极主动地权衡财务柔性资源的释放和保持。基于稳健性财务政策而储备财务柔性资源的公司，相比于只重视"利用"属性的公司，财务柔性对于内部投资决策的正向影响程度更大。同时，财务柔性政策的稳健和财务柔性状态的长期保持也更能满足内部投资决策的需求，所以财务柔性持续时间较长的公司，财务柔性对内部投资决策的正向影响程度也更大。综合这两个方面，财务柔性储备的量以及储备的时间都反映企业财务柔性政策是否处于财务柔性状态。储备财务柔性资源的公司，兼顾处于财务柔性状态的公司，储备财务柔性资源并保持财务柔性状态，财务政策稳健，财务环境就相对宽松，外部融资能力较强，这样的企业做出内部投资决策时可以更容易获得外部融资资源，这反而会减弱该企业对其内部财务柔性的依赖性，因此储备财务柔性资源的公司的内部投资决策与财务柔性的相关性会低于未储备财务柔性资源的公司，因此兼顾预防和利用动机的公司，其财务柔性对于内部投资决策的正向影响程度低于只注重利用动机的公司。由此推出假设4-1。

假设4-1：财务柔性状态会降低财务柔性对于内部投资决策的影响程度。

Aivazian等（2005）研究发现低杠杆和高投资之间的关系只存在于增长机会较低的公司当中，这些公司存在的自由现金流问题可能更多。Almeida等（2011）、Denis（2011）通过研究发现财务柔性和投资决策之间有"跨期依赖性"，且很多公司会通过重新整合企业资本结构，或者现金管理或者股利支付政策来获得财务柔性状态，为财务柔性对投资决策产生影响创造财务条件。Bessler等（2013）选择跨国上市公司作为样本，研究发现在短期内选择零财务杠杆政策的公司相比财务杠杆不为零的公司在未来有更多的投资支出。因此，财务柔性公司的投资决策在初期与财务柔性正向相关，随着储备期的增加，投资决策和财务柔性的正向关系减弱，即投资支出和短期财务柔性的相关性比投资支出和财务柔性储备的相关性强。财务柔性公司在保持低财务杠杆一段时间后，面对需要投资的项目会更容易筹集到外部资金，这样它们对于内部资金的依赖性就会相应降低。Long和Summers（1991）、Justiniano等（2011）、Djankov等（2003）都对固定资产投资特征进行相应总结，包括可视性强、用途易判断和价值易评估等，他们认为正是因为固定资产投资拥有以上特征使企业中相比其他资本投向而言发生最频繁的就是固定资产投资。张硕和赵息（2016）认为固定资产投资比重高于股权投资以及无形资产投资时，有利于缓解债权人信息不对称程度，使公司易于通过公开债务市场融资，进而提升公司价值。无形资产却在一定程度上会加剧债权人信息不对称程度，主要因为其价值判断不确定性较强，所以一般企业中固定资产相对投资比重较大。

　　虽然 Bottazzi 等（2002）认为有些投资者更看重科技研发等带来的潜在发展性，看重科研所带来的长期收益，认为长期收益高于有形资产回报率低，因此更愿意投资无形资产，说明无形资产相比于固定资产更容易获得外部投资资源。但是，在现实生活中，无形资产投资明晰度较低，其价值评估较难，尤其是专业技术含量高的研发项目，对于投资者来说信息不对称程度较高，伴随的投资风险也较高，投资收益很难确定，投资者很难准确把握投资回报率，所以是否更倾向于投资无形资产需要考虑的前提条件很难确定，因此理论上技术创新类的无形资产应该更容易获得投资支撑，但是实践中并非如此。正如 Himmelberg 和 Petersen（1994）对美国高科技中小企业调查中的研究发现，从外部投资者的角度来看，以银行为首的债权人大多需要企业固定资产作为抵押才会提供贷款，而创新投资产生的知识资本和人力资本都是无形资产，难以提供有形资产作为债务借款进行担保。从这个角度分析，固定资产投资更容易获得外部投资者的青睐，因此外部融资约束较低，对于财务柔性这类内部资源依赖性较弱，而无形资产投资由于投资风险较高且无实物资产可供抵押，所以无形资产更需要财务柔性这类内部资源的支持。对于具有刚性和资产专用性的投资，企业必须保持稳定的自由现金流以补充长期投资需求，而过度自信的高管倾向于提前储备财务柔性，以便降低企业融资约束，方便企业战略安排。财务柔性作为企业能力的积蓄池，对企业价值影响较大，企业高管以及相关人员应注重财务柔性的储备，以将其控制在合理的水平之上（Deshmukh et al.，2013）。Ferrando 等（2017）指出财务柔性公司在保持低财务杠杆一段时间后，面对需要投资的项目会更容易筹集到外部资金，这样它们对于内部资金的依赖性就会相应降低。所以，随着财务柔性状态持续时间的增加，财务柔性对两类内部投资的正向影响会比财务柔性状态初期有所下降，之后会趋于平稳。而固定资产投资相比无形资产更具有刚性，且无形资产投资具有较强的行业特征，所以分析财务柔性对两类内部投资决策的影响，必须考虑企业是否注重维持财务柔性状态。如果企业基于稳健性而采取财务柔性政策，企业更重视利用财务柔性资源补充固定资产方向投资，因为固定资产投资价值更易评估，投资回报率更明晰；而如果企业的财务柔性政策没有兼顾预防和利用两个属性，企业不会储备财务柔性资源，不会长期维持财务柔性，因而财务柔性缺乏规划、不稳健，因此这类企业的财务柔性与固定资产投资的相关性降低，而外部融资约束相对更高的无形资产投资对财务柔性的敏感性更高。由此推出假设4-2。

假设4-2：财务柔性状态下，财务柔性对固定资产投资的正向影响程度比无形资产投资大；非财务柔性状态下，财务柔性对无形资产投资的正向影响程度比固定资产投资大。

由于财务柔性中的现金柔性和债务柔性的属性不同，债务柔性属于潜在柔性，反映企业的剩余负债水平，无法立刻实现，不同于现金柔性（Gerwin，1993；刘英姿等，2002），因此现金柔性的存在可立刻促成无形资产投资的实现，相比债务柔性来说更具有保障，所以无形资产与现金柔性的相关性应该大于债务柔性。从举债能力来看，固定资产投资相比无形资产投资来说举债能力更强，因此同等情况下将债务柔性资源分配给固定资产投资与无形资产投资的话，前者在使用债务柔性这种潜在柔性时更具有优势，所以，尽管无形资产对于财务柔性包括债务柔性的需求度高于固定资产投资，但是由于债务柔性不能立刻实现，因此在分析时必须将不同财务柔性的属性特征考虑在内，无形资产在使用潜在柔性资源的时候缺乏优势，所以无形资产与潜在柔性的相关性应该小于固定资产与潜在柔性的相关性。综合考虑不同投资取向对于财务柔性的需求和对于财务柔性的使用条件等情况。而基于稳健性财务政策储备财务柔性的公司，内部资源更为稳定，公司地位高，外部融资能力应该强于未储备财务柔性资源的公司（Jong et al.，2012；Bessler et al.，2013；Ferrando et al.，2017），作为"潜在柔性"的债务柔性更易转换为"立刻可实现"资源①，更容易用于支撑固定资产投资决策。由此推出假设4-3。

假设4-3：达到财务柔性状态的公司同时拥有现金柔性和债务柔性，两者会协同影响内部投资。

4.2 研究设计

4.2.1 回归模型设计

本章借鉴 Long 和 Summers（1991）、Justiniano 等（2011）、张硕和赵息

---

① 基于 Gerwin（1993）、刘英姿等（2002）对财务柔性属性的划分，本章将债务柔性被利用视为由潜在柔性状态发生了转变，转换为"立刻可实现"属性。

（2016）、郝颖和刘星（2009）等对于资本支出特征总结、资本投向的分类及资本投向作用和影响因素等的研究思路与计量方法，模型中资本性支出作为因变量，且将其细化到固定资产投资、无形资产投资和股权投资这三个更为深入的层面，分别考察财务柔性储备对不同资本投向的影响及程度差异。控制变量的选择借鉴 Brown 和 Petersen（2011）、Hadlock 和 Pierce（2010）等很多文献中的相关变量。为了进一步研究财务柔性是否影响各类资本投向比重以及是否能够帮助企业优化资产结构，因此本章借鉴吴建祥和李秉祥（2014）对于资本投向的定义，指企业在一定时期投资总量中各投资用途的构成及其数量比例关系，这是企业资产结构的重要表现形式与特征反映。

（1）内部投资与现金柔性模型

$$INV_{i,t} = \beta_0 + \alpha_0 FF_{i,t} + \beta_1 HHI_{i,t} + \beta_2 MD_{i,t} + Control_{i,t} + \sum Industry + \sum Year + \varepsilon_{i,t}$$
$$(4-1)$$

（2）财务柔性对内部投资决策的路径研究模型

$$INV_{i,t} = \beta_0 + \beta_1 FF_{i,t} + Control_{i,t} + \sum Industry + \sum Year + \varepsilon_{i,t} \qquad (4-2-1)$$

$$HHI_{i,t} = \beta_0 + \beta_1 FF_{i,t} + Control_{i,t} + \sum Industry + \sum Year + \varepsilon_{i,t} \qquad (4-2-2)$$

$$INV_{i,t} = \beta_0 + \alpha_0 FF_{i,t} + \beta_1 HHI_{i,t} + Control_{i,t} + \sum Industry + \sum Year + \varepsilon_{i,t} \qquad (4-2-3)$$

（3）同时存在现金柔性和债务柔性模型

$$INV_{i,t} = \beta_0 + \beta_1 CF_{i,t} + \beta_2 CF_{i,t} \times LFF_{i,t} + \beta_3 LFF_{i,t} + \beta_4 HHI_{i,t} + \beta_5 MD_{i,t} +$$
$$Control_{i,t} + \sum Industry + \sum Year + \varepsilon_{i,t}$$
$$(4-3)$$

4.2.2 变量解释

（1）内部投资决策的衡量

本章对于内部投资决策的衡量借鉴张凤（2006）、Denis 和 Sibilkov（2010）、Duchin 等（2010）、郝颖等（2012）、郑立东（2016）等，把握住内部投资决策的最频繁的资本投向即固定资产投资，以及同固定资产同样具有较长的周期性且风险性较高的 R&D 投资、专利技术和专有技术等无形资产投资，细致区分两个内部投资的取向，以便于深入研究财务柔性对各类资本投向的影响。其中，*Fix* 为固定资产净值、工程物资及在建工程净值的期初存量，ΔFix 为当期变化量；*Intan* 为无形资产投资期初存量，$\Delta Intan$ 为当期的变化量。

此外，本章借鉴吴建祥和李秉祥（2014）对于资本投向的定义，固定资产投资（*PINV*）等于年末固定资产净值和年初固定资产净值的差与年平均总资产的比值，即 $\Delta Fix_{i,t}/avgAsset_{i,t}$；无形资产投资（*IINV*）等于年末无形资产净值和年初无形资产净值的差与年平均总资产的比值，即 $\Delta Intan_{i,t}/avgAsset_{i,t}$。

（2）环境不确定性的衡量

Ghosh 和 Olsen （2009）针对过去 5 年销售收入的标准差并经行业调整后的值来衡量公司的环境不确定性。申慧慧等（2012）为了更加准确地衡量环境不确定性，在 Ghosh 和 Olsen （2009）基础上将过去 5 年销售收入的变化中数据销售收入稳定增长的部分剔除掉。万良勇和饶静（2013）指出考察不确定性环境对财务柔性水平的影响时需要从三个层次即企业面临的经营环境来进行研究，包括宏观环境、行业环境及个体的微观环境。其中，宏观环境的不确定性选择月度 CPI 指数的方差来度量；行业环境的不确定性采用行业内各企业不确定性水平的均值来度量；企业个体的不确定性采用企业近三年净利润率的标准离差率来度量。

本章主要借鉴以上文献，分别采用赫芬达尔—赫希曼指数（HHI）以及经过行业调整后的变异系数（EU）来衡量环境不确定性，进而针对财务柔性、环境不确定性和资本投向之间的中介效应展开深入研究。

（3）管理层决断权

管理层权力是指管理层执行自身意愿的能力。在存在内部治理缺陷及缺乏外部约束的情况下，可能会引发管理层的权力膨胀的现象，进而可能通过权力获取私人利益（权小锋等，2010）。Demerjian 等（2012）采用数据包络分析（DEA）来估计行业内公司的效率：营业收入（Sales）表示公司产出；营业成本（Cost of Sale）、销售及管理费用（Selling & Adminstration）、固定资产（PPE）、无形资产（Intangible）和商誉（Goodwill）表示公司投入。公司效率取值在 0 和 1 之间。在此基础上，利用 Tobin's Q 回归模型分行业测算公司管理层能力指标。Haleblian 和 Finkelstein （1993）采用权力模型，分别从组织结构权力、专家权力和所有权权力等方面选取基础指标，然后根据主成分分析方法合成管理层权力综合指标。Jensen （1993）指出董事长与总经理两职分离有利于保证董事会的有效运作。张正堂（2003）使用两职兼任作为董事会对管理层的控制强度的变量之一，并发现两职兼任不利于董事会对管理层进行有效控制，会加大管理层权力。卢锐（2007）、高逴等（2012）也采用两职兼任来衡量管理决断权，兼任时代表管理决断权越大，管理层与普通职工的薪酬差距明显越高。

以上对管理层权力从不同的角度进行了衡量，本章还借鉴 Hayward 和 Hambrick （1997）、Dong 和 Gou （2010）、苏文兵等（2010）的研究方法，构造了管理决断权的综合指标：主要基于报酬权（Salary）、职位权（SFY）和运作权（OPERight）这三个指标。其中，两职兼任情况简称职位权（SFY），如果董事长和总经理两职合一，管理层权力较大，取值为 1，否则为 0。管理决断权可以由报酬权（*Salary*）和职位权（*SFY*）综合衡量，或者由职位权（*SFY*）和运作权（*OPERight*）综合衡量，或者由报酬权（*Salary*）和运作权（*OPERight*）综合衡量，此外，还可以由报酬权（*Salary*）、职位权（*SFY*）和运作权（*OPERight*）三个指标共同衡量。

（4）控制变量指标

在本章模型中加入了以往文献中经常加入的控制变量。本章借鉴 Hambrick（2007）的方法，以企业年营运资金与年营业收入的比值来测量运作权。运作权代表了管理者可以支配企业资源的自由程度，营运资金对于企业获得可持续的竞争性利益非常重要，是企业资产中能够决定企业经营管理活动能否顺利开展的基础（董理、茅宁，2016）。该值越大则表示管理者在经营管理中可控制的资源越多，运作权越大。将公司规模、资产负债率（吴超鹏等，2008）、两职兼任与否（Stulz，1990；Jensen，1993；张正堂，2003；卢锐，2007；吴超鹏等，2008；田满文，2015）、管理费用率（*MFratio*）、其他应收款（*Qtys*）作为控制变量，来控制大股东操控企业投资决策的影响效应（苏启林、朱文，2003；张会丽、陆正飞，2012；杨兴全等，2010；田满文，2015；董理、茅宁，2016）。此外，本章借鉴 Bourgeois（1981）、Davis 和 Stout（1992）、Cheng 和 Kesner（1997）、陈立敏和王小瑕（2016）的研究方法，加入企业的资源冗余度作为控制变量，为了剔除资本投资支出规模对留存现金数额的影响，用企业期末现金余额与资本支出金额的比值来反映企业的资源冗余度。具体变量解释如表 4-1 所示。

表 4-1 变量定义

变量类型	变量名称		变量符号	变量定义
被解释变量	内部投资 *INV*	固定资产投资	*PPEINV*	当期的固定资产、工程物资及在建工程投资水平，即 $\Delta Fix_{i,t}/Fix_{i,t}$
		无形资产投资	*INTANINV*	当期的无形资产投资水平，$\Delta lntan$ 为无形资产投资额当期的变化量，lntan 为无形资产投资期初存量，即 $\Delta lntan_{i,t}/lntan_{i,t}$
	固定资产投向		*PINV*	年末固定资产净值和年初固定资产净额的差与年平均总资产的比值，即 $\Delta Fix_{i,t}/avgAsset_{i,t}$
	无形资产投向		*IINV*	年末无形资产净额和年初无形资产净额的差与年平均总资产的比值，即 $\Delta lntan_{i,t}/avgAsset_{i,t}$

变量类型	变量名称	变量符号	变量定义
解释变量	现金柔性	CF	由第 3 章模型（3-1）得出
	债务柔性	LFF	由第 3 章模型（3-2）得出剩余负债水平
			债务柔性虚拟变量主要是对剩余负债进行描述性统计后得出其中位数，样本公司剩余负债高于整体中位数时，债务柔性虚拟变量 LFF 取值为 1，否则取值为 0
	财务柔性状态	FFstatus	保持现金柔性 3 年及以上或者保持债务柔性 3 年及以上
	现金柔性储备	CFRS	$CFRS_t = CF_t + CF_{t-1} + CF_{t-2}$，其中 $CF_t > 0$ 且 $CF_{t-1} > 0$ 且 CF_{t-2}
	债务柔性储备	LFRS	$LFRS_t = LFF_t + LFF_{t-1} + LFF_{t-2}$，其中 $LFF_t > 0$ 且 $LFF_{t-1} > 0$ 且 $LFF_{t-2} > 0$
	行业集中度（赫芬达尔—赫希曼指数）	HHI	虚拟变量，$HHI = \sum (y_i / \sum y_{ind})^2$，其中 y_i 表示企业 i 在所属行业中形成的主营业务收入，HHI 指数越大，行业竞争性程度越弱。设置行业集中程度虚拟值，HHI 小于中位数，取值为 1，否则为 0
	行业调整后变异系数	EU	运用过去 5 年销售收入的标准差并经行业调整并剔除销售收入中稳定成长的部分，即每个公司运用过去 5 年的数据，采用普通最小二乘法（OLS）运行如下模型，分别估计过去 5 年的非正常销售收入：$Sale = \varphi_0 + \varphi_1 Year + \varepsilon$
	管理层决断权	MR	MR 代表报酬权和运作权，报酬权和运作权之和为 2 时 MR 取值为 1，否则为 0
		MS	MS 代表报酬权和职位权，报酬权和职位权之和为 2 时 MS 取值为 1，否则为 0
		MY	MY 代表职位权和运作权，职位权和运作权之和为 2 时 MY 取值为 1，否则为 0
		MD	虚拟变量，用报酬权、运作权与职位权之和来衡量，如果和等于 3，则管理层决断权取值为 1，否则为 0
控制变量	公司规模	Size	公司年度总资产取自然对数
	市账比	Tobin's Q	公司的托宾 Q 值，市账比可以用托宾 Q 来反映
	代理成本	GLFL	即管理费用率，当期管理费除以主营业务收入，可以反映外部融资成本
	净营运资本	Nwc	企业的营运资本扣除掉现金持有量后用期末总资产进行标准化处理
	资产负债率	Lev	年末负债总额与年末资产总额之比

续表

变量类型	变量名称	变量符号	变量定义
控制变量	非流动资产比率	*NonAR*	公司当期非流动资产除以期初总资产
	国有股比重	*StaSR*	国有持股数除以总股数
	高管持股比重	*ManSR*	企业高管拥有的股份数与总股数的比值
	资源冗余度	*Cfratio*	经营活动产生的现金流净额与年末资产总额之比
	上期资产回报率	*Lag_ROA*	公司上期的总资产净利润率
	年度虚拟变量	*Year*	控制年度固定效应
	行业虚拟变量	*Industry*	控制行业固定效应

4.2.3　样本选择和数据来源

本章对初始样本进行了如下的筛选：①剔除了金融保险行业的样本；②剔除了 PT、ST 公司的样本；③剔除了主要变量数据存在缺失的样本，最终得到 13629 个样本。为了解决极端值对回归结果的影响，通过 1% 的 Winsorize 处理了主要的连续变量。表 4-2 列示了样本筛选的具体过程和结果。

表 4-2　样本选择

初始样本	27027
减：金融保险类公司样本	（597）
减：PT、ST 公司	（1638）
减：数据缺失的样本	（11163）
最终样本	13629

4.3　实证结果分析

4.3.1　描述性统计

表 4-3 列示了样本的主要变量的描述性统计结果。其中，Panel A 中固定资产投资（*PPEINV*）均值为 0.286，中位数为 0.051，最小值和最大值分别为

-0.707 和 6.299，说明样本公司各年份既有减少固定资产投资的也有投资较前一年高达 6 倍多的，标准差为 0.893，可见公司间固定资产投资差异化较大。无形资产投资（INTANINV）均值为 1.008，大于固定资产投资均值，中位数是 0.023，小于固定资产投资中位数，INTANINV 最小值和最大值分别为-0.962 和 41，说明样本公司的无形资产投资差异化特别大，差异化程度比固定资产投资还要大。现金柔性 CF 均值为 0.004，中位数是 0.066，最小值为-2.805，小于 0，最大值为 1.922，标准差为 0.863，由于本章所选样本中包含拥有现金柔性连续年数未达到 3 年的公司，因此现金柔性均值小于第 5 章的数值，最小值和最大值水平以及标准差和第 5 章的数值基本相当，说明我国上市公司的现金柔性水平参差不齐。债务柔性（LFF）均值为 0.084，中位数为 0.066，最大值为 0.641，和第 5 章的数值基本持平，我国上市公司整体的债务柔性水平较低。管理层决断权（MD）的均值为 0.190，中位数为 0，说明以三权衡量（职位权、运作权和报酬权）的管理层决断权整体水平较低，差异化较大。行业集中度（HHI）均值为 0.480，和第 5 章的 0.489 基本持平，说明行业竞争压力基本在 0.5 水平。公司规模（Size）均值为 21.807，中位数为 21.676，最大值约为最小值的 1.34 倍。资产负债率（Lev）均值为 0.467，说明上市公司负债占资产的比重均值为 46.7%，比重最小仅为 4.8%，最大值约为最小值的 20 倍，差异化较大。市账比均值为 2.271，最大值约为最小值的 22.85 倍，说明样本公司的发展潜力差异化很大。代理成本（GLFL）均值为 0.107，中位数为 0.081，最小值和最大值分别为 0.009 和 0.737，可见约一半公司的外部融资成本维持在 0.1 以下，融资成本差异化较大。国有控股比例（StaSR）均值为 0.096，约为 10%，最大值接近 88%，有些样本公司实际控股方为国家。净营运资本（Nwc）均值为 0.180，中位数为 0.176，最小值和最大值分别为-0.585 和 0.789，净营运资本为负，营运能力较差，标准差超过均值水平，说明上市公司净营运资本差异化很大。经营活动净现金流（Cfratio）均值为 0.041，中位数是 0.041，最小值为-0.201，最大值为 0.259，说明上市公司经营活动净现金流为负的公司与为正的公司数目基本相当。非流动资产比率（NonAR）均值为 0.439，最大值为 1，可见在样本公司中存在资产项目中毫无流动性资产的公司。高管持股比重（ManSR）均值为 0.072，中位数为 0，最大值为 0.821，说明一半的样本公司中高管持有公司股份。上期资产回报率（Lag_ROA）均值为 0.035，中位数是 0.035，最小值和最大值分别为-0.270 和 0.205，约一半的样本公司资产回报率为负。

Panel B 列示了财务柔性状态高、低两个子样本中主要变量的均值检验（T检验）和中位数检验（Wilcoxon 检验）结果。通过 Panel B 可以看出财务柔性状态高的组比低的组现金柔性高，且在 1% 水平下显著，说明财务柔性状态会显著

表 4-3　主要变量描述性统计

Panel A

变量	样本量	均值	标准差	最小值	中位数	最大值
PPEINV	13629	0.286	0.893	−0.707	0.051	6.299
INTANINV	13629	1.008	4.768	−0.962	0.023	41
CF	13629	0.004	0.863	−2.805	0.066	1.922
LFF	13629	0.084	0.175	−0.535	0.066	0.641
MD	13629	0.190	0.393	0	0	1
HHI	13629	0.480	0.500	0	0	1
Size	13629	21.807	1.212	19.15	21.676	25.67
Lev	13629	0.467	0.220	0.048	0.470	1.097
Tobin's Q	13629	2.271	2.148	0.221	1.612	12.07
GLFL	13629	0.107	0.106	0.009	0.081	0.737
StaSR	13629	0.096	0.187	0	0	0.875
Nwc	13629	0.180	0.270	−0.585	0.176	0.789
Cfratio	13629	0.041	0.078	−0.201	0.041	0.259
NonAR	13629	0.439	0.211	0	0.429	1
ManSR	13629	0.072	0.151	0	0	0.821
Lag_ROA	13629	0.035	0.063	−0.270	0.035	0.205

Panel B 财务柔性状态高、低组描述性统计

变量	均值之差	T 统计量	中位数之差	Z 统计量
CF	0.426	45.220***	0.339	−2.825
CFRS	0.997	47.430***	1.797	0
LFF	0.005	0.018	0.003	0
SFY	0.084	14.600***	0	0
HHI	0.300	4.930**	1.000	0
Size	0.620	33.570***	0.570	15.420
Lev	0.060	4.140***	0.125	0.002
MFratio	−0.033	−23.500***	−0.021	0.009
Salary	0.190	16.800***	0.210	11.580
Qtys	0.002	3.540**	0.005	0
OPERight	−0.155	−0.556	−0.199	−0.134
Cfratio	−0.001	3.540**	0	0

注：***和**分别表示在 1% 和 5% 的水平上显著。

影响现金柔性；此外，财务柔性状态高的组比低的组行业集中度、公司规模、资产负债率、高管薪酬水平和其他应收款都大，而两权分离度、外部融资成本、股权投资、运营权和现金冗余度在低储备组当中较大。

4.3.2　相关性分析

表4-4列示了主要变量之间的相关系数。其中 Panel A 是固定资产投资（PPEINV）与财务柔性及财务柔性储备和控制变量之间的相关关系，可以看出固定资产投资（PPEINV）与现金柔性（CF）、现金柔性储备（CFRS）、债务柔性（LFF）、债务柔性储备（LFRS）都显著正相关，以 Pearson 系数为例，固定资产投资（PPEINV）与现金柔性（CF）的相关系数为 0.0481，在 10% 水平上显著，与现金柔性储备（CFRS）的相关系数为 0.0515，在 10% 水平上显著，说明现金柔性越大或者储备的现金柔性越多，样本公司支出的固定资产投资应该越多；而固定资产投资（PPEINV）与行业集中度（HHI）显著负相关，以 Spearman 系数为例，两者系数为 -0.0783，且在 10% 水平上显著，但与管理决断权（MD）的 Spearman 系数为负却不显著。此外，公司规模越大、净营运资本越高、上期资产净利润越高，本期的固定资产投资规模越大，且高管持股比例也会正向影响固定资产投资支出。而公司负债水平越高、代理成本越高固定资产投资越少，而经营活动现金净流量越多，固定资产投资反而越少。

Panel B 是无形资产投资（INTANINV）与财务柔性及财务柔性储备和控制变量之间的相关关系，可以看出无形资产投资（INTANINV）与现金柔性（CF）、现金柔性储备（CFRS）、债务柔性（LFF）、债务柔性储备（LFRS）都显著正相关，以 Pearson 系数为例，无形资产投资与现金柔性的相关系数为 0.0389，在 10% 水平上显著，小于固定资产投资与现金柔性的相关系数，无形资产投资与现金柔性储备的相关系数为 0.0229，在 10% 水平上显著，说明现金柔性越大或者储备的现金柔性越多，样本公司支出的无形资产投资应该越多；而无形资产投资与行业集中度（HHI）显著负相关，以 Spearman 系数为例，两者系数为 -0.0479，且在 10% 水平上显著，说明行业竞争度越激励，无形资产投资越少；无形资产投资与管理决断权（MD）的 Spearman 系数为 0.0289，且在 10% 水平上显著，说明企业管理层决断权越大，无形资产投资越多。此外，公司规模越大、国有股份占比越多、企业越有可能进行无形资产投资；代理成本越高、经营活动产生的现金流越多、非流动资产比重越大，企业投资的无形资产越少。从表4-4可以看出变量之间的相关系数都小于 0.7，可见不存在多重共线性。

表4-4 变量相关系数

Panel A	PPEINV	CF	LFF	MD	HHI	Size	Lev	Tobin's Q	GLFL	StaSR	Nvc	Cfratio	NonAR	ManSR	Lag_ROA
PPEINV	1	0.0318*	0.0851*	-0.0063	-0.0783*	0.2007*	-0.0059	-0.0537*	-0.0546*	0.0194	-0.0270*	0.0291*	0.0745*	0.1067*	0.2359*
CF	0.0481*	1	0.0016	0.2077*	-0.0462*	0.1078*	0.00820	0.0068	-0.0382*	0.0296*	0.3966*	-0.0248*	-0.4992*	0.0782*	0.1180*
LFF	0.0372*	-0.0180*	1	-0.0910*	0.0130	0.0983*	0.4542*	-0.2436*	-0.1057*	-0.0621*	-0.2313*	-0.1486*	-0.0512*	-0.0691*	-0.1494*
MD	0.0195*	0.1753*	-0.1227*	1	-0.0854*	0.1546*	-0.1713*	0.0488*	0.0962*	-0.0835*	0.4682*	-0.0738*	-0.2999*	0.1030*	0.1740*
HHI	-0.1070*	-0.0680*	0.0483*	-0.0967*	1	0.0511*	0.1360*	-0.1793*	-0.1022*	0.0947*	-0.1867*	0.0733*	0.1113*	-0.2686*	-0.0669*
Size	0.0472*	0.0301*	-0.0110	0.1308*	0.1255*	1	0.3782*	-0.5649*	-0.4230*	0.0966*	-0.0988*	-0.0308*	-0.0216	-0.1005*	0.0978*
Lev	-0.0324*	-0.1442*	0.4179*	-0.1768*	0.1680*	0.3323*	1	-0.6167*	-0.4002*	0.1212*	-0.5322*	-0.1753*	-0.0867*	-0.3176*	-0.3683*
Tobin's Q	0.0128	0.0372*	-0.1841*	0.0881*	-0.1907*	-0.4409*	-0.3772*	1	0.4617*	-0.1580*	0.3171*	0.1469*	-0.0044	0.2910*	0.2293*
GLFL	-0.0189*	-0.0566*	0.0349*	0.0489*	-0.1234*	-0.3505*	-0.1269*	0.3415*	1	0.1071*	0.1475*	0.0218	0.1337*	0.1786*	0.0158
StaSR	0.00140	-0.0107	0.1239*	-0.1018*	0.1397*	0.0429*	0.1246*	-0.1713*	-0.0716*	1	0.1488*	0.0325*	0.0843*	-0.2269*	-0.0349*
Nvc	0.0478*	0.4536*	-0.2868*	0.3626*	-0.2184*	-0.1546*	-0.6738*	0.2641*	0.0326*	-0.1753*	1	0.1065*	-0.6847*	0.2656*	0.3013*
Cfratio	-0.0312*	0.0150	-0.1334*	-0.0311*	0.0982*	0.0318*	-0.1430*	0.0791*	-0.0991*	0.0653*	-0.0729*	1	0.2389*	0.0326*	0.2277*
NonAR	-0.0046	-0.5070*	0.0080	-0.2656*	0.1510*	0.0747*	0.0508*	-0.0950*	0.0505*	0.1296*	-0.6899*	0.2114*	1	-0.0853*	-0.0685*
ManSR	0.1047*	0.1274*	-0.1141*	0.0650*	-0.2991*	-0.1865*	-0.3521*	0.2262*	0.0801*	-0.2329*	0.3483*	-0.0303*	-0.1819*	1	0.1711*
Lag_ROA	0.0878*	0.1822*	-0.1784*	0.1607*	-0.0422*	0.1124*	-0.3784*	0.1128*	-0.1666*	-0.0523*	0.3605*	0.1844*	-0.1216*	0.1710*	1
Panel B	INTANINV	CF	LFF	MD	HHI	Size	Lev	Tobin's Q	GLFL	StaSR	Nvc	Cfratio	NonAR	ManSR	Lag_ROA
INTANINV	1	0.0583*	0.0344*	0.0289*	-0.0479*	0.1601*	-0.0374*	-0.00600	-0.0246	0.0389*	0.0261*	0.0195	0.0159	0.1035*	0.1890*
CF	0.0389*	1	0.0028	0.2077*	-0.0527*	0.1045*	0.0087	0.0116	-0.0324*	0.0314*	0.4006*	-0.0259*	-0.5082*	0.0771*	0.1184*

续表

Panel B	INTANINV	CF	LFF	MD	HHI	Size	Lev	Tobin's Q	GLFL	StaSR	Nuc	Cfratio	NonAR	ManSR	Lag_ROA
LFF	0.0319*	-0.0180*	1	0.0966*	0.0146	0.1005*	0.4535*	-0.2450*	0.1087*	-0.0587*	0.2343*	-0.1512*	0.0486*	-0.0716*	-0.1509*
MD	0.0011	0.1753*	-0.1227*	1	-0.0877*	0.1441*	-0.1838*	0.0611*	0.1110*	-0.0836*	0.4651*	-0.0739*	-0.2892*	0.1060*	0.1723*
HHI	-0.0287*	-0.0680*	0.0483*	-0.0967*	1	0.0487*	0.1410*	-0.1819*	-0.1028*	0.0964*	-0.1888*	0.0665*	0.1090*	-0.2776*	-0.0721*
Size	0.0252*	0.0301*	-0.0110	0.1308*	0.1255*	1	0.3849*	-0.5598*	-0.4138*	0.0982*	-0.1087*	-0.0354*	-0.0189	-0.1089*	0.0907*
Lev	0.0174*	-0.1442*	0.4179*	-0.1768*	0.1680*	0.3323*	1	-0.6224*	-0.4104*	0.1247*	-0.5462*	-0.1751*	-0.0773*	-0.3224*	-0.3723*
Tobin's Q	0.0113	0.0372*	-0.1841*	0.0881*	-0.1907*	-0.4409*	-0.3772*	1	0.4592*	-0.1608*	0.3322*	0.1503*	-0.0111	0.3005*	0.2385*
GLFL	-0.0242*	-0.0566*	0.0349*	0.0489*	-0.1234*	-0.3505*	-0.1269*	0.3415*	1	-0.1100*	0.1559*	-0.0173	0.1389*	0.1861*	0.0245
StaSR	0.0673*	-0.0107	0.1239*	-0.1018*	0.1397*	0.0429*	0.1246*	-0.1713*	-0.0716*	1	-0.1536*	0.0357*	0.0860*	-0.2306*	-0.0351*
Nuc	0.0095	0.4536*	-0.2868*	0.3626*	-0.2184*	-0.1546*	-0.6738*	0.2641*	0.0326*	-0.1753*	1	-0.0990*	-0.6794*	0.2776*	0.3059*
Cfratio	-0.0035	0.0150	-0.1334*	-0.0311*	0.0982*	0.0318*	-0.1430*	0.0791*	-0.0991*	0.0653*	-0.0729*	1	0.2350*	0.0299*	0.2304*
NonAR	-0.0211*	-0.5070*	0.0080	-0.2656*	0.1510*	0.0747*	0.0508*	-0.0950*	0.0505*	0.1296*	-0.6899*	0.2114*	1	-0.0955*	-0.0740*
ManSR	0.0008	0.1274*	-0.1141*	0.0650*	-0.2991*	-0.1865*	-0.3521*	0.2262*	0.0801*	-0.2329*	0.3483*	-0.0303*	-0.1819*	1	0.1699*
Lag_ROA	0.0278*	0.1822*	-0.1784*	0.1607*	-0.0422*	0.1124*	-0.3784*	0.1128*	-0.1666*	-0.0523*	0.3605*	0.1844*	-0.1216*	0.1710*	1

注：①＊表示在 10% 的水平上显著；②上三角为 Spearman 线性相关系数检验结果，下三角为 Pearson 线性相关系数检验结果。

4.3.3　回归结果分析

表 4-5 列示了财务柔性状态对现金柔性（CF）与内部投资相关关系的影响。其中，列（1）和列（2）是处于财务柔性状态对现金柔性（CF）与固定资产投资（PPEINV）相关关系的影响结果，列（3）和列（4）是处于财务柔性状态对现金柔性（CF）与无形资产投资（INTANINV）相关关系的影响结果；列（1）和列（3）是没有处于财务柔性状态的样本公司的回归结果，列（2）和列（4）是处于财务柔性状态的样本公司的回归结果。列（1）和列（2）的结果显示，现金柔性和固定资产投资都显著正相关，说明现金柔性会显著促进固定资产投资支出，对比分析可知，处于财务柔性状态的样本公司中，现金柔性与固定资产投资相关系数为 0.071，小于非财务柔性状态的样本公司现金柔性与固定资产投资相关系数 0.086，说明企业储备财务柔性资源，并不会加大现金柔性与固定资产投资的正向相关关系。这和假设 4-1 吻合，说明处于财务柔性状态的公司，一方面由于财务政策稳健，因此财务环境相对宽松，外部融资能力较强，进而企业固定资产投资决策更容易获得外部融资资源，所以相应减弱与现金柔性的相关关系；另一方面出于继续储备财务柔性的角度，也会降低对于内部投资的影响。列（3）和列（4）的结果显示，现金柔性和无形资产投资的相关性在两个组中有差异，不处于财务柔性状态的公司中现金柔性会显著促进无形资产投资支出，但处于财务柔性状态的公司中现金柔性会与无形资产投资支出的相关系数为负，且不显著，这和现金柔性与固定资产投资的关系不同。对比列（3）和列（4）可知，处于财务柔性状态的样本公司中，现金柔性与无形资产投资相关系数小于不处于财务柔性状态的样本公司现金柔性与无形资产投资相关系数，且相关关系由负转正，说明企业储备财务柔性资源，并不会加大现金柔性与无形资产投资的正向相关关系，反而会使现金柔性与无形资产投资负向相关，这在一定程度上也证实了假设 4-1。说明处于财务柔性状态而储备财务柔性资源反而会降低现金柔性与无形资产的相关关系。总之，财务柔性状态下，现金柔性与两类内部投资决策相关关系的影响基本一致。

通过对比分析列（1）和列（3）可知，同样不储备财务柔性资源的样本公司，现金柔性与无形资产的正向相关关系更大，说明这类企业中现金柔性对无形资产的影响更大，这与假设 4-2 基本吻合，说明如果企业的财务柔性政策没有兼顾"预防"和"利用"两个属性，说明企业不储备财务柔性资源，也不会长期维持财务柔性，因而财务柔性资源不具有跨期性，财务柔性政策也不稳健，因此这类企业的现金柔性与固定资产投资的相关性降低，而外部融资约束相对更高的无形资产投资对现金柔性的依赖性更高，现金柔性对无形资产的正向影响程度更大，这也从现金柔性角度证明了假设4-2。对比分析列（2）和列（4）可知有处于财务柔性状态的样本公司，现金柔性对两类内部投资的影响是否有差异，列（2）现金柔性和固定资产投资显著正相关，但列（4）现金柔性和无形资产投资负相关且不显著，说明处于财务柔性状态的样本公司现金柔性对固定资产投资的影响更大，这与非财务柔性状态的样本公司的现金柔性对两类投资决策的影响不同。可见，是否处于财务柔性状态会影响到现金柔性与两类内部投资决策的关系，而且存在显著差异，所以是否连续跨期储备财务柔性资源会引起财务柔性与两类内部投资决策的相关关系的差异。

表4-5　财务柔性状态对现金柔性与内部投资相关关系的影响

	非财务柔性状态（No）	财务柔性状态（Yes）	非财务柔性状态（No）	财务柔性状态（Yes）
	PPEINV（1）	*PPEINV*（2）	*INTANINV*（3）	*INTANINV*（4）
截距项	−6.077***	−8.989***	−6.335	−15.570***
	（−8.92）	（−11.00）	（−1.22）	（−2.97）
CF	0.086***	0.071***	0.518***	−0.0714
	（4.57）	（2.99）	（3.56）	（−0.48）
HHI	0.108	−0.234**	0.579	−1.314**
	（1.17）	（−2.46）	（0.85）	（−2.22）
MD	−0.038	0.005	0.499	0.634**
	（−0.70）	（0.11）	（1.19）	（2.32）
Size	0.294***	0.368***	0.257	0.809***
	（9.59）	（10.17）	（1.09）	（3.49）
Lev	0.143	0.065	2.288*	−2.029
	（0.82）	（0.31）	（1.68）	（−1.53）
Tobin's Q	0.046***	0.024**	−0.066	0.261***
	（4.13）	（2.07）	（−0.75）	（3.50）
GLFL	−0.540***	−0.306	−3.268***	−1.292
	（−3.76）	（−1.55）	（−2.88）	（−1.01）
StaSR	0.300***	0.0595	1.568***	2.444***
	（3.81）	（0.74）	（2.62）	（4.92）

续表

	非财务柔性 状态（No）	财务柔性 状态（Yes）	非财务柔性 状态（No）	财务柔性 状态（Yes）
	PPEINV （1）	*PPEINV* （2）	*INTANINV* （3）	*INTANINV* （4）
Nwc	0.209	0.523**	1.192	−2.670*
	（1.35）	（2.40）	（0.98）	（−1.86）
Cfratio	−0.141	−0.134	−0.093	0.454
	（−0.95）	（−0.75）	（−0.08）	（0.40）
NonAR	1.204***	2.210***	2.977**	−0.323
	（6.83）	（9.56）	（2.17）	（−0.21）
ManSR	−0.473*	0.510**	−1.013	3.355**
	（−1.85）	（2.00）	（−0.52）	（2.18）
Lag_ROA	0.484**	0.596**	−1.753	5.763***
	（2.45）	（2.43）	（−1.14）	（3.62）
年度效应	控制	控制	控制	控制
行业效应	控制	控制	控制	控制
R^2_a	0.058	0.018	0.099	0.079
F	8.402	13.450	5.873	9.261
N	7825	2925	7825	2925

注：①***、**和*分别表示在1%、5%和10%的水平上显著；②年度效应、行业效应表示年度效应、行业效应已经控制；③财务柔性状态（No）表示不处于财务柔性状态，财务柔性状态（Yes）表示处于财务柔性状态，为了更有针对性地进行研究，这里的财务柔性状态只包含现金柔性状态。

表4-6列示了财务柔性状态对债务柔性（*LFF*）与内部投资相关关系的影响。列（1）和列（2）的结果显示，债务柔性与固定资产投资都正相关，但非财务柔性状态的样本公司的债务柔性与固定资产投资相关性不显著，此外财务柔性状态的样本公司中，债务柔性与固定资产投资相关系数为0.226（p<0.01），大于非财务柔性状态的样本公司现金柔性与固定资产投资相关系数0.041，可见公司储备财务柔性资源，会加大债务柔性与固定资产投资的正向相关关系，这和假设4-1相悖，说明处于财务柔性状态的公司，虽然财务环境相对宽松，外部融资能力较强，但由于债务柔性和现金柔性的性质不同，现金柔性是可立刻实现的柔性，而债务柔性只是潜在柔性，反映的是剩余负债水平。财务柔性状态所促进

的外部融资能力的提升，一般情况下仍然需要对外举债来获取投资所需资源，因此债务柔性反映的是企业潜在的举债水平。财务柔性状态下，外部融资能力强，潜在柔性就容易转化为可实现柔性而支撑内部投资决策，相反没有处于财务柔性状态，相应影响了外部融资能力，进而影响了潜在柔性转化为可实现柔性的能力，也就影响了内部投资支出。所以，财务柔性状态能够增强债务柔性对固定资产投资的正向影响。列（3）和列（4）的结果显示，债务柔性与无形资产投资都显著正相关，债务柔性能够促进无形资产投资，而财务柔性状态的样本公司中，债务柔性与无形资产投资相关系数更大，说明企业储备财务柔性资源，会加大债务柔性与无形资产投资的正向相关关系，这和列（1）和列（2）的研究结论一致，说明企业处于财务柔性状态后，进一步加大了债务柔性对两类内部投资的影响。

表 4-6　财务柔性状态对债务柔性与内部投资相关关系的影响

	非财务柔性状态（No）	财务柔性状态（Yes）	非财务柔性状态（No）	财务柔性状态（Yes）
	PPEINV （1）	*PPEINV* （2）	*INTANINV* （3）	*INTANINV* （4）
截距项	−6.296 *** （−9.33）	−9.032 *** （−10.82）	−7.933 （−1.54）	−12.620 ** （−2.41）
LFF	0.041 （0.61）	0.226 *** （2.84）	1.139 ** （2.16）	1.142 ** （2.37）
HHI	0.104 （1.13）	−0.212 ** （−2.15）	0.562 （0.83）	−1.272 ** （−2.14）
MD	−0.042 （−0.77）	−0.025 （−0.54）	0.443 （1.05）	0.615 ** （2.23）
Control	控制	控制	控制	控制
年度效应	控制	控制	控制	控制
行业效应	控制	控制	控制	控制
R^2_a	0.057	0.098	0.130	0.135
F	8.467	7.814	4.039	5.829
N	7825	2879	7825	2879

　　注：①*** 、** 和*分别表示在1%、5%和10%的水平上显著；②Control 表示控制变量已控制，年度效应、行业效应表示年度效应、行业效应已经控制；③财务柔性状态（No）表示不处于财务柔性状态，财务柔性状态（Yes）表示处于财务柔性状态，为了更有针对性地进行研究，这里的财务柔性状态只包含债务柔性状态。

通过对比分析列（1）和列（3）可知，同样是非财务柔性状态公司，债务柔性与无形资产的正向相关关系更大，且显著，说明这类企业中债务柔性对无形资产的影响更大，这与假设 4-2 基本吻合，说明如果企业的财务柔性政策没有兼顾"预防"和"利用"两个属性，企业不储备财务柔性资源，企业不会达到财务柔性，债务柔性转化为可实现柔性的能力也较低，因此这类企业的债务柔性与固定资产投资的相关性降低，而外部融资约束相对更高的无形资产投资对债务柔性的依赖性更高，债务柔性对无形资产的正向影响程度更大，这从债务柔性角度证明了假设 4-2。对比分析列（2）和列（4）可知，处于财务柔性状态的样本公司中债务柔性对两类内部投资的影响是否有差异，列（2）债务柔性和两类投资都显著正相关，但债务柔性和无形资产投资的相关系数更大，说明财务柔性状态的样本公司中债务柔性对无形资产类投资的影响也更大，这与非财务柔性状态公司情况一致，与假设 4-2 相悖，说明通过持续保持债务柔性达到财务柔性状态的样本公司，其债务柔性对两类投资决策的影响没改变，可见财务柔性状态对两类内部投资决策的影响会因为持续保持的财务柔性资源的种类不同而发生变化。因此对于假设 4-2 的分析，要具体区分企业维持的财务柔性是现金柔性还是债务柔性。债务柔性属于潜在柔性，企业拥有的债务柔性不同于可直接利用的现金柔性，债务柔性对于内部投资决策的影响比较间接，现金柔性对投资决策的影响更直接，因此在具体研究中将财务柔性细分是合理的。

表 4-7 列示了同时存在现金柔性和债务柔性情况下，财务柔性状态与非财务柔性状态公司的财务柔性（现金柔性和债务柔性）对两类内部投资决策的影响，加入了现金柔性和债务柔性的交乘项 CF×LF。列（1）和列（3）中非财务柔性状态的公司的现金柔性对两类投资的正向影响比较稳健（与表 4-5 对比可知），债务柔性对两类投资的正向影响比较稳健（与表 4-6 对比可知），列（1）的交乘项 CF×LF 系数为正，但不显著，列（3）的交乘项 CF×LF 系数显著为负，说明非财务柔性状态样本公司，两类财务柔性对无形资产投资有抑制作用，并不会协同影响无形资产投资支出。列（2）和列（4）中财务柔性状态公司的现金柔性及债务柔性对两类投资的影响也是稳健的，列（2）的交乘项 CF×LF 系数显著为负，两类财务柔性对固定资产投资有抑制作用，这与假设 4-3 不一致。虽然，同时存在现金柔性和债务柔性情况下，财务柔性状态对财务柔性与两类内部投资决策的影响没有统一结论，没有证明假设 4-3，但结果反映了现金柔性和债务柔性同时存在，企业无论是否处于财务柔性状态，都不会对两类内部投资产生协同效应，因此企业选择储备财务柔性资源，无须两类财务柔性都储备。

表 4-7　财务柔性状态对财务柔性与内部投资决策的影响

	非财务柔性状态（No）	财务柔性状态（Yes）	非财务柔性状态（No）	财务柔性状态（Yes）
	PPEINV (1)	PPEINV (2)	INTANINV (3)	INTANINV (4)
截距项	-6.069 *** (-8.91)	-8.955 *** (-10.97)	-6.228 (-1.20)	-15.660 *** (-2.99)
CF	0.079 *** (3.51)	0.098 *** (3.63)	0.669 *** (3.86)	-0.164 (-0.96)
LFF	0.018 (0.26)	0.286 *** (3.51)	0.944 * (1.73)	1.098 ** (2.17)
CF×LF	0.012 (0.52)	-0.070 *** (-2.67)	-0.349 ** (-2.00)	0.117 (0.71)
HHI	0.108 (1.17)	-0.231 ** (-2.43)	0.579 (0.85)	-1.310 ** (-2.21)
MD	-0.038 (-0.70)	-0.004 (-0.08)	0.478 (1.14)	0.596 ** (2.18)
Control	控制	控制	控制	控制
年度效应	控制	控制	控制	控制
行业效应	控制	控制	控制	控制
R^2_a	0.053	0.092	0.127	0.131
F	8.587	8.169	4.131	5.978
N	6388	5134	6388	5134

注：①现金柔性和债务柔性同时存在；② *** 、 ** 和 * 分别表示在 1%、5% 和 10% 的水平上显著；③Control 表示控制变量已控制，年度效应、行业效应表示年度效应、行业效应已经控制；④财务柔性状态（No）表示不处于财务柔性状态，财务柔性状态（Yes）表示处于财务柔性状态。

4.3.4　基于行业性质差异的研究

由于财务柔性状态是企业主动根据环境不确定性对投资需求导向及决策执行效率的敏锐性反应，达到财务柔性状态的公司能够保证长期拥有数量充裕的财务资源，为企业适应环境变化提供必要的实物基础条件，保证良好的内外部融资环境。资金需求与供给影响企业投资适应力的应变范围，储备财务柔性的公司不仅注重主动维持财务柔性政策，还要根据投资适应力的应变范围适当地释放财务柔性资源以及补充财务柔性资源，而行业类型作为影响企业自身各种需求导向的因素，在影响投资决策的同时也会影响资源的分配。因此，针对行业性质的差异会影响企业对于两类内部投资决策的偏好，充分考虑以下因素：高新技术类企业要求管理人员有持续的技术创新的意识、注重创新，高新技术创新项目活动相比于一般的创新活动，除了周期长的共性，技术开发的要求多是尖端技术，涉及学科领域更多，因而需要更多资金投入①，且高新技术类企业更需要有严格的财务管理制度，有健全的财务管理机构和合格的财务人员。相比传统企业，高新技术企业财务管理环境具有高度不确定性，尤其在当前变化的环境下，高新技术企业很容易出现融资困难或资金不足所引起的财务风险，因此企业应提高内源融资资金柔性和融资渠道柔性，降低财务风险。在财务柔性相同的条件下，由于非高新技术企业和国有企业的研发投入会被实物投资挤出，所以所得税优惠对高新技术企业和非国有企业的激励作用更加明显，财务柔性对于高新技术企业和非国有企业的调节作用也会更加显著（崔智星、胡志勇，2020）。战略性新兴产业储备财务柔性对企业价值的边际作用效果更显著，要更加注重适度运用储备财务柔性来提高企业价值（姚禄仕、陈宏丰，2017）。

　　因此，本章进一步将样本公司划分为高新技术类和非高新技术类公司。划分的标准按照国家对于高新技术领域②的划分标准，同时利用国泰安上市公司资质认定数据库，将认定为高新技术资质③的公司作为高新技术类公司，将资质有效期考虑在内，细化研究高新技术类企业的财务柔性状态对无形资产投资决策的影响，通过与非高新技术类企业的对比分析，探究财务柔性状态对于该类企业无形资产投资决策的影响，从而为高新技术类企业是否应将维持财务柔性状态作为财务管理制度提供政策性建议。

　　从表4-8中的回归结果来看，非高新技术类上市公司的结果与表4-5的结果基本一致，列（1）非财务柔性状态的公司现金柔性与无形资产投资显著正相关（p<0.01），列（2）财务柔性状态的公司现金柔性与无形资产投资无显著相关关系；高新技术类上市公司的结果与非高新技术类上市公司有明显差异，列（3）

---

　　① 综合高新技术创新项目的申请条件并借鉴刘井建在论文《企业高新技术创新项目 R&D 绩效测度与评价研究》中对于高新技术类企业研发投入的特征进行总结。刘井建 . 企业高新技术创新项目 R&D 绩效测度与评价研究［D］. 哈尔滨：哈尔滨工程大学，2008.

　　② 根据 2002 年 7 月国家统计局发布的《国家统计局关于印发高技术产业统计分类目录的通知》（国统字〔2002〕33 号），中国高技术产业包括航空航天器制造、通信设备、计算机及其他电子设备制造业、医药制造业，医疗仪器设备及器械制造等行业。

　　③ 全国高新技术企业认定管理工作领导小组办公室设在科技部火炬高技术产业开发中心，由科技部、财政部、国家税务总局相关人员组成，负责处理日常工作，因此本节所选择的资质认定包括高新技术类、863 计划、火炬计划，以通过这些资质认定的公司作为样本进行分析。

非财务柔性状态下，现金柔性与无形资产投资无显著相关关系，而列（4）财务柔性状态下，现金柔性与无形资产投资显著负相关（p<0.01），说明达到财务柔性状态的公司，由于释放现金柔性支持无形资产投资决策的同时还要考虑储备现金柔性，对于无形资产投资决策反而有负向影响；由于不处于财务柔性状态，不需要考虑储备财务柔性，所以现金柔性会正向影响无形资产投资决策，而对于非高新技术类公司，无形资产类投资相对较少，相应地，现金柔性对其的影响显著，可见非财务柔性状态下，非高新技术类公司的无形资产类投资对现金柔性更敏感。具体情况如表4-8所示。

表4-8　行业性质差异下现金柔性的回归结果

	非高新技术类		高新技术类	
	非财务柔性状态（No）	财务柔性状态（Yes）	非财务柔性状态（No）	财务柔性状态（Yes）
	INTANINV（1）	INTANINV（2）	INTANINV（3）	INTANINV（4）
截距项	-7.272 (-1.30)	-3.260*** (-6.90)	-6.830*** (-3.17)	-16.400*** (-18.28)
CF	0.516*** (3.29)	0.120 (1.01)	0.044 (0.07)	-0.640*** (-3.97)
HHI	0.318 (0.67)	0.375 (1.41)	-2.619*** (-4.29)	-1.929*** (-8.69)
MD	0.857 (1.12)	-0.671 (-1.30)	-2.116 (-1.61)	5.804*** (8.35)
Control	控制	控制	控制	控制
年度效应	控制	控制	控制	控制
行业效应	控制	控制	控制	控制
R^2_a	0.122	0.087	0.015	0.385
F	4.313	5.922	10.22	38.08
N	5615	1947	820	978

注：①***、**和*分别表示在1%、5%和10%的水平上显著；②Control、年度效应、行业效应表示控制变量、年度效应、行业效应已经控制；③财务柔性状态（No）表示不处于财务柔性状态，财务柔性状态（Yes）表示处于财务柔性状态，为了更有针对性地进行研究，这里的财务柔性状态只包含现金柔性状态。

从表4-9中的回归结果来看，非高新技术类上市公司的结果与表4-6的结果基本一致，列（1）非财务柔性状态的公司债务柔性与无形资产投资显著正相关（p<0.1），列（2）财务柔性状态的公司债务柔性与无形资产投资显著正相关（p<0.01），相关性大于非财务柔性状态；对于高新技术类上市公司，列（3）和列（4）说明无论是否处于财务柔性状态，债务柔性与无形资产投资都显著正相关（p<0.01），而列（4）财务柔性状态下，债务柔性与无形资产投资相关性较小，这与非高新技术类企业不同，说明虽然不同行业性质的公司在释放并储备债务柔性时都正向促进无形资产投资，但由于高新技术类企业的无形资产投资普遍更为频繁、投入更大，因此公司在储备债务柔性时会降低对无形资产的正向影响；与表4-8对比可知，选择储备现金柔性和债务柔性达到财务柔性状态对于非高新技术类上市公司的无形资产投资决策的影响有差异，非高新技术类上市公司在释放和补充债务柔性过程中仍能够正向促进无形资产投资决策，虽然高新技术类上市公司由于储备债务柔性对无形资产投资决策的正向促进作用相比不储备债务柔性时有所下降，但仍为正向影响，所以非高新技术类公司更适合通过储备债务柔性来为无形资产投资决策提供所需资金。

表4-9　行业性质差异下债务柔性的回归结果

	非高新技术类		高新技术类	
	非财务柔性状态 （No）	财务柔性状态 （Yes）	非财务柔性状态 （No）	财务柔性状态 （Yes）
	INTANINV （1）	*INTANINV* （2）	*INTANINV* （3）	*INTANINV* （4）
截距项	-8.996 （-1.62）	-30.500*** （-6.56）	-33.800* （-1.74）	-14.500*** （-18.28）
LFF	1.035* （1.79）	2.280*** （5.37）	6.509*** （5.33）	2.270*** （2.75）
HHI	0.242 （0.51）	0.363 （1.36）	-2.089*** （-3.47）	-1.824*** （-8.21）
MD	0.843 （1.10）	-0.711 （-1.38）	-1.883 （-1.48）	5.014*** （7.29）
Control	控制	控制	控制	控制
年度效应	控制	控制	控制	控制
行业效应	控制	控制	控制	控制
R^2_a	0.124	0.083	0.036	0.378

续表

	非高新技术类		高新技术类	
	非财务柔性状态 （No）	财务柔性状态 （Yes）	非财务柔性状态 （No）	财务柔性状态 （Yes）
	INTANINV （1）	*INTANINV* （2）	*INTANINV* （3）	*INTANINV* （4）
F	4.214	6.159	11.85	37.28
N	5627	1912	820	967

注：①＊＊＊、＊＊和＊分别表示在1%、5%和10%的水平上显著；②Control、年度效应、行业效应表示控制变量、年度效应、行业效应已经控制；③财务柔性状态（No）表示不处于财务柔性状态，财务柔性状态（Yes）表示处于财务柔性状态，为了更有针对性地进行研究，这里的财务柔性状态只包含债务柔性状态。

4.3.5 财务柔性对内部投资的影响路径研究

本章借鉴 Baron 和 Kenny（1986）、温忠麟和叶宝娟（2014）检验中介效应的方法，先进行逐步检验，分别检验自变量对中介变量、中介变量对因变量的效应是否显著，如果出现相关系数不全部显著的情况下，再进行其他检验，并确定是完全中介效应还是部分中介效应。本节主要检验资本投向、环境不确定性与财务柔性之间的中介效应，首先检验自变量财务柔性是否显著影响因变量"内部投资"，通过模型（4-2-1），观察其系数 β_1，如果不显著，就不存在中介效应；如果显著，则接下来通过模型（4-2-2）检验环境不确定性对财务柔性的影响，观察模型（4-2-2）中的系数 β_1，如果不显著，就不存在中介效应；如果环境不确定性对财务柔性显著，那么再同时考虑环境不确定性和财务柔性对资本投向的影响，通过观察模型（4-2-3）中系数 α_0、β_1，如果 α_0 不显著，β_1 显著，则环境不确定性是财务柔性和资本投向的完全中介变量，如果 α_1、β_1 均显著，则说明环境不确定性是财务柔性和资本投向的部分中介变量。

表4-10展示了模型（4-2）有关中介效应的回归结果，研究财务柔性对内部投资决策的影响路径。其中，用变异系数（*EU*）来衡量环境不确定性。列（1）、列（2）和列（3）列示了固定资产投向的回归结果，列（1）中固定资产投向（*PINV*）与现金柔性（*CF*）显著正相关；列（2）中环境不确定性（*EU*）与现金柔性（*CF*）显著负相关；列（3）中固定资产投向（*PINV*）与环境不确定性（*EU*）的相关性并不显著，说明不存在中介效应，即用 *EU* 衡量的环境不确定性不是现金柔性和固定资产投资之间的中介变量，现金柔性对固定资产投资的影响并非通过环境不确定性（*EU*）。列（4）、列（5）和列（6）列示了环境不确定性（*EU*）、现金柔性（*CF*）与无形资产投向（*IINV*）的中介效应

研究结果，列（4）中无形资产投向（*IINV*）与现金柔性（*CF*）显著负相关，列（5）中环境不确定性（*EU*）与现金柔性（*CF*）显著负相关，列（6）中无形资产投向（*IINV*）与环境不确定性（*EU*）显著正相关，而列（6）中无形资产投向（*IINV*）与现金柔性（*CF*）相关性不显著，说明存在完全中介效应，即用 *EU* 衡量的环境不确定性是现金柔性和无形资产投向之间的完全中介变量。综合以上分析，现金柔性对固定资产投向的影响并不通过环境不确定性来实现，但是现金柔性对无形资产投向的影响完全通过环境不确定性才得以实现。

表 4-10　环境不确定性、现金柔性与两类资本投向的关系

	（1） *PINV*	（2） *EU*	（3） *PINV*	（4） *IINV*	（5） *EU*	（6） *IINV*
截距项	-0.629***	9.587***	-0.654***	-0.204***	9.587***	-0.209***
	(-15.59)	(2.58)	(-15.53)	(-13.64)	(2.58)	(-13.35)
CF	0.00199*	-0.340***	0.00202*	0.00019*	-0.340***	0.00051
	(1.83)	(-3.40)	(1.79)	(1.96)	(-3.40)	(1.19)
EU			-0.00011			0.00009*
			(-1.09)			(1.84)
Control	控制	控制	控制	控制	控制	控制
年度	控制	控制	控制	控制	控制	控制
行业	控制	控制	控制	控制	控制	控制
R^2_a	0.0447	0.148	0.0491	0.0897	0.148	0.0963
F	16.68	2.852	15.66	10.35	2.852	9.512
N	13629	13629	13629	13629	13629	13629

注：①***、**和*分别表示在1%、5%和10%水平上显著；②Control 表示控制变量已控制，年度效应、行业效应指回归列中控制了年度、行业固定效应。

4.4　稳健性检验

4.4.1　改变资本投向的代理变量

赵静和郝颖（2013）研究发现地方政府对企业资本投向的干预存在 GDP 贡

献率最大化的选择倾向，固定资产投资不仅挤占了技术投资，而且导致了资本投资结构的异化。因此本节进一步研究财务柔性是否影响各类资本投向比重以及是否能够帮助企业优化资产结构，进一步研究财务柔性对于两类资本投向的变动的影响程度以及差异，具体结果见表4-11和表4-12，并与表4-5、表4-6、表4-7进行对比分析，进行稳健性检验。

表4-11的结果与表4-5的结果基本一致，除了在非财务柔性状态的样本公司中，现金柔性（CF）对于无形资产投资（INTANINV）的正向影响尽管大于对固定资产投资（PPEINV）的正向影响（见表4-5），但这个正向影响并没有使无形资产投资比重发生同比例的增长。总体而言，现金柔性对于无形资产比重的正向影响程度小于现金柔性对于固定资产比重的正向影响。

表4-11　财务柔性状态对现金柔性与内部资本投向相关关系的影响

	非财务柔性 状态（No）	财务柔性 状态（Yes）	非财务柔性 状态（No）	财务柔性 状态（Yes）
	PINV（1）	PINV（2）	IINV（3）	IINV（4）
截距项	-0.636^{***}	-0.537^{***}	-0.191^{***}	-0.209^{***}
	（-10.91）	（-8.11）	（-8.38）	（-8.46）
CF	0.00339^{**}	0.00203	0.00131^{**}	-0.00094
	（2.11）	（1.06）	（2.05）	（-1.33）
HHI	0.01200	-0.00609	-0.00231	-0.00192
	（1.53）	（-0.79）	（-0.77）	（-0.69）
MD	-0.00479	0.01620^{***}	0.00185	0.00185
	（-1.04）	（4.52）	（1.00）	（1.44）
Control	控制	控制	控制	控制
年度效应	控制	控制	控制	控制
行业效应	控制	控制	控制	控制
R^2_a	0.058	0.018	0.099	0.079
F	8.402	13.450	5.873	9.261
N	7825	2925	7825	2925

注：①$***$、$**$和$*$分别表示在1%、5%和10%的水平上显著；②Control表示控制变量已控制，年度效应、行业效应表示年度效应、行业效应已经控制；③财务柔性状态（No）表示不处于财务柔性状态，财务柔性状态（Yes）表示处于财务柔性状态，为了更有针对性地进行研究，这里的财务柔性状态只包含现金柔性状态。

对比分析表 4-12 和表 4-6 的结果可知，财务柔性状态既会增强债务柔性与无形资产方向投资比重的相关关系，也会增强债务柔性与无形资产投资支出的相关关系；在非财务柔性状态的样本公司中，债务柔性对固定资产方向投资权重的影响度更大（与无形资产方向投资比重相比），但债务柔性对无形资产投资支出的影响更大（与固定资产投资支出相比）；而处于财务柔性状态的样本公司中，债务柔性对无形资产方向投资权重的影响更大（与固定资产投资支出相比），对无形资产投资支出的影响更大（与固定资产投资支出相比）。可见，存在处于财务柔性状态会差异化影响债务柔性与资本投向的关系。

表 4-12　财务柔性状态对债务柔性与内部资本投向相关关系的影响

	非财务柔性状态（No）	财务柔性状态（Yes）	非财务柔性状态（No）	财务柔性状态（Yes）
	$PINV$ (1)	$PINV$ (2)	$IINV$ (3)	$IINV$ (4)
截距项	-0.627***	-0.479***	-0.457***	-1.781***
	(-10.87)	(-7.25)	(-6.14)	(-7.57)
LFF	0.026***	0.018***	0.017**	0.056***
	(4.46)	(2.81)	(2.38)	(3.68)
HHI	0.012	-0.001	0.007	0.044
	(1.54)	(-0.14)	(0.79)	(0.76)
MD	-0.005	0.015***	0.022***	0.006
	(-1.10)	(4.05)	(5.36)	(0.54)
Control	控制	控制	控制	控制
年度效应	控制	控制	控制	控制
行业效应	控制	控制	控制	控制
R^2_a	0.058	0.018	0.099	0.079
F	8.402	13.45	5.873	9.261
N	6388	2879	6388	2879

注：①***、**和*分别表示在1%、5%和10%的水平上显著；②Control 表示控制变量已控制，年度效应、行业效应表示年度效应、行业效应已经控制；③财务柔性状态（No）表示不处于财务柔性状态，财务柔性状态（Yes）表示处于财务柔性状态。

4.4.2 内生性问题

（1）固定效应列

本节在回归分析前先通过 Hausman 检验发现采用固定效应适合，因此列（4-1）、列（4-2）和列（4-3）都采用面板固定效应进行实证检验，能够控制境外上市、上市年限、所在行业、公司注册地等不随时间而改变的因素对本节结果的影响。此外，本节在使用列（4-1）时考虑滞后一期现金柔性（Lag_CF）对于两类内部投资的影响。表4-13 具体结果显示固定资产投资（$PPEINV$）与现金柔性（CF）的相关系数显著为正（p<0.1），无形资产投资（$INTANINV$）与现金柔性（CF）的相关系数仍为正（p<0.1），结果仍然稳健，而固定资产投资（$PPEINV$）与上期现金柔性（Lag_CF）也显著为正（p<0.01），且 $INTANINV$ 与上期现金柔性（Lag_CF）的相关性最强，无形资产投资与上期现金柔性水平相关性更高，公司更有可能根据上期现金柔性水平来提高本期无形资产投资规模。考虑滞后一期的现金柔性，在一定程度上也缓解了内生性问题。

表 4-13 现金柔性和债务柔性对内部投资的影响

	$PPEINV$	$INTANINV$
截距项	-7.653^{***}	-23.420^{***}
	(-15.36)	(-8.33)
CF	0.009^{*}	0.005
	(1.93)	(0.06)
MD	-0.080^{***}	-0.247
	(-2.89)	(-1.59)
HHI	-0.033	-0.553^{*}
	(-0.61)	(-1.86)
Lag_CF	0.094^{***}	0.319^{***}
	(6.60)	(3.91)
Control	控制	控制
年度	控制	控制
行业	控制	控制
R^2_a	0.113	0.152
F	9.247	5.620
N	13629	13629

注：①***、**和*分别表示在1%、5%和10%水平上显著；②Control 表示控制变量已控制，年度、行业表示年度效应、行业效应已经控制，年度效应、行业效应指回归列中控制了年度、行业固定效应。

此外，由于本节的主要解释变量现金柔性（CF_t）、现金柔性储备（$CFRS_t$，$CFRS_t = CFRS_t + CFRS_{t-1} + CFRS_{t-2}$），相对于被解释变量 $PPEINV$、$INTANINV$、$PINV$、$IINV$ 而言，主要解释变量 CF_t、$CFRS_t$（分别是滞后 1 年、滞后 1 ~ 3 年的值）在一定程度上起到缓解列的内生性问题的作用。

（2）PSM 检验

为了更好地处理单纯的滞后一期和固定效应无法完全解决的可能存在的遗漏变量问题，尤其是同时影响财务柔性策略和投资策略的变量，本节进一步使用倾向得分匹配法（PSM 检验）进行验证，以是否处于"财务柔性状态"将样本进行分组，即以财务柔性状态（$FFstatus$）变量作为分组变量，处于"财务柔性状态"的作为试验组，剩余样本作为对照组，其中"财务柔性状态"的衡量标准是企业拥有财务柔性的时间是否达到 3 年及以上。由均衡性检验结果可知，各变量匹配后在试验组和对照组间是均衡的，只有高管持股（$ManSR$）匹配前后 p 值无变化（分别为 0.236、0.393），匹配前后试验组和对照组无差别，可以考虑将该变量排除，由于均衡性检验只能对连续变量做检验，因此该检验中对于环境不确定性变量的选取，主要通过变异系数（EU）来进行衡量。

4.5　本章小结

本章主要通过划分财务柔性状态公司与非财务柔性状态公司，研究两类公司财务柔性与内部投资关系是否存在差异，研究主要发现财务柔性状态只会影响到现金柔性与两类内部投资决策的关系，不会引起债务柔性与两类内部投资决策关系的改变，而现金柔性和债务柔性由于特征属性不同，对内部投资决策的影响也有差异。本章具体结论如下：

第一，现金柔性状态对内部投资决策的影响总结如下：①当企业没有达到财务（现金）柔性状态时，不具有跨期储备的财务柔性资源，建立的财务柔性会在 2 期或者 1 期内完全释放，此时企业的现金柔性对无形资产的正向影响程度更大。因此，财务柔性政策不稳健的公司，面对两类内部投资决策，其现金柔性多被释放到无形资产投资方向。②当一个企业通过连续储备财务柔性资源达到财务柔性状态后，相比于企业没达到财务柔性状态时，现金柔性对两类内部投资决策的正向影响都不同程度地降低，其中现金柔性对无形资产的正向影响度下降更多，此时处于财务柔性状态的企业，其现金柔性对固定资产的正向影响程度大于无形资产。企业虽然为了保持财务政策的稳健性要连续储备财务柔性资源，包括储备现金柔性资源，降低了现金柔性对两类内部投资的正向影响，但是两类投资决策相比，现金柔性资源更倾向于投资固定资产。

第二，债务柔性状态对内部投资决策的影响总结如下：债务柔性状态对内部投资决策与债务柔性相关关系的影响并不直接，因为现金柔性和债务柔性的性质特征不同，现金柔性是立刻可实现的柔性，而债务柔性是潜在柔性，财务柔性状态主要影响的是潜在柔性转化为可实现柔性的能力，处于财务柔性状态，外部融资能力强，潜在柔性就容易转化为可实现柔性而支撑内部投资决策。一方面，企业没达到财务柔性状态时，企业不连续储备财务柔性资源。财务柔性资源不具有跨期性，债务柔性转化为可实现柔性的能力较低，而固定资产投资是企业发展壮大的刚性投资，因此这类企业的债务柔性与固定资产投资的正相关性低于无形资产投资，企业会选择释放现金柔性，而不是等待债务柔性由潜在柔性转为可实现柔性；另一方面，一个企业通过连续储备财务柔性资源达到财务柔性状态后，样本公司的债务柔性对两类投资决策的影响没改变。主要因为债务柔性是潜在柔性，对于内部投资决策的影响比较间接，现金柔性对投资决策的影响更直接，财务柔性状态虽然提高债务柔性转化为可实现柔性的能力，但是固定资产投资一般具有刚性，且企业要权衡债务柔性的释放与储备才能维持财务柔性状态，财务柔性状态不会影响到债务柔性与两类投资决策的关系。

第三，无论是否处于财务柔性状态，现金柔性和债务柔性同时存在对两类内部投资都不会产生协同效应，因此企业储备跨期财务柔性资源，无须两类财务柔性都储备。环境不确定性对现金柔性与固定资产投资的关系没有中介效应；环境不确定性对现金柔性与无形资产投资有完全中介效应。现金柔性是否被释放到无形资产投资方向，要充分考虑环境不确定性，而将现金柔性释放到固定资产投资方向，不需要将环境不确定性作为主要因素考虑。固定资产投资比重高的传统行业，可选择储备现金柔性，而无形资产投资较多的高新技术类企业，可选择储备债务柔性。

第四，高新技术类上市公司，现金柔性状态下，现金柔性对无形资产投资决策反而有负向影响；不处于财务柔性状态，不需要考虑储备财务柔性，所以现金柔性会正向影响无形资产投资决策。而对于不处于财务柔性状态的非高新技术类公司，无形资产类投资相对较少，相应地，现金柔性对其影响显著，可见非财务柔性状态下，非高新技术类公司的无形资产类投资对现金柔性更敏感。对于高新技术类上市公司，无论是否处于债务柔性状态，债务柔性与无形资产投资都显著正相关，相比之下非高新技术类上市公司更适合通过储备债务柔性来为无形资产投资决策提供所需资金。

通过对比分析财务柔性状态上市公司与非财务柔性状态上市公司的财务柔

与内部投资关系是否存在差异，可以为企业是否选择连续储备财务柔性资源以及实现财务政策的稳健性提供建议，因此企业储备跨期财务柔性资源，无须两类财务柔性都储备，固定资产投资比重高的传统行业，可选择储备现金柔性，而无形资产投资较多的高新技术类企业，可选择储备债务柔性，储备财务柔性资源达到财务柔性状态能够促进债务柔性转化为可实现柔性。

第5章 财务柔性状态对外部投资
决策的影响研究

外部投资是指企业对其他经济实体的投资，本章主要研究有关并购的外部投资决策。在并购活动中，若经济资源没有被浪费，给定的投入获得了企业绩效的最大提高，则认为并购活动是有效率的，否则是无效率或者低效率的。公司的并购过程和内部投资决策不同，属于短期的快速扩张方式，为了保证并购的实现，企业适合短期内完全释放财务柔性来把握并购机遇，从这方面来说继续储备财务柔性资源可能造成资源冗余甚至是并购过程中的资源壁垒，但另一方面并购绩效的提高是长期整合的过程，维持财务柔性状态，不完全释放财务柔性能让企业长期拥有内部资源优势，兼顾预防和利用环境不确定性的双重属性，既是更稳健的财务柔性政策，也是企业整合资源的实用而有效的手段。所以，管理层需要权衡财务柔性状态给企业所造成的资源冗余与财务柔性状态对并购整合绩效的贡献，从而决定在进行外部投资时，是选择完全释放财务柔性还是继续储备财务柔性以保持财务柔性状态。因此，本章充分考虑财务柔性状态对并购规模以及绩效的影响，与第4章财务柔性状态对内部决策的影响进行对比分析。

5.1 理论分析与研究假设

并购是企业为获得其他企业控制权而进行的产权交易活动，是企业扩大规模、集中资本、优化配置资源最有效的手段，有助于实现更快速的扩张和产业转型（吴晨，2015）。在同时考虑内外部投资决策时，企业要权衡并购的边际成本和新建投资的成本，当并购的边际成本小于新建投资所花费的成本时，企业会选择并购，所以企业在选择并购时更加注意节约成本，降低并购支出。程新章和胡峰（2003）发现在服务业企业更倾向于并购而非新建投资；而对于大型制造业企业，东道国相对投资企业而言在产品的采购、生产作业、内外部后勤等方面有优势，东道国能够尽可能降低并购的边际成本使并购成本低于新建投资的成本，因此在新建投资与并购对比时会选择并购。Yip（1982）研究发现企业进入一个关联性高的行业，其进入壁垒会降低，所以企业倾向于通过内部发展进入相关业务，而通过收购进入不相关的业务。业务相关性低或者不相关意味着信息不对称性更高，企业所面临的外部环境不确定性也就越高，此时企业更倾向于外部并购投资，说明环境不确定性程度高在一定程度上会影响企业的外部投资决策，而有环境不确定性就有财务柔性存在的价值，因此财务柔性和外部并购投资通过环境不确定性联系在一起，探究两者的关系有助于促进外部投资决策的实现，提高投资有效性。

Hennart（1988）从另一个侧面研究不确定性程度与企业外部并购投资的关系，研究发现，当一个公司的资产混合着目前需要的和不需要的资产时，企业更倾向于通过收购达成目的，因为目标资产对于投资企业而言不可消化，不确定性程度太高。类似地，当企业投资进入一个新行业时，差异化较大、进入壁垒较高、信息不对称程度高，此时企业也更偏向于选择并购方式进入而非选择内部投资，相反，如果企业投资进入一个相关行业，由于进入壁垒较低，更倾向于新建投资。这也说明了外部环境不确定性在一定程度上提高了并购的可能性。当行业衰退、放松管制、产能过剩、竞争过度等因素占主导地位时，就会增加企业的并购行为（Andrade and Stafford，1999）。姜付秀等（2009）研究发现投资方企业现金持有越多，发展潜力越大且规模越小，越倾向通过并购方式进行投资。可见选择外部投资决策方案的关键还在于并购的边际成本小于新建投资所花费的成本，企业会尽可能节约支出，降低并购的边际成本。外部环境不确定性既是影响并购决策的因素，也是企业是否采取财务柔性政策的重要出发点，因此有必要通过环境不确定性将并购与财务柔性联系起来。尤其是并购和一般的投资不同，支付给目标公司的对价不能分期支付，并购整合后的大额投资支出也无法进行分期支付（吴晨，2015）。Prahalad（1993）指出企业倾向于凭借自身的核心能力优势进行并购。作为并购方的企业，首先必须具有足够的获取资源的初始实力、能力，它包括公司财务资源及其支付能力、相对充足的技术资源储备、良好的人力资源及社会关系、公司总部管理实力及其管理输出能力等（Meyer and Saul，1999）。而企业采取财务柔性政策，意味着较强的支付能力。李晓红（2006）进一步总结财务柔性资源属于影响企业并购的重要内部资源，其价值也随着环境不确定性的加深而逐渐凸显。此外，不断有学者从资源角度实证研究投资方式选择与企业内部资源之间的关系，指出财务柔性储备在一定程度上可以缓解并购过程中企业对外部融资的依赖性。Cao 和 Madura（2011）发现收购方的现金越充裕，财务杠杆越低，越有可能实施并购。

与第 4 章的内部投资决策不同的是，并购的实现是一个短期内的快速扩张方式，并购过程并不像固定资产投资和无形资产投资那样，未来较长时间内都有现金流的流出，企业并购对外部融资的依赖性在短期内体现，财务柔性缓解并购过程中的外部融资约束也是在短期内更有效，现金柔性拥有立刻可实现的属性，相比债务柔性（潜在柔性）对于并购的影响更直接。所以研究财务柔性对并购规模的影响，主要从现金柔性角度出发，现金柔性的存在能够帮助企业利用环境不确定性进而把握并购机遇，促进并购的实现，由于现金柔性相比于并购的大额支出较少，所以现金柔性对于并购实现的促进作用体现在降低并购边际成本、节约支出、控制并购规模等方面，而行业密集度越大，企业越倾向于利用现金柔性控制并购规模。由此推出本章假设 5-1。

假设 5-1：现金柔性与并购规模负相关。

财务柔性储备决策是企业整合资源的实用而又有效的手段（李芳芳、路丽丽，2013），从具体并购过程来看，企业储备的财务柔性是一种有价值的、稀缺的资源。管理层可能会利用杠杆工具来降低收购风险（Berger et al.，1997），也可能会利用杠杆工具去追求帝国建设项目（Zwiebel，1996）。因此，企业是否基于稳健性财务政策不断储备财务柔性资源，对于并购的影响会有显著差异。正如 Bourgeois（1981）所指出的，资源冗余是一种过量且能被管理者随意使用的资源，它是企业的缓冲资源，也是企业进行扩张的重要后备支撑，但资源冗余过多，则反映企业对资源的利用效率不高。作为企业内部资源的财务柔性，必然也会面临资源是否冗余即财务柔性储备冗余的问题。拥有强大内部资源的企业具有"资源定位壁垒"（Resource Position Barrier）（Wernerfelt，1984），运用内部资源并非其实现更快速的扩张和产业转型时所采用的手段。而在非财务柔性状态下，公司可以在并购时选择完全释放财务柔性，但财务柔性状态的公司不能完全释放，其会注重储备资源，因而进一步控制并购规模，根据以上分析推出本章假设 5-1-1。

假设 5-1-1：财务柔性状态下，公司的现金柔性对并购规模的负向影响程度大于非财务柔性状态。

虽然并购的实现不需要企业长期储备的资源来支撑，不同于内部投资决策，企业在发生并购的时候不需要长期保持财务柔性状态，但并购绩效成功的并购活动往往以并购后短期内或长期内企业绩效的增加为主要特征（朱滔，2006）。苏敬勤和刘静（2013）指出企业往往会通过并购以寻求现有资源的利用与新资源开发之间的平衡与配置。财务柔性能够促进资源的优化配置，并与并购产生协同效应（吴晨，2015）。陈立敏和王小琚（2016）发现以企业内部的资源禀赋和资源利用能力为主要衡量指标的资源因素对并购绩效都有积极促进作用。并购效率的一个重要标准是并购后的整合活动（高良谋，2003），并购后的绩效主要以并购完成后第 1 年为基准，连续考察几年（田满文，2015）。所以，财务柔性是企业并购所需的自身能力，在优化配置资源的同时能够提高并购绩效，而并购绩效的测度不同于并购规模，并购绩效的实现是长期的整合过程，因此长期储备财务柔性虽然进一步控制并购规模，但从资源整合角度出发，企业维持财务柔性资源能够保证并购实现之后较长时间内企业拥有充裕的资源以及良好的内外部融资环境，所以财务柔性状态相比于非财务柔性状态对于并购绩效的正向影响程度更大，由此提出假设 5-2。

假设 5-2：财务柔性正向影响并购绩效。

假设 5-2-1：财务柔性状态下，公司的财务柔性对并购绩效的正向影响程度大于非财务柔性状态。

管理层能力反映管理层有效率地利用公司各种资源的能力，相对于低水平的管理者而言，高水平的管理者能够在既定的投入水平下创造更多的产出（李维安等，2010）。Fama 和 Jensen（1983）发现英美法系国家比其他国家的管理层持股比例更低，但效率收益反而更大。Zajac 和 Westphal（1994）发现虽然管理层持股比例高有助于管理者和外部股东的利益相一致，但由于管理风险厌恶，它可能带来更高的成本。因此，较低的管理所有权更可取，特别是当其他治理机制也可用时，可以帮助有效地减轻代理问题。但一般情况下，管理层权力过大，董事会无法代表股东利益自然会不利于公司治理（Crutchley et al.，1999）。Prahalad（1993）指出企业管理层意欲成为能力领导者，凭借自身的核心能力优势进行并购。Haleblian 和 Finkelstein（1993）认为管理决断权决定了组织结构以及发展规划如何掌握在其高管手中，是由其完全掌握、完全不可控还是介乎其间，在管理决断权较大的环境下，高管对组织绩效的影响显著；而在管理决断权较小的环境下，高管的影响微弱。Stulz（1990）通过研究发现管理者拥有的股权比例越大，越有可能使用现金来完成企业的支付需求。可见，管理者决断权必会影响财务决策、投资决策的效用。Arslan-Ayaydin 等（2014）指出管理层持股较高对公司绩效有负面影响，当公司由独立管理者经营时，其投资项目的业绩要比由拥有控制权的管理层来经营时更好。根据 Himmelberg 和 Petersen（1994）的观点，对于一家道德风险问题严重的公司来说管理层所有权较低会是比较好的安排。在美国这种私人治理如此发达并拥有有效执行机制的国家中，道德风险问题严重度应该轻一些，而管理层所有权低也会是最优选择。因此，国外学者基本从代理问题出发，研究管理层权力与投资、经营绩效的关系，认为管理层权力过大不利于经营业绩的提高，包括并购绩效的提高。高遐等（2012）认为高决断权意味着更大的不确定性和高管工作的复杂性，即更大的风险。不同管理决断权的环境下，董事会能起到的作用实际上是不同的，高管理决断权的情况也可能存在监管困难。可见，管理决断权较大会加剧公司所面临经营管理环境的不确定性。而杨荣华和黄陟（2016）发现行业竞争度越高，行业内公司可能越容易进行横向并购，所以行业竞争程度给企业并购提供了相应的动机，也会激励企业提高并购绩效。产品市场竞争越激烈，企业面临的掠夺风险越大，越需要通过事先储备的财务柔性以预防掠夺风险，将筹集到的资金用于有利于公司发展的投资活动中，促进了企业价值的提升，此外产品市场竞争还可以有效地降低因过度持有财务柔性而产生的代理成本。企业过度持有财务柔性，就会造成企业管理层出于自身利益形成滥用财务柔性的行为，进而产生代理成本问题（张竞睿、赵伟，2020）。企业所处行业的竞争程度能够激励企业实现规模经济、范围经济以及将劣势企业的非效率资本和效率管理结合达成财务协同效应等①。Deshmukh 等（2013）通过研究则发现过度自信的高管通常会保留更多的现金并进行较少的股利分配，从而松弛财务约束以满足未来的投资需求，过度自信的高管倾向于提前储备财务柔性，以便降低企业融资约束，方便企业战略安排。董理和茅宁（2016）提出财务柔性理论的核心理念在于"权衡"，因为管理者当前所做的财务决策不仅影响现在，更会影响到未来。而这个"权衡"使用在考虑当前财务决策中的财务资源时也要充分考虑到未来财务资源的需求，才能保证未来能够抓住投资机会和抵御财务困境。并购一般不会在未来带来较长时间的现金流出，仅从并购投资决策来看不需要考虑未来财务资源情况，因此这和管理层使用财务资源的当前财务决策中也充分考虑到未来财务资源的理念并不匹配，所以管理层需要权衡储备财务柔性资源对未来投资机会的把握以及财务困境的抵御方面的优势与储备财务柔性资源的机会成本。因此，选择储备财务柔性以维持财务柔性状态会相应地牵制管理层决断权对于并购的影响，而储备财务柔性以维持财务柔性状态代表了企业在采取柔性政策时注重维持财务柔性状态，所以选择基于稳健性财务政策而储备财务柔性，财务柔性状态以及稳健的财务政策会相应地牵制管理层决断权对于并购的影响。根据上述分析，本章提出假设5-3。

假设5-3：企业处于财务柔性状态会抑制管理层对并购规模以及并购绩效的影响。

---

① J. 弗雷德·威斯通，S. 郑光，苏姗·E. 侯格. 兼并、重组与公司控制［M］. 唐旭，等，译. 北京：经济科学出版社，1998：173-174.

5.2 研究设计

5.2.1 回归模型设计

本章注重财务柔性状态对并购的影响，无论是现金柔性还是债务柔性，都是先达到"财务柔性状态"再研究并购情况。借鉴张会丽和陆正飞（2012）、吴昊旻等（2014）的研究思路，并借鉴陈晓萍等（2012）检验定类变量调节作用模式的方法，考察行业集中度和管理决断权分别对财务柔性和并购数量、并购规模、并购绩效的调节效应。此外，结合 Hadlock 和 Pierce（2010）将企业规模和上市年限来作为信息不对称问题以及契约问题的代理变量，Conn 等（2004）、Song（2006）、陈仕华等（2013）等对并购绩效的衡量方法。本章构造的列中选择的控制变量加入运作权、公司规模、资产负债率、上市年限（Morck et al.，1990；Fuller et al.，2002；李善民、陈玉罡，2002；吴超鹏等，2008；李雪，2013）、报酬权和职位权（吴超鹏等，2008），其他应收款和管理费用比率（田满文，2015；董理、茅宁，2016）、现金冗余度（Davis and Stout，1992）。

并购规模（绩效）与财务柔性列如下所示：

$$MergeValue=\beta_0+\beta_1 FF_{i,t}+\beta_2 MD_{i,t}+\beta_3 HHI_{i,t}+Control_{i,t}+\sum Industry+\sum Year+\varepsilon_{i,t}$$

$$(5-1)$$

$$MergeValue=\beta_0+\beta_1 FF_{i,t}+\beta_2 MD_{i,t}+\beta_3 HHI_{i,t}+\beta_4 FF_{i,t}\times HHI_{i,t}+Control_{i,t}+\sum Industry+\sum Year+\varepsilon_{i,t}$$

$$(5-2)$$

$$MergeValue=\beta_0+\beta_1 FF_{i,t}+\beta_2 MD_{i,t}+\beta_3 HHI_{i,t}+\beta_4 FF_{i,t}\times MD_{i,t}+Control_{i,t}+\sum Industry+\sum Year+\varepsilon_{i,t}$$

$$(5-3)$$

5.2.2 变量解释

由于财务柔性、财务柔性储备、管理层决断权以及控制变量在第 4 章有解释，也可见表 5-1。本章主要解释并购规模、并购绩效以及行业集中度这三个变量。

（1）并购规模和并购绩效的衡量指标

如果同一年度，某一样本公司发生多次并购，则进行合并，以某样本公司在同一年度所发生的并购次数累计为基础，将同一年某一样本公司多次并购的金额进行合并，用合计的并购金额来反映并购规模。回归过程借鉴潘毅（2011）、李雪（2013）将并购规模用并购活动涉及的交易资金的自然对数表示。对并购金额取自然对数，利用自然对数的性质消除不同公司和不同时期所造成的数据方差过大的影响。

综合分析国内外对并购绩效或并购效率的研究发现，大多是从两方面来评价并购绩效的：一方面是用事件研究法来分析投资者是否通过并购交易从二级市场中获得了正常的或者超额的回报率；另一方面是用会计研究方法研究并购活动是否改善了公司的财务业绩，包括短期和长期财务业绩。并购绩效的评价指标最初主要是财务指标，利用主营业务利润率、净资产收益率、资产负债率、托宾 Q、净利润/总资产、主营业务收入/总资产、净资产收益率、每股收益等（徐国祥等，2000；Doyle and Whited，2001；冯根福、吴林江，2001；Khanna and Tice，2001）以及累积超常收益的变动情况（Brown and Warner，1985；Caves，1989；Agrawal et al.，1992；Gregory and Wang，2010；陈信元、张田余，1999；洪锡熙、沈艺峰，2001；潘红波等，2008；唐建新、陈冬，2010；王化成等，2010），后来逐渐有学者提出将财务和非财务指标进行结合来客观评价企业并购绩效，如生产率指数（Productivity Index）（Khanna and Tice，2001；韩世坤、陈继勇，2002；张新，2003）。而对于并购绩效的评价方法主要包括单指标（财务指标）、多指标（财务指标和非财务指标结合）评价方法以及基于指标的因子分析法（徐国祥等，2000；冯根福、吴林江，2001）、综合评价方法——层次分析法（李善民、朱滔，2005）、数据包络分析方法（DEA）（李心丹等，2003）、事件研究法（Caves，1989；陈信元、张田余，1999；洪锡熙、沈艺峰，2001；李善民、陈玉罡，2002），之后不断借鉴数理统计方法建立相关的动态优化列（Doyle and Whited，2001；余燕妮，2012）。

事件研究法（Event Study Method）先确定时间日期、估计窗口、事件窗口，用实际收益以及预期能够获得的正常收益得到的超额收益（AR）来评价公司并购的短期绩效。Ball 和 Brown（1968）、Eppen 和 Fama（1969）用该方法进行了市场有效性的研究，事件研究法于 20 世纪 60 年代后期趋于成熟并且逐步成为学术界普遍采用的方法。虽然事件研究法优点颇多，如线索较为清晰，过程简洁明了，但事件研究法的应用基础是有效的资本市场。而我国股票市场目前是弱有效而非强有效的（叶航、林水山，2005；曾劲松，2005；李雪，2013），且样本期内包含 2008 年金融危机期间，也包含 2015 年我国股市危机，在这种背景条件下，用股价变化来衡量并购的效率问题，显然是降低准确性的。

所以本章借鉴 Conn 等（2004）、Song（2006）、吴超鹏等（2008）、陈仕华

等（2013）、陈立敏和王小瑕（2016）等已有研究中度量并购事件对经营业绩的影响的思路，本章采用企业并购当期的资产回报率（ROA_t）、并购下一期的资产回报率（ROA_{t+1}）及资产回报率变化值（ΔROA_t）来衡量企业并购绩效，资产收益率是目前资本市场和相关部门衡量企业经营成果和盈利能力的主要指标（徐国祥等，2000）。将并购绩效的衡量分为两个维度，具体操作为：①并购下一期的资产回报率 ROA_{t+1}；②并购后第二年（$t+1$）的总资产回报率与并购当年（t）的总资产回报率的差值即 $\Delta ROA_t = ROA_{t+1} - ROA_t$。

（2）行业集中度

为了分析外部资源整合对于内部资源配置的影响，本章具体研究财务柔性及财务柔性储备对于并购的影响。本章选择借鉴 Rose 和 Andrea（1997）等的研究方法，利用反映行业集中度的用多样化指标赫芬达尔—赫希曼指数（HHI）来衡量行业竞争程度。具体而言，赫芬达尔—赫希曼指数计算公式为：$HHI = \sum (y_i / \sum y_{ind})^2$，其中 y_i 表示企业 i 在所属行业中形成的主营业务收入，HHI 指数越大，行业竞争性程度越弱。本章设置行业集中度（行业竞争程度）虚拟值，HHI 小于中位数，取值为 1，反映行业竞争程度较强，同理 HHI 大于中位数，取值为 0，反映行业竞争程度较弱。

表 5-1　变量定义

变量类型	变量名称	变量符号	变量定义
被解释变量	并购规模	$MergeValue$	公司当年度并购总共发生的并购金额合计数取自然对数
	并购绩效	ΔROA	并购发生下一期的资产回报率减去当期的资产回报率（$\Delta ROA_t = ROA_{t+1} - ROA_t$）
		ROA_{t+1}	并购发生下一期的资产回报率
	并购数量	$Merge$	公司当年度并购总共发生的次数
解释变量	现金柔性	CF	由第 3 章列（3-1）得出
	现金柔性储备	$CFRS$	由第 3 章列（3-1）和列（3-3）得出
	债务柔性	LFF	第 3 章列（3-2）得出的剩余负债水平，如果剩余负债为负则 LFF 取值为 0
	行业集中度	HHI	虚拟变量，$HHI = \sum (y_i / \sum y_{ind})^2$，其中 y_i 表示企业 i 在所属行业中形成的主营业务收入，HHI 指数越大，行业竞争性程度越弱。设置行业集中程度虚拟值，HHI 小于中位数，取值为 1，否则为 0
	管理层决断权	MD	虚拟变量，以运作权与职位权之和来衡量，如果运作权与职位权之和等于 2，则管理层决断权取值为 1，否则为 0

变量类型	变量名称	变量符号	变量定义
控制变量	公司规模	*Size*	公司年度总资产取自然对数
	公司年限	*Age*	公司上市至回归年度的年限
	外部融资成本	*MFratio*	支付的筹资相关费用：当期管理费用除以营业收入
	现金冗余度	*CRduncy*	公司期末现金余额与资本支出金额的比值衡量现金冗余水平，求其中位数，现金冗余水平高于中位数的现金冗余度取值为1，否则取值为0
	资产负债率	*Lev*	年末负债总额与年末资产总额之比
	其他应收款	*Qtys*	公司当期其他应收款除以期初总资产
	股权投资支出	*ShareInv*	公司当期股权投资支出除以年初总资产
	运作权	*OPERight*	企业年营运资金与年营业收入的比值；虚拟变量，企业年营运资金与年营业收入的比值超过中位数时取值为1，否则为0
	职位权	*SFY*	虚拟变量，即董事长和总经理两职分离度，若发生并购的公司董事长兼任总经理取值为1，否则为0
	高管薪酬	*Salary*	公司前三名薪酬最高的高管薪酬的均值取对数
	并购上期的市场超额汇报	*Lag_TMR*	从CCER数据库获取上市公司股票上期的市场超额回报率
	年度虚拟变量	*Year*	控制年度固定效应
	行业虚拟变量	*Industry*	控制行业固定效应

5.2.3 样本选择和数据来源

本章样本选择2003~2016年在上海证券交易所与深圳证券交易所A股主板上市的公司作为初选样本，数据的筛选和计算利用Stata 12统计软件、Excel 2010。使用的财务柔性数据依赖于第3章、第4章列的计算。

本章对并购样本进行如下筛选：①剔除并购交易不成功的并购事件；②剔除交易总价数据缺失的样本；③剔除并购事件、并购数据不祥的样本；④剔除并购样本财务指标不确定、缺失的样本。最终得到18937个观测值。为了缓解极端值对回归结果的影响，对所有的连续变量进行了1%上下的缩尾处理（Winsorize）。表5-2详细报告了样本的筛选过程。

表5-2　样本选择

初始样本	27027
减：金融保险类公司样本	（597）
减：PT、ST 公司	（1638）
减：数据不详、缺失的样本	（2085）
减：并购不成功的样本	（377）
减：关联交易	（3420）
最终样本	18937

5.3　实证结果分析

5.3.1　描述性统计

表5-3列示了样本的主要变量的描述性统计结果。Panel A 报告了全样本中各主要变量的统计情况。并购规模（*MergeValue*）均值为 17.46，中位数为 17.61，最小值和最大值分别为 0 和 24.92，说明样本公司中存在未发生并购的公司，标准差为 2.401，可见公司间差异化较大；并购数量（*Merge*）均值为 1.058，中位数是 1.099，说明样本公司各年度平均发生并购数量大概为 1，最小值和最大值分别为 0 和 5.366，说明有些上市公司在年度内发生的并购数量高达 5 起；并购完成下一期的资产回报率（ROA_{t+1}）均值为 0.036，中位数是 0.034，下期的资产回报率平均不到 5%，最小值为 -6.776，最大值为 2.637，可见并购后上市公司的资产回报率良莠不齐；现金柔性（*CF*）均值为 0.291，中位数是 0.323，最小值为 -2.825，小于 0，最大值为 1.947，标准差为 0.748，说明我国上市公司的现金柔性水平参差不齐；债务柔性（*LFF*）均值为 0.086，中位数为 0.067，最大值为 0.652，我国上市公司整体的债务柔性水平较低；现金柔性储备（*CFRS*）是指连续 3 年正的现金柔性所储备的现金柔性水平，*CFRS* 均值为 1.077，中位数仅为 0.220，可见我国上市公司中存在 3 年正的现金柔性的情况还是少数，绝大多数的公司不能一直保证储备现金柔性，*CFRS* 最大值为 5.840，差异化较大；公司规模（*Size*）均值为 21.85，中位数为 21.73，最小值和最大值分别为 15.42 和 27.45，最大值约为最小值的 2 倍。资产负债率（*Lev*）均值为 0.466，说明上市公司的负债占资产的比重均值为 46.6%，中位数为 0.476，最小值和最大值分别为 0.046 和 1.030，在选择现金柔性为正连续年度至少 3 年的样

本公司中，负债占资产比重最小仅为 4.6%，最大值约为最小值的 22 倍，可见样本公司的资产负债率水平差异化很大；上市年限（Age）均值为 9.509，中位数为 9，最大值为 26；外部融资成本（MFratio）均值为 0.108，中位数为 0.081，可见约一半公司的外部融资成本维持在 0.1 以下；高管薪酬（Salary）均值为 14.00，整体差异化较小；其他应收款（Qtys）均值为 0.026，标准差为 0.044，标准差超过均值水平，说明上市公司其他应收款水平差异化很大；股权投资支出（ShareInv）均值为 0.223，最小值为 -0.001，最大值为 2.114，说明上市公司对于股权方面的投资变动相较于上年度而言最小下降 1% 水平，最大约 2 倍；运营权力（OPERight）均值为 0.639，标准差为 1.079，可见样本公司运营权力差异化很大；现金冗余度（CRduncy）均值为 0.509；董事长是否兼任总经理（即职位权 SFY）均值为 0.734；行业集中度（HHI）均值为 0.489。

本章按照各样本公司现金柔性为正连续年数将现金柔性储备水平分为高和低两组，由于样本期最长为 14 年，样本公司都是连续年数保持在 3~14 年的上市公司，因此按照 3~14 的中位数 8 年进行划分，具体分组标准是现金柔性为正连续年数超过 8 年（不包含 8 年）的为现金柔性储备高组，现金柔性为正连续年数小于 8 年（包含 8 年）的为现金柔性储备低组。表 5-3 中的 Panel B 和 Panel C 分别列示出现金柔性储备高组和低组两个子样本的情况。其中，现金柔性储备高组包括 1275 个样本，现金柔性储备均值为 2.020，现金柔性均值为 0.688，债务柔性均值为 0.089；现金柔性储备低组包括 6300 个观测值，现金柔性储备均值为 0.855，现金柔性均值为 0.205，债务柔性均值为 0.086。由表 5-3Panel D 可知，并购当期的资产回报率均值为 0.048，中位数是 0.036，最小值和最大值分别为 -1.337 和 8.361；下一期的资产回报率均值为 0.053，比上一期均值增加了 0.005，上升了 10.42%，最小值为 -1.363，最大值仍为 8.361。从描述性统计结果来看，所选的发生并购的样本中并购绩效整体上都有所提高。

表 5-3 主要变量的描述性统计

Panel A 全样本描述性统计					
变量	样本量	均值	标准差	最小值	中位数	最大值
MergeValue	18937	17.46	2.401	0	17.61	24.92
Merge	18937	1.058	0.848	0	1.099	5.366
ROA_{t+1}	18937	0.036	0.133	-6.776	0.034	2.637
CF	18937	0.291	0.748	-2.825	0.323	1.947
LFF	18937	0.086	0.180	-0.566	0.067	0.652
CFRS	7575	1.077	1.350	0	0.220	5.840

续表

Panel A 全样本描述性统计

变量	样本量	均值	标准差	最小值	中位数	最大值
MD	18937	0.356	0.479	0	1	1
HHI	18937	0.489	0.500	0	0	1
SFY	18937	0.734	0.442	0	1	1
$Size$	18937	21.85	1.230	15.42	21.73	27.45
Lev	18937	0.466	0.224	0.046	0.476	1.030
Age	18937	9.509	5.916	0	9	26
$MFratio$	18937	0.108	0.105	0.009	0.081	0.737
$Salary$	18937	14.00	0.817	11.84	14.03	15.89
$Qtys$	18937	0.026	0.044	0	0.012	0.322
$ShareInv$	18937	0.223	0.419	−0.001	0	2.114
$OPERight$	18937	0.639	1.079	−1.755	0.358	5.776
$CRduncy$	18937	0.509	0.500	0	1	1

Panel B 现金柔性储备高组描述性统计

变量	样本量	均值	标准差	最小值	中位数	最大值
$MergeValue$	1275	17.64	2.361	0	17.73	24.92
$Merge$	1275	1.028	0.828	0	1.099	4.554
ROA_{t+1}	1275	0.037	0.052	−0.163	0.029	0.302
CF	1275	0.688	0.571	−2.825	0.663	1.947
LFF	1275	0.089	0.193	−0.626	0.069	0.634
$CFRS$	1275	2.020	1.421	0	1.845	5.840

Panel C 现金柔性储备低组描述性统计

变量	样本量	均值	标准差	最小值	中位数	最大值
$MergeValue$	6300	17.43	2.408	0	17.58	24.55
$Merge$	6300	1.065	0.852	0	1.099	5.366
ROA_{t+1}	6300	0.038	0.058	−0.223	0.035	0.201
CF	6300	0.205	0.754	−2.825	0.239	1.947
LFF	6300	0.086	0.177	−0.565	0.066	0.661
$CFRS$	6300	0.855	1.232	0	0	1.740

Panel D 并购绩效描述性统计

变量	样本量	均值	标准差	最小值	中位数	最大值
ΔROA_t	7575	0.005	0.213	−8.321	0	8.353
ROA_t	7575	0.048	0.160	−1.337	0.036	8.361
ROA_{t+1}	7575	0.053	0.167	−1.363	0.038	8.361

5.3.2 相关性分析

表5-4列示了主要变量之间的相关系数。并购规模（*MergeValue*）与现金柔性（*CF*）相关系数为-0.0351（-0.0030），说明两者存在负相关关系，并购规模（*MergeValue*）与现金柔性储备（*CFRS*）相关系数为-0.0266（-0.0349），说明两者存在负相关关系，可见现金柔性在一定程度上能够帮助节约并购规模，且现金柔性与并购的相关性大于现金柔性储备与并购的相关性，在一定程度上证明了假设5-1。并购规模反映并购支出，其与公司规模（*Size*）、资产负债率（*Lev*）、公司上市年限（*Age*）、高管薪酬水平（*Salary*）、运作权（*OPERight*）以及职位权（*SFY*）显著正相关，说明并购公司规模越大、资产负债率越高、上市年限越久、公司高管薪酬水平越高、两职分离度越大，则并购支出越高；而并购规模与现金柔性（*CF*）、现金柔性储备（*CFRS*）及外部融资成本（*MFratio*）显著负相关，说明现金柔性、现金柔性储备水平、外部融资成本越高，则并购支出相应越少，具体情况如表5-4所示。

5.3.3 回归结果分析

（1）财务柔性及财务柔性储备对并购规模的影响分析

表5-5列示了模型（5-1）的回归结果，验证财务柔性及财务柔性储备对并购规模的影响。列（1）考虑并购规模（*MergeValue*）与现金柔性（*CF*）的关系，现金柔性（*CF*）的系数为-0.1007，且在1%水平上显著为负，说明现金柔性能够在一定程度上降低最终支付的总并购金额，现金柔性越高，并购总支出越低，可见现金柔性负向影响并购规模，这证实了假设5-1。列（2）考虑并购规模（*MergeValue*）与现金柔性储备（*CFRS*）的关系，在该列中现金柔性储备（*CFRS*）的系数为-0.0464，且在5%水平上显著，与列（1）对比可以发现并购规模与现金柔性的系数的绝对值大于并购规模与现金柔性储备的相关系数的绝对值，可见并购规模与现金柔性的相关性更大，说明财务柔性对并购规模的影响大于财务柔性储备对并购规模的影响。列（1）中管理决断权（*MD*）与并购规模是显著正相关关系，相关系数为0.200，说明管理决断权越大最终支付的总的并购金额越多，管理层权力会加剧并购规模；列（2）管理决断权（*MD*）与并购规模是显著正相关关系，相关系数为0.190，小于列（1）中管理决断权与并购规模的相关系数，列（2）代表了储备财务柔性的公司，说明储备财务柔性的公司，其管理层对于并购的影响相对减小，这在一定程度上证明了选择基于稳健性财务政策而储备财务柔性资源的公司，管理层决断权对并购规模的影响会受到牵制，与假设5-3一致。列（1）和列（2）中行业集中度（*HHI*）与并购规

表 5-4　主要变量的相关系数

	MergeValue	CF	CFRS	ΔROA	Size	Lev	Age	MFratio	Salary	Qtys	ShareInv	OPERight	CRduncy	SFY	HHI
Mergevalue	1	-0.0030*	-0.0349*	0.0105	0.3088*	0.1738*	0.1620*	-0.1205*	0.1516*	0.0263	-0.0055	0.0482*	-0.0286	0.0957*	-0.0284
CF	-0.0351*	1	0.7357*	0.0593*	0.0590*	-0.0146	-.311*	-0.0461*	0.1166*	-0.0390*	0.0858*	0.2615*	0.0192	-0.0342	-0.0534*
CFRS	-0.0266	0.7076*	1	0.0590*	-0.0474*	-0.0972*	-0.2441*	0.0257	0.0710*	-0.0317	0.0417*	0.2133*	0.0045	-0.0457*	-0.0508*
ΔROA	-0.0009	0.1497*	0.0856*	1	-0.0745*	-0.3275*	-.159*	0.0564*	0.1665*	-0.1505*	0.1376*	0.1243*	0.2749*	-0.0492*	-0.0784*
Size	0.2757*	0.0164	0.0080	-0.0376*	1	0.4669*	0.3698*	-0.4083*	0.4711*	-0.0103	0.0702*	-0.0447*	-0.0745*	0.1380*	0.0620*
Lev	0.1391*	-0.1603*	-0.1183*	-0.2970*	0.3981*	1	0.3589*	-0.4660*	0.0090	0.2624*	-0.1523*	-0.4454*	-0.1395*	0.1333*	0.1442*
Age	0.1651*	-0.1995*	-0.1780*	-0.1362*	0.3669*	0.3620*	1	-0.2061*	0.1381*	0.0828*	-0.2290*	-0.1569*	-0.0185	0.2161*	0.1758*
MFratio	-0.0757*	-0.0369*	0.0324*	-0.0320*	-0.3301*	-0.2202*	-0.0421*	1	-0.0456*	0.0069	0.0492*	0.2758*	0.0045	-0.1229*	-0.1113*
Salary	0.1347*	0.1195*	0.0899*	0.1742*	0.4942*	-0.0223	0.1836*	-0.0641*	1	-0.0998*	0.0905*	0.2206*	0.0075	-0.0344*	-0.0620*
Qtys	-0.0088	-0.1212*	-0.0567*	-0.1771*	-0.1442*	0.2451*	0.0662*	0.1863*	-0.2069*	1	-0.0787*	-0.1108*	-0.0840*	0.0435*	0.0486*
ShareInv	0.0241*	0.1085*	0.0503*	0.1323*	0.0567*	-0.1513*	-0.1964*	-0.0076	0.1019*	-0.0928*	1	0.1427*	-0.0528*	-0.0475*	-0.0881*
OPERight	0.0178	0.2861*	0.1966*	0.0748*	-0.0526*	-0.4279*	-0.1073*	0.3044*	0.1325*	-0.0814*	0.1186*	1	-0.0398*	-0.0846*	-0.2029*
CRduncy	0.0070	0.0275*	0.00510	0.2315*	-0.0257*	-0.1027*	0.0393*	-0.0290*	0.0492*	-0.0401*	-0.0619*	-0.0671*	1	-0.0236	0.0311
SFY	0.0586*	-0.0373*	-0.0375*	0.0248*	0.1472*	0.1097*	0.1904*	-0.0781*	0.0293*	-0.0408*	-0.0484*	-0.0441*	0.0120	1	0.0901*
HHI	0.0079	-0.0564*	-0.0482*	-0.0679*	0.0872*	0.1509*	0.1868*	-0.1291*	-0.0541*	-0.0049	-0.1511*	-0.1734*	0.0456*	0.0723*	1

注：①*表示在 10% 的水平上显著；②上三角为 Spearman 线性相关系数检验结果，下三角为 Pearson 线性相关系数检验结果。

模相关系数都为负，说明上市公司所在行业集中程度负向影响并购规模，但是两者负向关系不显著。

其他控制变量的回归结果与预期基本一致。列（1）中，公司规模（*Size*）与并购规模显著正相关，规模越大，企业并购规模可能相应越大；公司上市年限（*Age*）与并购规模显著正相关，上市年限越久公司一般越成熟，越有可能通过并购来扩大生产经营规模，相应的并购规模也越多；外部融资成本（*MFratio*）与并购规模正相关，这与预期结果不太一致，说明企业外部融资成本越高，并购规模越高，这可能是因为外部融资约束越大，企业越有可能通过并购来避开外部融资成本；现金冗余度（*CRduncy*）、股权投资支出（*ShareInv*）与并购规模正相关，但都不显著；其他应收款（*Qtys*）与并购规模显著正相关，这和预期基本一致；高管报酬（*Salary*）与并购规模负相关，但不显著，这和预期不一致。具体情况如表 5-5 所示。

表 5-5　财务柔性及储备对并购规模的影响的回归结果

变量	（1） *MergeValue*	（2） *MergeValue*
截距项	12.03 ***	11.59 ***
	（13.37）	（5.50）
CF	−0.1007 ***	
	（−3.44）	
CFRS		−0.0464 **
		（−2.10）
MD	0.200 ***	0.190 **
	（3.61）	（2.56）
HHI	−0.008	−0.073
	（−0.13）	（−0.49）
Size	0.243 ***	0.265 ***
	（6.12）	（4.86）
Lev	−0.174 **	−0.134
	（−2.51）	（−1.31）
Age	0.691 *	0.586
	（1.89）	（1.15）
MFratio	0.028	0.592
	（0.10）	（1.55）

续表

变量	(1) *MergeValue*	(2) *MergeValue*
Salary	-0.028	-0.062
	(-0.59)	(-0.97)
Qtys	1.146**	2.003***
	(2.08)	(2.66)
ShareInv	0.0255	-0.0022
	(1.05)	(-0.07)
OPERight	-0.0012	-0.0028
	(-1.04)	(-1.06)
CRduncy	0.014	0.017
	(0.39)	(0.37)
年度效应	控制	控制
行业效应	控制	控制
R^2_a	0.277	0.209
F	27.06	31.10
N	18937	7575

注：①***、**和*分别表示在1%、5%和10%水平上显著；②年度效应、行业效应指回归列中控制了年度、行业固定效应。

根据列（5-2）加入衡量行业集中度（*HHI*）与财务柔性及储备的交乘项，行业集中度越大，表示市场集中程度越高，市场中该行业的垄断程度越高，表5-6列示了具体结果。列（1）交乘项 *CF×HHI* 的系数为-0.0300，显著负相关，说明行业集中度在一定程度上促进了现金柔性（*CF*）对并购规模（*MergeValue*）的负向影响，行业集中度高，市场垄断性高是企业实行并购而非新建投资的一个因素。程新章和胡峰（2003）、Elango 和 Sambharya（2004）通过研究指出市场集中度越高，垄断越明显，新的生产能力的形成对于现存企业的损害就越大，因此，在这种情况下，企业会更倾向于通过并购进入市场。可见行业集中度能够进一步加深财务柔性与并购规模的关系，行业集中度高则促进了财务柔性对并购规模的控制影响。列（2）交乘项 *CFRS×HHI* 的系数为0.0853，显著正相关，说明行业集中度在一定程度上削弱了现金柔性储备（*CFRS*）对并购规模（*MergeValue*）的负向影响。由表5-6的结果可知，并购规模与财务柔性的相关性大于与财务柔性储备的相关性，行业集中度却能促进现金柔性与并购规模的关系，可见行业集中度越大，并购与财务柔性的相关性越大于并购规模与财务柔性储备的相关性。企业所在行业集中度即外部资源整合与企业内部财务柔性协同影响并购规模，但企业一旦储备现金柔性即内部资源开始积累就会与外部环境产生制衡，抑制了财务柔性储备对并购的影响。控制变量的回归结果与表5-5基本一致。

表 5-6　行业集中度对财务柔性及储备与并购规模关系的影响

变量	（1） *MergeValue*	（2） *MergeValue*
截距项	12.03*** (13.37)	11.72*** (5.56)
CF	−0.0772*** (−2.63)	
CFRS		−0.0757*** (−2.87)
MD	0.130*** (2.94)	0.122*** (2.58)
HHI	−0.047 (−0.00)	−0.157 (−1.00)
CF×HHI	−0.0300*** (4.32)	
CFRS×HHI		0.0853* (1.95)
Control	控制	控制
年度效应	控制	控制
行业效应	控制	控制
R^2_a	0.289	0.306
F	39.66	14.61
N	18937	7575

注：①***、**和*分别表示在1%、5%和10%水平上显著；②Control指回归模型中的控制变量，年度效应、行业效应指回归模型中控制了年度、行业固定效应。

（2）财务柔性状态对并购规模的差异化影响分析

为了更好地分析企业在采取财务柔性政策时是否处于财务柔性状态对并购规模的影响是否有差异，本章按照第3章对于财务柔性状态的衡量方式展开分组研究，并进一步根据保持财务柔性的"持续时间"的长短来划分财务柔性状态维持的程度或者财务政策稳健性程度，将处于财务柔性状态的公司细分为高低两组来展开分析。

表 5-7 列示了是否处于财务柔性状态对并购规模的影响情况，其中，处于财务柔性状态的上市公司的现金柔性和并购规模显著负相关（p<0.05），相关系数为-0.149，而没有处于财务柔性状态的上市公司的现金柔性和并购规模也显著负相关（p<0.1），相关系数为-0.095，是否处于财务柔性状态对于上市公司的现金柔性和并购规模的关系有差异，上市公司注重维持财务柔性状态并储备财务柔性资源，这组上市公司的并购规模与现金柔性的负相关关系大于不处于财务柔性状态的上市公司的现金柔性和并购规模的负相关关系，可见企业处于财务柔性状态会进一步加剧对现金柔性和并购规模的负相关关系，这与假设 5-1-1 基本一致。具体分析财务柔性状态程度高低组之间财务柔性对并购规模的影响差异，由表 5-7 可以看出，两组的现金柔性与并购规模都显著负相关，但"财务柔性状态"程度高组的上市公司的现金柔性与并购规模的相关系数为-0.176，其绝对值大于处于财务柔性状态"程度低组，因此，企业"财务柔性状态"程度的高低也会导致财务柔性对并购规模影响程度的不同。

表 5-7　是否处于财务柔性状态对财务柔性与并购规模关系的影响

	非财务柔性状态（No）	财务柔性状态（Yes）	财务柔性状态（Yes）	
	MergeValue	MergeValue	高组 MergeValue	低组 MergeValue
截距项	5.401***	13.92***	16.84***	-4.912
	(2.99)	(6.50)	(7.70)	(-0.48)
CF	-0.095*	-0.149**	-0.176***	-0.096**
	(-1.92)	(-2.46)	(-2.88)	(-2.53)
HHI	-0.438*	-0.227	-0.496*	-3.436
	(-1.77)	(-0.92)	(-1.94)	(-1.46)
MD	0.137	-0.122	-0.152	0.292
	(0.96)	(-1.06)	(-1.22)	(0.62)
Control	控制	控制	控制	控制
年度效应	控制	控制	控制	控制
行业效应	控制	控制	控制	控制

	非财务柔性状态（No）	财务柔性状态（Yes）	财务柔性状态（Yes）	
	MergeValue	*MergeValue*	高组 *MergeValue*	低组 *MergeValue*
R^2_a	0.085	0.142	0.143	0.227
F	7.457	6.486	7.427	5.071
N	11362	3757	1878	1879

注：①＊＊＊、＊＊和＊分别表示在1%、5%和10%水平上显著；②Control 指回归模型中的控制变量已控制，年度效应、行业效应指回归模型中控制了年度、行业固定效应；③财务柔性状态主要针对现金柔性状态。

用 Suest 方法检验是否处于财务柔性状态的两组回归系数的差异显著性，结果如表5-8所示，对两组的财务柔性的均值检验（Suest 检验）结果显示，两组之间存在显著差异，进一步证明了假设5-3。而企业是否处于财务柔性状态对管理层决断权和并购规模的关系的影响的差异也显著（p<0.01），可见管理层在权衡储备财务柔性资源对于未来投资机遇的把握和财务资源冗余带来的机会成本以及资源壁垒过程中，会偏向于重视储备财务柔性资源。

表5-8　现金柔性回归系数差异检验结果（Suest 检验）

变量	不处于财务柔性状态		处于财务柔性状态	
	均值之差	Z 统计量	均值之差	Z 统计量
CF	−0.092	−2.76＊＊＊	−0.275	−9.74＊＊＊
MD	0.601	8.17＊＊＊	0.556	7.25＊＊＊
HHI	0.053	0.96	−0.151	−3.01＊＊

注：＊＊＊和＊＊分别表示在1%和5%水平上显著。

为了进一步研究是否基于稳健性财务政策而储备财务柔性资源的上市公司其管理层决断权对并购规模的影响是否会受到处于财务柔性状态的牵制，加入现金柔性（*CF*）与管理层决断权（*MD*）的交乘项 *CF×MD*，并基于模型（5-3）进行回归分析，具体结果如表5-9所示。不处于财务柔性状态和处于财务柔性状态两组的管理层决断权（*MD*）的系数都为正，但都不显著，两组的现金柔性（*CF*）与管理层决断权（*MD*）的交乘项 *CF×MD* 系数都为负，其中处于财务柔性状态那组的交乘项 *CF×MD* 系数显著为负（p<0.1），说明处于财务柔性状态那

组公司的财务柔性的确会负向影响管理层决断权和并购规模之间的相关关系；具体细分处于财务柔性状态程度进行分析，高低两组管理层决断权和并购规模的相关关系相反，两组的交乘项 *CF×MD* 系数都为负，且程度较低组的交乘项系数显著为负（p<0.01），可见基于稳健性财务政策而储备财务柔性资源的上市公司其管理层决断权对并购规模的影响的确会受到处于财务柔性状态的牵制，这种效应在处于财务柔性状态较低即财务柔性储备资源较低的组当中最为明显。

表 5-9　财务柔性状态对管理层决断权和并购规模关系的影响

	非财务柔性状态（No）	财务柔性状态（Yes）	财务柔性状态（Yes）	
	MergeValue	*MergeValue*	高组 *MergeValue*	低组 *MergeValue*
截距项	5.357***	14.08***	16.87***	−8.493*
	(2.96)	(6.57)	(7.71)	(−0.84)
CF	−0.080	−0.113*	−0.167***	−0.185
	(−1.60)	(−1.78)	(−2.64)	(−0.42)
MD	0.213	0.003	−0.121	0.337**
	(1.40)	(0.02)	(−0.86)	(2.36)
CF×MD	−0.238	−0.253*	−0.066	−0.407***
	(−1.53)	(−1.92)	(−0.50)	(−3.19)
HHI	−0.417*	−0.258	−0.501**	−3.270
	(−1.68)	(−1.05)	(−1.96)	(−1.41)
Control	控制	控制	控制	控制
年度效应	控制	控制	控制	控制
行业效应	控制	控制	控制	控制
R^2_a	0.085	0.141	0.143	0.194
F	7.399	6.454	7.330	5.389
N	11362	3757	1878	1879

注：①***、**和*分别表示在1%、5%和10%水平上显著；②Control 指回归模型中的控制变量，年度效应、行业效应指回归模型中控制了年度、行业固定效应；③财务柔性状态主要针对现金柔性状态。

（3）财务柔性状态对并购绩效的差异化影响分析

表5-10列示了是否基于稳健性而采取财务柔性政策对并购绩效的影响情况。其中，处于财务柔性状态的上市公司的现金柔性（*CF*）和并购绩效（ΔROA）显

著正相关（p<0.05），相关系数为 0.00525，而非财务柔性状态的上市公司的现金柔性（CF）和并购绩效（ΔROA）正相关但不显著，相关系数为 0.00334，是否处于财务柔性状态对于上市公司的现金柔性和并购绩效的关系有差异，这与假设 5-2 相一致。具体分析处于财务柔性状态程度对于并购绩效（ΔROA）的影响，财务柔性状态程度高的组现金柔性和并购绩效（ΔROA）显著正相关（p<0.01），且相关系数大于 0.00525，可见保持财务柔性状态的政策有利于优化内部资源，提高内外部资源整合效率，从而正向促进并购绩效的提高，且对并购绩效提高的影响程度最大。

表 5-10　财务柔性状态对财务柔性与并购绩效关系的影响

	非财务柔性状态 （No）	财务柔性状态 （Yes）	财务柔性状态（Yes）	
	ΔROA	ΔROA	高组 ΔROA	低组 ΔROA
截距项	0.0195	−0.0915	−0.0918	−0.138
	（0.96）	（−1.19）	（−1.05）	（−0.84）
CF	0.00334	0.00525**	0.00702***	−0.00481
	（0.60）	（2.37）	（2.88）	（−0.80）
HHI	−0.2640	−0.0134	0.0116	−0.0838**
	（−0.10）	（−1.49）	（1.15）	（−2.05）
MD	−0.04157***	0.00066	0.00269	−0.00421
	（−2.59）	（0.16）	（0.56）	（−0.57）
Control	控制	控制	控制	控制
年度效应	控制	控制	控制	控制
行业效应	控制	控制	控制	控制
R^2_a	0.395	0.247	0.249	0.433
F	62.61	40.18	38.59	28.87
N	11362	3757	1878	1879

注：①***、**和*分别表示在1%、5%和10%水平上显著；②Control 指回归模型中的控制变量，年度效应、行业效应指回归模型中控制了年度、行业固定效应；③财务柔性状态主要是现金柔性状态。

　　为了进一步研究财务柔性状态的上市公司的管理层决断权（MD）对并购绩效（ΔROA）的影响是否会受到处于财务柔性状态的牵制，加入了现金柔性（CF）与管理层决断权（MD）的交乘项 CF×MD，基于模型（5-3）进行回归分析，具体结果如表 5-11 所示。未处于财务柔性状态组的管理层决断权（*MD*）的系数显著为负（p<0.05），处于财务柔性状态组的管理层决断权（*MD*）的系数显著为正（p<0.1），两组完全相反。两组的交乘项 *CF×MD* 系数都为负，其中处于财务柔性状态那组的交乘项 *CF×MD* 系数显著为负（p<0.1），可见是否处于财务柔性状态对于管理层决断权与并购绩效关系的影响存在显著差异。具体细分财务柔性状态保持程度，高低两组管理层决断权（*MD*）与并购绩效 Δ*ROA* 的相关关系一致，都为正相关，但高组显著，低组不显著；两组的交乘项 *CF×MD* 系数都为负，且都显著，可见财务柔性状态上市公司的管理层决断权对并购绩效的影响的确会受到处于财务柔性状态以及财务柔性保持程度的牵制。正因为处于财务柔性状态，企业的财务柔性政策更为保守和稳健，因此对于管理层决断权对并购规模以及并购绩效之间的影响都起到一定的缓冲作用，且财务柔性状态维持程度越高，作用越显著。

表 5-11　财务柔性状态对管理层决断权和并购绩效关系的影响

	非财务柔性状态（No）	财务柔性状态（Yes）	财务柔性状态（Yes）	
	Δ*ROA*	Δ*ROA*	高组 Δ*ROA*	低组 Δ*ROA*
截距项	19.50	−0.0855	−0.0827	−0.170
	(0.96)	(−1.12)	(−0.94)	(−1.03)
CF	0.334	0.0072***	0.0089***	0.0013
	(0.59)	(3.15)	(3.56)	(0.19)
MD	−4.155**	0.0081*	0.0109**	0.0052
	(−2.42)	(1.71)	(1.99)	(0.56)
CF×MD	−0.0068	−0.0154***	−0.0163***	−0.0216*
	(−0.00)	(−3.19)	(−3.12)	(−1.67)
HHI	−0.263	−0.0150*	0.0103	−0.0829**
	(−0.10)	(−1.68)	(1.02)	(−2.03)
Control	控制	控制	控制	控制
年度效应	控制	控制	控制	控制
行业效应	控制	控制	控制	控制
R^2_a	0.395	0.249	0.251	0.436

续表

	非财务柔性状态 （No）	财务柔性状态 （Yes）	财务柔性状态（Yes）	
	ΔROA	ΔROA	高组 ΔROA	低组 ΔROA
F	61. 88	39. 88	38. 30	28. 06
N	11362	3757	1878	1879

注：①＊＊＊、＊＊和＊分别表示在1%、5%和10%水平上显著；②Control 指回归模型中的控制变量，年度效应、行业效应指回归模型中控制了年度、行业固定效应；③财务柔性状态主要是现金柔性状态。

5.4 稳健性检验

5.4.1 改变行业集中度的代理变量

改变行业集中度的代理变量，利用行业变异系数（EU）来展开研究。表5-12列示了是否基于稳健性而采取财务柔性政策对并购规模的影响情况。其中，处于财务柔性状态的上市公司的现金柔性和并购规模显著负相关（$p<0.01$），相关系数为-0.152，而非财务柔性状态的上市公司的现金柔性和并购规模显著负相关（$p<0.1$），相关系数为-0.136，结果与表5-7基本一致，进一步证明了假设5-1。为了研究是否处于财务柔性状态对两者之间关系的影响差异是否显著，进一步进行了 Suest 检验，结果与表5-8基本一致，不再赘述。对于财务柔性程度高组，现金柔性和并购规模相关性不显著，而财务柔性程度低组现金柔性和并购规模显著负相关（$p<0.01$），这个结果也基本稳健。

表5-12 财务柔性状态对财务柔性与并购规模关系的影响

	非财务柔性状态 （No）	财务柔性状态 （Yes）	财务柔性状态 （Yes）	
	MergeValue	*MergeValue*	高组 *MergeValue*	低组 *MergeValue*
截距项	7. 351＊＊＊ （3.69）	10. 635＊＊＊ （5.72）	15. 830＊＊＊ （3.95）	8. 790＊＊＊ （4.37）

续表

	非财务柔性状态（No）	财务柔性状态（Yes）	财务柔性状态（Yes）	
	MergeValue	*MergeValue*	高组 *MergeValue*	低组 *MergeValue*
CF	−0.136*	−0.152***	−0.086	−0.203***
	（−1.89）	（−2.85）	（−0.57）	（−4.36）
EU	−0.438*	−0.389**	−0.390	−0.790*
	（−1.77）	（−1.99）	（−1.38）	（−1.90）
MD	−0.257	−0.136	−0.767***	0.235***
	（−0.96）	（−0.57）	（−3.68）	（3.98）
Control	控制	控制	控制	控制
年度效应	控制	控制	控制	控制
行业效应	控制	控制	控制	控制
R^2_a	0.147	0.090	0.086	0.067
F	11.375	10.908	5.763	7.180
N	11362	3757	1878	1879

注：①***、**和*分别表示在1%、5%和10%水平上显著；②Control 指回归模型中的控制变量，年度效应、行业效应指回归模型中控制了年度、行业固定效应；③财务柔性状态主要是现金柔性状态。

为了进一步研究基于稳健性财务政策而储备财务柔性资源的上市公司其管理层决断权对并购规模的影响是否会受到处于财务柔性状态的牵制，考虑现金柔性（CF）与管理层决断权（MD）的交乘项 CF×MD，基于模型（5-3）进行回归分析，具体结果如表5-13所示。处于和不处于财务柔性状态两组的管理层决断权（MD）的系数符号不同，这与表5-9的结果不太一致，两组的交乘项 CF×MD 系数都为负，其中处于财务柔性状态那组的交乘项 CF×MD 系数显著为负（p<0.1），说明处于财务柔性状态那组公司的现金柔性的确会负向影响管理层决断权和并购规模之间的相关关系，该影响不同于表5-9的结果，并不是抑制了管理层决断权与并购规模的相关关系，而是促进了两者之间的关系，这与假设5-3有差异，但该影响在统计学上不显著；具体细分处于财务柔性状态程度后，财务柔性状态的程度不同，其管理层决断权和并购规模的相关关系也会存在差异，这和表5-9的结果基本一致，两组的交乘项 CF×MD 系数都为负，但这种效应并不显著。

表 5-13　财务柔性程度对管理层决断权和并购规模关系的影响

	非财务柔性状态 （No）	财务柔性状态 （Yes）	财务柔性状态 （Yes）	
	MergeValue	*MergeValue*	高组 *MergeValue*	低组 *MergeValue*
截距项	10.281***	9.736***	8.150***	12.79***
	（3.78）	（8.57）	（3.96）	（4.35）
CF	−0.053	−0.093***	−0.176	−0.098***
	（−0.87）	（−3.52）	（−1.39）	（−3.93）
MD	0.159	−0.173	−0.178***	0.863***
	（1.32）	（−0.89）	（−3.24）	（3.57）
CF×MD	−0.137	−0.159*	−0.132	−0.035
	（−0.74）	（−1.93）	（−0.78）	（−0.71）
EU	−0.325**	−0.560*	−0.286	−0.733*
	（−2.35）	（−1.73）	（−0.97）	（−1.97）
Control	控制	控制	控制	控制
年度效应	控制	控制	控制	控制
行业效应	控制	控制	控制	控制
R^2_a	0.065	0.093	0.086	0.103
F	11.923	7.451	8.925	12.457
N	11362	3757	1878	1879

注：①***、**和*分别表示在1%、5%和10%水平上显著；②Control 指回归模型中的控制变量，年度效应、行业效应指回归模型中控制了年度、行业固定效应；③财务柔性状态主要是现金柔性状态。

5.4.2　内生性问题

本章在回归分析前先通过 Hausman 检验发现采用固定效应适合，因此模型（5-1）、模型（5-2）和模型（5-3）都采用面板固定效应，能够控制境外上市、上市年限、所在行业、公司注册地等不随时间而改变的因素对本章结果的影响。在模型中加入控制变量，回归结果是稳健的。对于处于财务柔性状态的衡量方式展开分组研究，并采用"财务柔性储备"的量化指标和财务柔性的"持续时间"衡量处于财务柔性状态的公司和未处于财务柔性状态的公司，并进一步根据"持续时间"的长短将处于财务柔性状态的公司细分为高、低两组来展开分析，研究企业是否处于财务柔性状态对并购规模以及并购绩效的影响和差异，以及管理层决断权是否会受财务柔性状态的影响，回归结果都是稳健的。

5.5　本章小结

本章研究发现我国上市公司是否基于稳健性财务政策而储备财务柔性资源会导致企业每年财务柔性平均水平有显著差异，说明基于稳健性财务政策而储备财务柔性资源注重维持财务柔性状态，不仅考虑当前投资需求，还要充分考虑未来环境不确定性情况下的投资机遇以及避免财务困境等因素，因此财务柔性平均水平较高。具体研究结论包括以下几点：

第一，在探讨财务柔性对并购的影响中发现，不论企业是否处于财务柔性状态，现金柔性能够在一定程度上降低最终支付的总并购金额，现金柔性越高，并购总支出越低，所以现金柔性负向影响并购支出。而并购规模与现金柔性的系数的绝对值大于并购绩效与现金柔性的相关系数的绝对值，可见并购规模与现金柔性的相关性更大。

第二，企业财务柔性状态会影响到管理层决断权对于并购的影响，财务柔性状态组的管理层决断权与并购规模的影响显著小于非财务柔性状态组，财务柔性状态组上市公司其管理层决断权对并购规模及并购绩效的影响的确会受到财务柔性状态的抑制，可见财务柔性状态会相应牵制管理层决断权对于并购的影响，管理层在权衡储备财务柔性资源对于未来投资机遇的把握和财务资源冗余带来的机会成本以及资源壁垒过程中，会偏向于重视储备财务柔性资源。正是因为处于财务柔性状态，企业会储备财务柔性资源使企业拥有较高水平的财务柔性，且持续保持财务柔性状态，所以财务柔性政策更为稳健。因此，稳健的财务柔性政策对于管理层决断权与并购规模以及并购绩效之间的关系能起到一定的缓冲作用。

第三，财务柔性状态程度高组的上市公司的现金柔性与并购规模的相关性大于财务柔性状态程度低组。因此，企业"处于财务柔性状态"程度的高低也会导致财务柔性对并购规模影响程度的不同。处于财务柔性状态程度高的公司，注重储备财务柔性资源，这种保持财务柔性状态的政策有利于优化内部资源，提高内外部资源整合效率，从而正向促进并购绩效的提高，且对并购绩效提高的影响程度大于非财务柔性状态公司。财务柔性状态公司的现金柔性会抑制管理层决断权和并购绩效的影响；财务柔性状态维持程度越高，财务柔性状态对于管理层决断权对并购规模以及并购绩效之间的缓冲作用越显著。

本章研究结论理论上为财务柔性（储备）对企业并购的影响提供了实证检

验证据，丰富了财务柔性的经济后果研究。保持财务柔性是企业整合资源的实用而又有效的手段。企业连续跨期储备财务柔性资源并达到财务柔性状态，就意味着企业的财务柔性政策兼顾预防和利用的双重属性，而这种双重属性能够帮助企业控制并购规模并提高并购绩效。研究结果显示财务柔性状态能更好地提高并购绩效、控制并购规模，这在一定程度上反映了兼顾预防属性和利用属性比只注重利用属性能够更多地为企业节省并购支出、提高并购绩效。因此，企业在实践中，针对外部并购决策，财务柔性状态公司更有优势，企业有外部投资决策计划时，应该重视财务柔性资源的跨期储备以达到财务柔性状态，并且财务柔性状态持续的时间越长，对于并购规模的控制以及并购绩效提高的程度越大，所以，企业不仅要达到财务柔性状态而且要尽可能持续保持财务柔性状态来应对外部并购投资，此外，对内外部环境变化进行合理分析，以便提高并购效率、扩大市场份额、提升企业竞争力，进而最大化股东财富。

第6章　财务柔性状态对投资效率的影响研究

公司如何选择融资方式会影响到公司的投资决策，而不同的融资方式以及由此形成的不同资本结构也会使公司的投资效率产生差异。作为企业的内部资源，财务柔性属于企业的内源融资能力，不仅直接影响投资决策，还会通过与外部资源的整合进一步影响投资效率。国内外不少学者针对财务柔性对投资效率的影响展开过研究，但是较少有学者从财务柔性的"跨期"性出发研究财务柔性及储备对投资效率的影响。企业拥有财务柔性储备代表企业长期维持财务柔性状态，以及较稳健的财务柔性政策，那么这类企业的财务柔性是否有助于提高投资有效性值得探究。因此，本章主要研究财务柔性及储备对非效率投资的影响。

6.1　理论分析与研究假设

国内外学者对于财务柔性与投资效率的关系研究，多从财务柔性对过度投资以及投资不足的影响出发，研究结论主要分为两类，第一类从财务柔性对于不确定性的合理利用角度来看，财务柔性作为内源资金能够缓解企业的投资不足情况，文献回顾如下：Bourgeois（1981）开创性地指出资源冗余是一种过量且能被管理者随意使用的资源，存在一些冗余资源对企业来说是正常的；但资源冗余过多，则反映企业对资源的利用效率不高。财务冗余和财务柔性虽然是不同概念，但是也有相通之处，都是应对环境不确定性的产物。财务冗余是被动应对环境不确定性的消极产物；财务柔性则是主动应对环境不确定性的积极产物。Oded（2020）的研究表明高财务柔性企业可以直接调用现金并将剩余举债能力转为可利用资金，财务柔性越高，公司追逐投资机会的能力越强，越有利于减少投资不足，增加企业价值。而田昊昊和叶霖（2015）通过研究融资约束对财务柔性和投资效率的中介效应，也得到类似结果，因为内源融资能力强可帮助解决融资约束。第二类是以 Richardson 为代表的学者，从自由现金流角度研究财务柔性与投资之间的关系。企业的财务柔性水平高到一定程度时，虽然能缓解投资不足情况，但也可能造成过度投资，1988~2002 年美国的非金融类上市公司平均有 20% 的自由现金流被用于过度投资（Richardson，2006）。而我国上市公司也存在自由现金流和过度投资行为的显著关系（杨华军、胡奕明，2007）。张翼和李辰（2005）研究发现我国上市公司自由现金流与投资效率显著相关，验证了自由现金流量会引发过度投资的问题。Modigliani 和 Miller（1963）较早指出了负债融资柔性区别于现金柔性的关键在于企业未来而非通过举借债务或发行债券能立刻筹集所需资金的能力，是"可观的尚未使用的借款能力"。高杠杆公司的管理层对经营、财务和投资政策的选择，降低了管理层对商业环境变化的应变能力（Diamond and He，2014）。Almeida 等（2010）、Almeida 等（2011）、曾爱民等（2013）、董理和茅宁（2013）也都通过研究发现现金柔性是企业储备的内部资金，而剩余负债并不是公司发展中的内部资金，而是企业获取外源资金的融资柔性，两者性质不同，强调了债务柔性的潜在属性。

因此，财务柔性状态的保持意味着财务政策的稳健性。对债务柔性没有绝对的把握时，现金柔性才是企业获取财务柔性最重要的途径。因此，相比于没有处于财务柔性状态的公司，财务柔性状态的保持能够给企业外部提供良好的财务环境信号，更容易成功释放剩余负债而将潜在柔性转为企业所需资金，增强企业对债务柔性的把握度，所以企业维持财务柔性状态能够促进债务柔性对投资不足的影响程度。财务柔性状态代表企业兼顾"预防"和"利用"属性，更重视财务柔性对企业未来较长时期发展的需要，因此从财务柔性对非效率投资的影响这个层面来说，财务柔性状态能降低财务柔性与非效率投资的关系，由此推出假设 6-1。

假设 6-1：达到财务柔性状态后，财务柔性与非效率投资的相关关系会降低。

假设 6-1-1：财务柔性状态的程度不同会进一步影响财务柔性与非效率投资的相关关系。

Faulkender 和 Petersen（2006）发现现金的边际价值在融资约束高的公司比在融资约束低的公司更大，这个效应在有较强的成长性决策的公司中更加明显。Ferrando 等（2017）发现通过保守的财务政策获得财务柔性对于私营的、中小规模的、较为年轻的企业来说更为重要，对于那些信贷能力较差、投资者保护力度较弱的公司也更为重要。闫书静和赵娟（2017）通过研究发现财务柔性对于公司的成长性的影响以经营业绩为前提，业绩差的企业比业绩好的企业更需要储备债务柔性、降低财务杠杆，业绩好的企业适当降低债务柔性储备、增加杠杆能够对企业成长起到积极的促进作用。Gamba 和 Triantis（2008）认为利用行动对于成长期企业集中财务资源迅速投资于新机遇而言显得尤为重要。企业的发展归根结底要依靠自身的发展壮大，其中财务状况是重要的内部影响因素（杨丽芳，2014）。可见，作为财务资源的柔性能够帮助成长期企业把握投资机会，避免错失投资项目，尽可能降低投资不足情况发生。成长期企业相比成熟期企业，投资机遇不确定性较强，盈利能力不稳定，对于财务资源充裕的需求度高。但是成长期企业会将财务资源迅速集中投资于新机遇，所以成长期企业财务柔性资源的释放机会比较多，因此不容易储备财务柔性资源，财务柔性资源的储备期也会较短。根据自由现金流假说，处于成熟期的盈利企业因持有大量闲置资金而投资机会较少，代理人（管理层）倾向于滥用现金。而增持现金的市场反应取决于股东对单个企业财务柔性的估值（李玥等，2019）。如果快速成长企业的管理者认识到构建财务柔性、储备财务资源的必要性，那么快速成长企业将更倾向于投资安全性和流动性较好而盈利性较差的项目，从而有助于纠正非效率决策行为（李斐，2020）。

基于稳健性财务政策，一方面处于财务柔性状态的公司会更重视储备财务柔性资源，因此相应地控制投资，尤其是对于成长期公司；另一方面处于财务柔性状态的公司，其财务柔性水平普遍高于其他公司，财务水平高也可能导致企业过度投资，尤其是成长期公司为了迅速发展、占领市场等。因此，有关处于财务柔性状态下财务柔性如何影响企业投资效率，企业所处生命周期阶段下处于财务柔性状态下财务柔性如何影响企业投资效率都值得研究。

由于成熟期企业发展比较稳定，财务政策和投资政策等明确，财务柔性资源对于投资所需资金的补充较成长期企业和衰退期企业更有规律性，成长期企业因为发展较快，投资机遇、资源利用缺乏稳定性，财务柔性的释放较为频繁，所以成长期企业对于财务柔性的敏感性大于成熟期企业。此外，成长期企业发展潜力大、机遇多，易出现过度投资，所以处于财务柔性状态能够帮助成长期公司抑制过度投资；而衰退期企业多面临财务困境，外部融资约束严重，内部财务柔性资源对衰退期企业用来补充投资所需资金的效用应大于成熟期企业。由此推出假设 6-2。

假设 6-2：财务柔性状态可以缓解环境不确定性对非效率投资的影响。

管理层决断权决定了组织结构以及发展规划如何掌握在其高管手中，是由其完全掌握、完全不可控还是介乎其间；在管理层决断权较大的环境下，高管对组织绩效的影响显著；而在管理层决断权较小的环境下，高管的影响微弱（Haleblian and Finkelstein，1993）。较低的管理所有权在实践中更可取，特别是当其他治理机制也可用时，可以帮助有效地减轻代理问题（Fama and Jensen，1983；Zajac and Westphal，1994）。通过研究发现，管理者拥有的股权比例越大，越有可能使用现金来完成企业的支付需求，管理者决断权必会影响财务决策、投资决策的效用（Crutchley et al.，1999；Stulz，1990）。因此，国外学者基本从代理问题出发，研究管理层权力与投资、经营绩效的关系，认为管理层权力过大直接影响了企业决策的复杂性。不同管理层决断权的环境下，董事会能起到的作用实际上是不同的（万良勇、饶静，2013）。管理层在"权衡"使用财务资源时也充分考虑到未来财务资源的需求，管理层不仅影响财务政策，反过来也会受到财务政策的影响（董理、茅宁，2016）。财务柔性政策的持续保持提高了企业的内部资源环境以及外部融资能力，因此会增强管理层对内外部融资环境的信心，进而影响管理层对投资决策的影响，会提高投资支出，进一步加剧过度投资水平。所以，选择储备财务柔性以维持财务柔性状态代表了企业财务柔性政策的稳健性以及财务柔性资源的充裕，会提高管理层进行投资的信心，增加投资支出，进而加剧过度投资水平，由此推出假设 6-3。

假设 6-3：财务柔性状态会加剧管理层决断权对非效率投资的影响。

6.2　研究设计

6.2.1　回归模型设计

本章参考 Richardson（2006）的研究思路，公司的投资可分为正常投资与非预期投资（即非效率投资），并借鉴王彦超（2009）、钟海燕等（2010）、张会丽和陆正飞（2012），本章将维持公司正常资产运营的支出和预期的投资支出水平用如下模型进行估计：

非效率投资模型（6-1）：

$$INV_{i,t} = \alpha_0 + \beta_1 \ln Asset_{i,t-1} + \beta_2 Lev_{i,t-1} + \beta_3 Q_{i,t-1} + \beta_4 Return_{i,t-1} + \beta_5 Age_{i,t-1} + \beta_6 Cash_{i,t-1} + \beta_7 INV_{i,t-1} + \varepsilon_{i,t}$$
$$(6-1)$$

因变量 $INV_{i,t}$ 表示公司 i 第 t 年的实际新增投资支出。自变量中，$Asset_{i,i-1}$ 代表公司 i 第 $t-1$ 年的资产规模；$Lev_{i,t-1}$ 代表公司 i 第 $t-1$ 年的杠杆；$Q_{i,t-1}$ 代表公司 i 第 $t-1$ 年的潜在成长能力；$Return_{i,t-1}$ 代表公司 i 第 $t-1$ 年的市场业绩用 i 公司股票市场超额回报率表示；$Age_{i,t-1}$ 代表公司 i 第 $t-1$ 年的上市年限；$Cash_{i,t-1}$

代表公司 i 第 $t-1$ 年的现金持有水平；$INV_{i, t-1}$ 代表公司 i 第 $t-1$ 年的实际新增投资支出，即公司 i 滞后一期投资水平。回归得到的企业投资水平的估计值，即为企业的正常投资水平。由此得到的残差大小代表企业的非效率投资。

借鉴方红星和金玉娜（2013）有关研究投资效率和财务柔性的模型，设计本章模型。

财务柔性和非效率投资模型（6-2）：

$$UNEINV_{i, t} = \beta_0 + \beta_1 FF_{i, t} + \beta_2 EU_{i, t} + \beta_3 MD_{i, t} + Control_{i, t} + \sum Industry +$$
$$\sum Year \tag{6-2}$$

同时存在现金柔性、债务柔性时财务柔性和非效率投资模型（6-3）：

$$UNEINV_{i, t} = \beta_0 + \beta_1 CF_{i, t} + \beta_2 CF_{i, t} \times LFF_{i, t} + \beta_3 LFF_{i, t} + \beta_4 EU_{i, t} + \beta_5 MD_{i, t} +$$
$$Control_{i, t} + \sum Industry + \sum Year + \varepsilon_{i, t} \tag{6-3}$$

财务柔性状态和非效率投资模型（6-4）：

$$UNEINV_{i, t} = \beta_0 + \beta_1 FF_{i, t} + \beta_2 FF_{i, t} \times FFstatus_{i, t} + \beta_3 FFstatus_{i, t} + \beta_4 EU_{i, t} +$$
$$\beta_5 MD_{i, t} + Control_{i, t} + \sum Industry + \sum Year + \varepsilon_{i, t} \tag{6-4}$$

财务柔性状态对管理层决断权与非效率投资的调节效应模型（6-5）：

$$UNEINV_{i, t} = \beta_0 + \beta_1 FF_{i, t} + \beta_2 MD_{i, t} \times FFstatus_{i, t} + \beta_3 FFstatus_{i, t} + \beta_4 EU_{i, t} +$$
$$\beta_5 MD_{i, t} + Control_{i, t} + \sum Industry + \sum Year + \varepsilon_{i, t} \tag{6-5}$$

6.2.2 主要变量解释

（1）投资效率的衡量

通过非效率投资模型（6-1）回归得到企业投资水平的估计值，作为企业的正常投资水平，由模型（6-1）得到的残差衡量企业的非效率投资。按照残差是否大于 0 进行分组，大于 0 的观测值组定义为过度投资，小于 0 的观测值组定义为投资不足，分别考察财务柔性对过度投资以及投资不足的影响，以及财务柔性状态对两者影响的差异。

（2）财务柔性状态程度的衡量

基于第 3 章划分财务柔性状态的标准，本章根据财务柔性持续时间来划分财务柔性状态的程度，低程度组代表财务柔性持续时间为 3~4 年，中程度组代表财务柔性持续时间为 5~7 年，而高程度组代表财务柔性持续时间为 8~14 年。

表 6-1　变量定义

变量类型	变量名称	变量符号	变量定义
被解释变量	非效率投资	*UNEINV*	由模型（6-1）回归得到的残差大小代表企业的非效率投资
	过度投资	*OVERINV*	由模型（6-1）得到的残差衡量企业的非效率投资。按照残差是否大于 0 进行分组，大于 0 的观测值组定义为过度投资
	投资不足	*UNDERINV*	由模型（6-1）得到的残差衡量企业的非效率投资。按照残差是否大于 0 进行分组，小于 0 的观测值组定义为投资不足
解释变量	现金柔性	*CF*	由第 3 章模型（3-1）得出
	债务柔性	*LFF*	第 3 章模型（3-2）得出剩余负债水平，$LFF = \max$（0，未预期负债）
			债务柔性虚拟变量主要是对剩余负债进行描述性统计后得出其中位数，样本公司剩余负债高于整体中位数时，债务柔性虚拟变量 *LFF* 取值为 1，否则取值为 0
	财务柔性状态	*FFStatus*	虚拟变量，主要是反映企业是否处于财务柔性状态，达到财务柔性状态需要至少连续 3 年保持财务柔性，量化见第 3 章，满足财务柔性状态取 1，否则为 0
	行业调整后变异系数	*EU*	运用过去 5 年销售收入的标准差并经行业调整并剔除销售收入中稳定成长的部分，即每个公司运用过去 5 年的数据，采用普通最小二乘法（OLS）运行如下模型，分别估计过去 5 年的非正常销售收入：$Sale = \varphi_0 + \varphi_1 Year + \varepsilon$
	管理层决断权	*MD*	虚拟变量，用报酬权、运作权与职位权之和来衡量，如果和等于 3，则管理层决断权取值为 1，否则为 0
控制变量	公司规模	*Size*	公司年度总资产取自然对数
	代理成本	*GLFL*	当期管理费用除以主营业务收入
	盈利能力	*Growth*	当期净利润与上期利润之差除以上期净利润
	大股东占款比例	*ORT*	（其他应收款-其他应付款）/期末总资产的账面价值
	国有股比重	*StaSR*	国有持股数除以总股数
	独立董事比重	*INDER*	独立董事占董事会总成员比例
	现金冗余度	*CRduncy*	公司期末现金余额与资本支出金额的比值衡量现金冗余水平，求其中位数，现金冗余水平高于中位数的现金冗余度取值为 1，否则取值为 0
	年度虚拟变量	*Year*	控制年度固定效应
	行业虚拟变量	*Industry*	控制行业固定效应

6.2.3　样本选择和数据来源

本章对初始样本进行了如下的筛选：①剔除了金融保险行业的样本；②剔除了 PT、ST 公司的样本；③剔除了主要变量数据存在缺失的样本，最终得到 13629 个样本。为了解决极端值对回归结果的影响，通过 1% 的 Winsorize 处理了主要的连续变量，表 6-2 列示了样本筛选的具体过程和结果。

表 6-2　样本选择

初始样本	27027
减：金融保险类公司样本	（597）
减：PT、ST 公司	（1638）
减：数据缺失的样本	（11163）
最终样本	13629

6.3　实证结果分析

6.3.1　描述性统计

表 6-3 列示了样本的主要变量的描述性统计结果。其中，现金柔性均值为 0.067；债务柔性的均值为 0.098，大于现金柔性的均值；现金柔性储备均值只为 0.712，超过现金柔性均值的 10 倍，所选样本中拥有连续 3 年正的现金柔性的样本为 6651，占全体样本的 48.80%；债务柔性储备均值为 0.332，小于现金柔性储备均值水平，相当于整体的债务柔性均值的 3.39 倍，所选样本中拥有连续 3 年正的债务柔性的样本为 4474，占全体样本的 32.83%；非效率投资均值为 0.123，最小值为 -2.584，最大值为 0.731，投资不足水平最高为 2.584，过度投资最高水平为 0.731，中位数为 0.168，可见大部分样本公司存在投资不足的情况，标准差为 0.469，说明样本公司非效率投资水平差异化较大；环境不确定性的均值为 1.214，标准差为 5.921，差异化较大；样本公司盈利能力的均值为 0.203；大股东占款比例均值为 0.026；国有股比重均值为 0.143，最小值为 0，最大值为 0.862；现金冗余度均值为 0.747，差异化较大。

表 6-3　变量描述性统计

变量	样本量	均值	标准差	最小值	中位数	最大值
CF	13629	0.067	0.909	−2.805	0.137	1.922
LFF	13629	0.098	0.131	0	0.049	0.634
FF	13629	0.165	0.905	−2.648	0.230	1.922
CFRS	6651	0.712	1.189	0	0	4.786
LFRS	4474	0.332	0.251	0	0.292	1.105
UNEINV	13629	0.123	0.469	−2.584	0.168	0.731
EU	13629	1.214	5.921	0	0.425	12.78
MD	13629	0.132	0.338	0	0	1
Size	13629	21.53	1.121	19.15	21.40	25.67
Lev	13629	0.466	0.221	0.0480	0.473	1.097
Growth	13629	0.203	0.459	−0.685	0.140	2.954
GLFL	13629	0.100	0.100	0.009	0.074	0.737
ORT	13629	0.026	0.046	0	0.011	0.322
INDER	13629	0	0	0	0	0.002
StaSR	13629	0.143	0.211	0	0	0.862
CRduncy	13629	0.747	23.59	−141.2	0.700	131.7

　　将样本按照是否处于财务柔性状态划分为两组，表 6-4 列示了主要变量的均值情况。由表 6-4 可知，处于财务柔性状态下，投资不足的均值水平相比未处于财务柔性状态公司更大，且过度投资水平相比之下也更大；未处于财务柔性状态的样本公司，过度投资的现金柔性均值为正，而投资不足的现金柔性均值为负，而财务柔性状态组的现金柔性水平情况和非财务柔性状态组一致；对于债务柔性水平，不论是否处于财务柔性状态，过度投资组的债务柔性水平都高于投资不足组。根据表 6-4 可预测财务柔性状态相比非财务柔性状态更能加剧非效率投资水平，这个预测与假设 6-1 不一致，因此需要进一步通过模型（6-3）进行研究。

表 6-4　主要变量分组列示

变量	非财务柔性状态		财务柔性状态	
	投资不足组	过度投资组	投资不足组	过度投资组
UNEINV	0.334	0.306	0.432	0.314
CF	−0.299	0.223	−0.241	0.182

续表

变量	非财务柔性状态		财务柔性状态	
	投资不足组	过度投资组	投资不足组	过度投资组
LFF	0.051	0.087	0.009	0.062
EU	1.993	0.771	1.672	1.050
MD	0.013	0.185	0.032	0.167

6.3.2　相关性分析

表 6-5 列示了变量之间的相关系数。其中，非效率投资与现金柔性的相关系数为 0.2696（0.1804），说明两者相关程度比较高；非效率投资与债务柔性的相关系数为-0.0665（0.1848），说明非效率投资随着债务柔性的变化程度较现金柔性略低，相关关系不确定；非效率投资与整体财务柔性水平的相关系数为 0.2600（0.1907），两者正相关且显著（p<0.1）；非效率投资与现金柔性储备的相关系数为 0.1581（0.1672），其与债务柔性储备的相关系数为-0.2451（-0.2248），两者关系与非效率投资和债务柔性之间的关系类同。非效率投资和其他变量之间的相关关系基本显著，例如以 Pearson 系数为例，非效率投资与环境不确定性的相关系数为-0.0886（p<0.1），说明环境不确定性程度高在一定程度上能抑制企业非效率投资的发生；非效率投资与管理层决断权的相关系数为 0.2251（p<0.1），相关系数较高，这符合常理，说明管理层决断权越大，越可能导致企业进行非效率投资，相应控制管理层权力可以提高投资效率。表 6-5 中有些变量的 Pearson 相关系数和 Spearman 相关系数的符号不一致，究其原因应该是对于非效率投资来说，其本身包含了两个方面即过度投资和投资不足，因此单纯考察非效率投资和其他变量的关系并不严谨，应该深入地从过度投资和投资不足分别考察两者与相关变量之间的关系。因此，在本章后续回归中，会具体从非效率投资的两个方面分别研究其与财务柔性的关系。

6.3.3　回归结果分析

（1）财务柔性状态对非效率投资的影响

表 6-6 按照是否处于财务柔性状态将样本划分为两组，其中列（1）和列（3）是非财务柔性状态，列（2）和列（4）是财务柔性状态，以此分析不同财务柔性状态下，财务柔性对投资效率的影响是否有差异。列（1）和列（2）中现金柔性与过度投资的回归结果都显著正相关，但是处于财务柔性状态的现金柔性（*CF*）的系数为 0.0118，小于非财务柔性状态的 *CF* 的系数 0.0160，说明财

表6-5　变量相关系数

PanelA	UNEINV	CF	LFF	FF	CFRS	LFRS	EU	MD	Size	Lev	Growth	GLFL	ORT	INDER	StaSR	CRduncy
UNEINV	1	0.1804*	0.1848*	0.1907*	0.1672*	-0.2248*	-0.0601*	0.4374*	0.2026*	-0.4808*	0.0521*	0.0369*	0.0909*	-0.1168*	0.1824*	-0.1313*
CF	0.2696*	1	-0.0067	0.9888*	0.7090*	-0.0216	-0.1203*	0.1861*	0.0682*	-0.0649*	0.0389*	-0.0328*	0.0552*	0.0662*	0.0548*	-0.0455*
LFF	-0.0665*	-0.0525*	1	0.1139*	-0.0153	0.3671*	0.0068	0.0029	0.0809*	0.0670*	0.1151	0.0240	-0.0422*	-0.0555*	-0.0569*	-0.1611*
FF	0.2600*	0.9899*	0.0875*	1	0.6957*	0.0275	-0.1152*	0.1809*	0.0769*	-0.0443*	0.0586*	-0.0359*	0.0543*	0.0631*	0.0491*	-0.0645*
CFRS	0.1581*	0.6343*	0.0045	0.6280*	1	-0.0070	-0.1001*	0.1342*	0.0506*	-0.0341*	0.0487*	-0.0472*	0.0393*	0.0537*	0.0357*	-0.0147
LFRS	-0.2451*	-0.0285*	0.4012*	0.0224	-0.0092	1	0.0083	-0.0698*	0.0502*	0.4468*	0.0481*	-0.1057*	0.0834*	0.0702*	-0.0121	-0.0813*
EU	-0.0886*	-0.1406*	0.0497*	-0.1315*	-0.0917*	0.0173	1	-0.0028	-0.5377*	-0.1377*	-0.0960*	0.3785*	0.1246*	0.2126*	-0.0480*	-0.0383*
MD	0.2251*	0.1659*	-0.0683*	0.1565*	0.1115*	-0.0748*	-0.0684*	1	0.1726*	-0.1464*	0.00120	0.0623*	-0.0093	-0.0455*	-0.1017*	-0.0967*
Size	0.0059	-0.0371*	0.0211	-0.0342*	0.0203	0.0217	-0.4143*	0.0940*	1	0.2659*	0.1469*	-0.3899*	-0.1579*	-0.5201*	0.1235*	-0.1043*
Lev	-0.5122*	-0.2990*	0.2611*	-0.2615*	-0.1233*	0.4503*	-0.0143	-0.1743*	0.3048*	1	0.0281	-0.2859*	0.1124*	-0.0408*	0.0827*	-0.0692*
Growth	0.0047	0.0050	0.0595*	0.0135	-0.0138	0.0657*	-0.0590*	0.0464*	0.0792*	0.0230	1	-0.2299*	-0.0897*	0.0534*	-0.0038	0.0557*
GLFL	0.0024	-0.0457*	0.0714*	-0.0358*	-0.0661*	0.0035	0.4530*	0.0367*	-0.3550*	-0.0790*	-0.1799*	1	0.1489*	0.1403*	-0.0649*	-0.0302*
ORT	-0.1950*	-0.141*	0.1544*	-0.1175*	-0.0574*	0.1436*	0.2721*	-0.0706*	-0.1690*	0.2551*	-0.0346*	0.2466*	1	0.0041	-0.0022	-0.0703*
INDER	0.1732*	0.1842*	-0.0664*	0.1755*	0.0564*	0.0207	0.0932*	0.0620*	-0.3878*	-0.2788*	0.1091*	0.1179*	-0.0646*	1	-0.0017	0.0640*
StaSR	-0.1483*	-0.0572*	0.0686*	-0.0479*	0.0277*	-0.0021	-0.0373*	-0.0588*	0.1702*	0.1533*	0.0393*	-0.0797*	0.0333*	-0.1398*	1	0.0160
CRduncy	-0.0456*	-0.0203*	-0.0216*	-0.0223*	-0.0112	-0.0375*	-0.0059	-0.0168*	-0.0497*	-0.0258*	0.0678*	-0.0461*	-0.0138	0.0199*	0.0083	1

注：①*表示在10%的水平显著；②上三角为Spearman 线性相关系数检验结果，下三角为Pearson 线性相关系数检验结果。

务柔性状态下，现金柔性对过度投资的影响程度较小。列（3）和列（4）是现金柔性与投资不足的回归结果，非财务柔性状态下 CF 的系数显著为负，能够降低投资不足，而财务柔性状态下 CF 的系数为负，但不显著，且通过比较系数可知财务柔性状态下，现金柔性对投资不足的影响程度更小。综合分析可知，财务柔性状态下，现金柔性对非效率投资的影响程度都相对较小，从一定层面上证明了假设 6-1。管理层决断权（MD）与非效率投资都正相关，其中与过度投资显著正相关，且 MD 在财务柔性状态组中的系数更大，说明在财务柔性状态下，管理层决断权对过度投资的影响更大，因为财务柔性状态加剧了管理层对财务环境的信心，因此会进一步增加投资，引起过度投资，而管理层决断权与投资不足关系不显著。此外，环境不确定性与过度投资的关系不统一，具体结果如表 6-6 所示。

其他控制变量的主要回归结果，成长性（即盈利能力，Growth）与过度投资正相关，成长速度越快会正向影响过度投资，但只有在非财务柔性状态组显著，说明财务柔性状态能够缓解发展潜力大所引起的过度投资，成长性（Growth）与投资不足负相关，发展机遇多，不容易导致投资不足，但只有在非财务柔性状态组显著，其他控制变量结果与预期基本一致。通过控制变量回归结果可以看出，财务柔性状态组控制变量对非效率投资的影响程度相比较更小，财务柔性状态能缓解控制变量对非效率投资的影响，具体结果如表 6-6 所示。

表 6-6　财务柔性状态对现金柔性与非效率投资关系的影响

	非财务柔性状态（No）	财务柔性状态（Yes）	非财务柔性状态（No）	财务柔性状态（Yes）
	过度投资（1）	过度投资（2）	投资不足（3）	投资不足（4）
截距项	0.1490*	-0.1510**	-1.1790***	-0.7010***
	(1.72)	(-2.02)	(-8.47)	(-3.39)
CF	0.0160***	0.0118***	-0.0080***	-0.0042
	(6.32)	(6.98)	(-2.60)	(-0.81)
MD	0.0215***	0.0306***	0.0281	0.0095
	(4.42)	(8.48)	(1.52)	(0.40)
EU	0.0017	-0.0001	0.0014***	0.0033***
	(1.34)	(-0.17)	(7.16)	(10.01)
Size	0.0110***	0.0291***	0.0662***	0.0380***
	(2.70)	(9.14)	(12.03)	(4.02)

续表

	非财务柔性状态（No）	财务柔性状态（Yes）	非财务柔性状态（No）	财务柔性状态（Yes）
	过度投资（1）	过度投资（2）	投资不足（3）	投资不足（4）
Growth	0.0095***	0.0032	-0.0402***	-0.0049
	(2.98)	(1.46)	(-8.92)	(-0.68)
GLFL	0.171***	0.125***	0.162***	0.209***
	(7.20)	(7.29)	(5.91)	(3.86)
StaSR	0.0332***	0.0156**	-0.0567***	0.0285
	(3.56)	(2.23)	(-3.65)	(1.08)
ORT	0.272***	0.285***	0.384***	0.507***
	(6.26)	(11.05)	(12.94)	(9.66)
INDER	18.23	-60.40***	36.76	166.90***
	(1.19)	(-4.27)	(1.27)	(2.84)
CRduncy	0.0003***	0.0006**	-0.0009***	-0.0017
	(2.65)	(2.52)	(-3.71)	(-1.10)
年度效应	控制	控制	控制	控制
行业效应	控制	控制	控制	控制
R^2_a	0.337	0.327	0.811	0.823
F	42.90	57.63	242.2	154.1
N	6978	3352	6978	3352

注：①***、**和*分别表示在1%、5%和10%水平上显著；②年度效应、行业效应指回归模型中控制了年度、行业固定效应；③财务柔性状态主要针对现金柔性状态。

表6-7按照是否处于财务柔性状态将样本划分为两组，其中列（1）和列（3）是非财务柔性状态，列（2）和列（4）是财务柔性状态，主要分析不同财务柔性状态下，债务柔性对投资效率的影响是否有差异。列（1）和列（2）中，债务柔性（LFF）和过度投资（OVERINV）都显著正相关，但是处于财务柔性状态时债务柔性的系数为0.285，大于非财务柔性状态组的系数0.209，这和表6-6的结果相反，说明财务柔性状态下，现金柔性与债务柔性对过度投资的影响程度不同，财务柔性状态会减弱现金柔性对过度投资的影响，但反而会增加债务柔性对过度投资的影响，这主要是因为现金柔性和债务柔性的性质不同，财务柔性状态能提高债务柔性由潜在柔性转为可实现柔性，因此反而会提高债务柔性对过度投资的影响，可以推测现金柔性和债务柔性对于资源整合效率的影响不同。

列（3）和列（4）是债务柔性与投资不足的回归结果，非财务柔性状态下债务柔性（*LFF*）的系数显著为负，而财务柔性状态下债务柔性（*LFF*）的系数绝对值更大，可见虽然在财务柔性状态下债务柔性对投资不足的抑制作用更大，抑制投资不足在一定程度上反映出了非效率投资，所以从财务柔性状态会抑制债务柔性对投资不足的影响来看，财务柔性状态也能缓解债务柔性与非效率投资的影响，这与假设 6-1 一致。综合分析可知，财务柔性状态是否能够缓解财务柔性对投资效率的影响，必须要区分现金柔性和债务柔性，两者特征不同，财务柔性状态能够缓解现金柔性对非效率投资的影响，但是对于债务柔性和非效率投资的关系的影响较为复杂，需要考虑更多因素，规律并不明晰。

　　管理层决断权（*MD*）与非效率投资都正相关，其中 *MD* 与过度投资显著正相关，且 *MD* 在财务柔性状态组中的系数更大，说明在财务柔性状态下，管理层决断权对过度投资的影响更大，因为财务柔性状态加剧了管理层对财务环境的信心，因此会进一步增加投资，引起过度投资，而财务柔性状态下管理层决断权与投资不足的相关性不显著，这和表 6-6 的结果基本一致。而环境不确定性（*EU*）与过度投资的关系正相关，在非财务柔性状态下，两者显著正相关（p<0.1），可见环境不确定性程度高，过度投资水平越高，但在财务柔性状态下，列（2）中 *EU* 系数为正，但不显著；对于投资不足的检验，非财务柔性状态下列（3）中 *EU* 的系数小于财务柔性状态下列（4）中 *EU* 的系数，财务柔性状态不能够缓解环境不确定性对投资不足的影响，这与假设 6-2 一致。具体结果如表 6-7 所示。

表 6-7　是否处于财务柔性状态对债务柔性与非效率投资关系的影响

	非财务柔性状态（No）	财务柔性状态（Yes）	非财务柔性状态（No）	财务柔性状态（Yes）
	过度投资（1）	过度投资（2）	投资不足（3）	投资不足（4）
截距项	0.0143	-0.124*	-1.287***	-0.944***
	(0.18)	(-1.94)	(-9.00)	(-4.45)
LFF	0.209***	0.285***	-0.239***	-0.281***
	(22.67)	(43.66)	(17.73)	(12.03)
MD	0.0218***	0.0274***	0.0323*	0.0182
	(4.83)	(8.78)	(1.67)	(0.72)
EU	0.00216*	0.000297	0.00148***	0.0019***
	(1.84)	(1.11)	(7.21)	(8.63)

	非财务柔性状态（No）	财务柔性状态（Yes）	非财务柔性状态（No）	财务柔性状态（Yes）
	过度投资（1）	过度投资（2）	投资不足（3）	投资不足（4）
Control	控制	控制	控制	控制
年度效应	控制	控制	控制	控制
行业效应	控制	控制	控制	控制
R^2_a	0.433	0.495	0.803	0.806
F	57.50	101.3	232.6	140.4
N	6978	3299	6978	3299

注：①***、**和*分别表示在1%和10%水平上显著；②Control 表示控制变量已控制，年度效应、行业效应指回归模型中控制了年度、行业固定效应；③财务柔性状态主要针对债务柔性状态。

（2）财务柔性状态的调节效应

表6-8分析了财务柔性状态对管理层决断权和环境不确定性的调节效应。在过度投资组的回归结果 Panel A 中，列（1）和列（2）检验财务柔性状态对管理层决断权（MD）与过度投资（OVERINV）之间的调节效应，列（3）和列（4）检验财务柔性状态对环境不确定性（EU）与过度投资（OVERINV）之间的调节效应。其中，管理层决断权（MD）的系数都显著为正，而交乘项 MD×FFStatus 系数也都显著为正，财务柔性状态与管理层决断权有协同效应，财务柔性状态会协同影响过度投资尤其是在企业存在债务柔性资源的情况下，企业的财务柔性状态能够向市场提供良好信号，增强债务柔性转换为可实现柔性的能力，管理层为了保持财务柔性状态，会选择释放债务柔性而继续保持现金柔性的方式，这样既能够补充投资需要并加剧过度投资，也做到了财务柔性的继续保持。但是列（3）和列（4）交乘项 EU×FFStatus 系数都显著为负（p<0.05），财务柔性状态能够抑制环境不确定性对过度投资的正向影响，说明财务柔性状态能够降低环境不确定性对过度投资的影响，具体结果如表6-8 Panel A 所示。

表6-8 Panel B 是投资不足组的回归结果，列（1）和列（2）中管理层决断权（MD）的系数都显著为正，而交乘项 MD×FFStatus 系数都显著为负（p<0.01），说明财务柔性状态会抑制管理层决断权对投资不足的影响，因为财务柔性状态反映企业有储备财务柔性，财务政策稳健，所以会增强管理层的信心，进而缓解投资不足，而且在列（2）中交乘项 MD×FFStatus 系数的绝对值大于列（1）中的，所以在考虑债务柔性与投资不足的关系时，财务柔性状态对管理层决断权的抑制作用更强。列（3）中环境不确定性（EU）的系数为负，列（4）

中 *EU* 的系数为正，且两者都不显著，而交乘项系数 *EU×FFStatus* 的系数都显著为正（p<0.01），从一定程度上说明财务柔性（现金柔性）状态能够抑制环境不确定性对投资不足的影响，即缓解环境不确定性对投资效率的负面影响，但通过债务柔性达到的财务柔性状态对环境不确定性和投资不足之间的影响无显著规律。具体结果如表 6-8 Panel B 所示。

表 6-8　财务柔性状态的调节效应

Panel A 过度投资组

	OVERINV (1)	OVERINV (2)	OVERINV (3)	OVERINV (4)
截距项	-0.0522 (-0.94)	-0.1020** (-2.10)	-0.0545 (-0.98)	-0.1050** (-2.15)
CF	0.0118*** (8.51)		0.0119*** (8.55)	
LFF		0.2480*** (47.57)		0.2480*** (47.56)
MD	0.0184*** (3.59)	0.0183*** (4.00)	0.0288*** (9.98)	0.0283*** (11.00)
MD×FFStatus	0.0148** (2.50)	0.0142*** (2.68)		
EU	-0.00014 (-0.47)	0.00025 (1.01)	0.00314** (2.26)	0.00306** (2.47)
EU×FFStatus			-0.00344** (-2.43)	-0.00292** (-2.32)
FFStatus	0.0061 (0.69)	0.0169** (2.17)	0.0127* (1.86)	0.0229*** (2.95)
Control	控制	控制	控制	控制
年度效应	控制	控制	控制	控制
行业效应	控制	控制	控制	控制
R^2_a	0.318	0.458	0.318	0.458
F	81.71	129.30	81.70	129.20
N	13629	13629	13629	13629

Pannel B 投资不足组

	UNDERINV (1)	UNDERINV (2)	UNDERINV (3)	UNDERINV (4)
截距项	−1.166*** (−8.35)	−1.291*** (−9.00)	−1.145*** (−8.30)	−1.274*** (−8.98)
CF	−0.00802*** (−2.62)		−0.00644** (−2.13)	
LFF		0.2390*** (17.70)		0.2380*** (17.82)
MD	0.0681** (2.46)	0.0739** (2.55)	0.0267 (1.46)	0.0308 (1.61)
MD×FFStatus	−0.0719* (−1.94)	−0.0751* (−1.94)		
EU	0.00141*** (7.16)	0.00148*** (7.23)	−0.0000313 (−0.12)	0.0000324 (0.12)
EU×FFStatus			0.00349*** (8.91)	0.00351*** (8.61)
FFStatus	−0.0287 (−1.31)	0.0029 (0.12)	−0.0348 (−1.60)	−0.0042 (−0.18)
Control	控制	控制	控制	控制
年度效应	控制	控制	控制	控制
行业效应	控制	控制	控制	控制
R^2_a	0.811	0.803	0.816	0.807
F	236.20	226.70	243.00	232.80
N	6651	6651	6651	6651

注：①***、**和*分别表示在1%、5%和10%水平上显著；②Control 表示控制变量已控制，年度效应、行业效应指回归模型中控制了年度、行业固定效应。

6.4 稳健性检验

本章模型中主要用行业调整后变异系数（EU）来表示环境不确定性，而在本节稳健性检验中使用赫芬达尔—赫希曼指数（*HHI*）来衡量环境不确定性[①]，检验模型依据模型（6-2）和模型（6-4），具体结果如下：分别研究非效率投资与财务柔性、管理层决断权以及环境不确定性的关系，回归结果与变异系数衡量的环境不确定性结果基本一致，具体情况如表 6-9 所示。

表 6-9　财务柔性状态对过度投资与现金（债务）柔性的调节效应

	OVEREINV 投资过度 （1）	*OVEREINV* 投资过度 （2）
截距项	−0.0164 （−0.31）	−0.0743 （−1.61）
CF	0.0124*** （9.44）	
LFF		0.247*** （49.87）
FFState	0.0103 （1.24）	0.0206*** （2.77）
MD	0.0290*** （10.56）	0.0282*** （11.53）
HHI	−0.0190*** （−3.20）	−0.00921* （−1.74）
Control	控制	控制
年度效应	控制	控制
行业效应	控制	控制
R^2_a	0.337	0.472
F	93.76	146.6
N	6651	6651

注：①***和*分别表示在1%和10%的水平上显著；②Control 表示控制变量已控制，年度效应、行业效应指回归模型中控制了年度、行业固定效应。

---

① 邓康林和刘名旭（2013）的研究方法，用多样化指标赫芬达尔—赫希曼指数（*HHI*）来衡量环境不确定性，*HHI* 指数越小，多元化程度越高，公司所面临环境的复杂性程度也就越高，环境不确定性程度越大。

6.5 进一步研究

6.5.1 财务柔性状态持续时间的描述性统计

将处于财务柔性状态的公司按照样本量均等划分为低、中、高三组，作为财务柔性状态维持程度的划分，并基于此研究财务柔性状态维持程度对非效率投资的影响。其中，低组持续时间为 3~4 年，中组持续时间为 5~7 年，高组持续时间为 8~13 年，财务柔性状态公司中有 2/3 的公司维持时间为 3~7 年。

表 6-12 列示了样本公司三种程度的财务柔性状态下的相关描述性统计情况。财务柔性持续时间低组过度投资均值水平最高，持续时间高组过度投资均值水平最低，可见财务柔性状态持续时间越长，过度投资水平相应会降低；而投资不足的均值水平是中组最低。所以，从表 6-10 可以预测，过度投资水平会随着财务柔性状态的持续而逐渐降低，而投资不足的水平则随着财务柔性状态的持续先下降后上升。

表 6-10 财务柔性持续时间与非效率投资的描述性统计

组别	过度投资		持续时间		投资不足		持续时间	
	均值	中位数	均值	中位数	均值	中位数	均值	中位数
低	0.396	0.396	3.4	3	0.460	1.725	3	3
中	0.305	0.264	5.86	6	0.352	0.114	5.09	5
高	0.203	0.247	10.05	10	0.485	0.176	8.55	8

6.5.2 财务柔性持续时间对非效率投资的影响

财务柔性状态低、中、高三组分别展开回归，其与过度投资的回归结果如表 6-11 所示。表 6-11 Panel A 中随着财务柔性状态时间的持续，现金柔性的系数逐渐减小，且都显著为正，可知持续时间越长，现金柔性对过度投资的正向影响程度越小；从管理层决断权的系数可以看出，持续时间越长，管理层决断权对过度投资的正向影响先增高后降低。表 6-11 Panel B 中，随着财务柔性状态时间的持续，债务柔性对过度投资的影响程度先增大后减小，在持续时间低组（3~4年）影响程度最小；管理层决断权对过度投资的正向影响随着时间的持续而逐渐降低，说明不论释放现金柔性还是债务柔性资源，管理层决断权对过度投资的影响都会随着财务柔性状态的持续而先增高后降低。综合 Panel A 和 Panel B，三组的债务柔性对过度投资的影响程度都大于现金柔性，单从债务柔性出发，应该将维持时间控制在 3~4 年可优化对过度投资的影响。表 6-11 Panel C 考虑了两种柔性同时存在，现金柔性和债务柔性对过度投资的影响程度随着时间的持续先增加后降低，因此应该将财务柔性状态的时间维持在 3~4 年或者 8 年以上，这与 Panel A、Panel B 的结果基本一致，而管理层决断权对过度投资的影响仍然逐年降低。

表 6-11　财务柔性状态持续时间对过度投资的影响

	低	中	高
Panel A	*OVERINV*	*OVERINV*	*OVERINV*
CF	0. 0145 ***	0. 0125 ***	0. 00821 ***
	(4. 00)	(4. 19)	(3. 14)
MD	0. 0361 ***	0. 0425 ***	0. 0173 ***
	(4. 38)	(6. 65)	(3. 23)
Pandl B	*OVERINV*	*OVERINV*	*OVERINV*
LFF	0. 2590 ***	0. 3130 ***	0. 2840 ***
	(17. 80)	(28. 54)	(28. 50)
MD	0. 0339 ***	0. 0310 ***	0. 0154 ***
	(4. 55)	(5. 70)	(3. 36)
Panel C	*OVERINV*	*OVERINV*	*OVERINV*
CF	0. 0045	0. 0064 **	0. 0028
	(1. 11)	(2. 00)	(1. 03)
Panel C	*OVERINV*	*OVERINV*	*OVERINV*
LFF	0. 2510 ***	0. 3100 ***	0. 2790 ***
	(17. 05)	(27. 77)	(27. 85)
CF×LFF	0. 0142	0. 0029	0. 0030
	(1. 43)	(0. 83)	(1. 10)
MD	0. 0335 ***	0. 0299 ***	0. 0146 ***
	(4. 57)	(5. 50)	(3. 19)

注：***和**分别表示在1%和5%水平上显著。

表 6-12 列示了财务柔性和投资不足的回归结果。表 6-12 Panel A 中随着财务柔性状态时间的持续，现金柔性的系数只有在低、高组中为负，会抑制投资不足，且在高组中显著为负，可见财务柔性状态持续时间越长越有利于优化投资不足水平，而从管理层决断权的系数可以看出没有显著规律。表 6-12 Panel B 中随着财务柔性状态时间的持续，债务柔性对投资不足的影响程度逐渐减小，在持续时间低组（3~4 年）影响程度最大，从债务柔性资源角度看，应尽可能将财务柔性状态持续时间维持在 3~4 年，能够最大程度抑制投资不足；管理层决断权对投资不足的负向影响随着时间的持续而逐渐降低，但是在高组中，管理层决断权对投资不足的抑制显著，其他两组不显著。Panel A 和 Panel B 对比可知，三组债务柔性投资不足的影响程度都大于现金柔性，如果兼顾现金柔性和债务柔性的规律，企业最好尽可能将财务柔性持续时间维持在 3~4 年。表 6-12 Panel C 考虑了两种柔性同时存在，现金柔性和债务柔性对投资不足的影响程度随着时间的持续不断降低，而且现金柔性与债务柔性只有在低组中才有协同效应，而管理层决断权没有显著规律，因此应该将财务柔性状态的时间维持在低组，即 3~4 年，这与 Panel A、Panel B 的结果基本一致，可见财务柔性持续的时间保持在 3~4 年能够有助于改善投资不足。

表 6-12　财务柔性状态持续时间对投资不足的影响

	低	中	高
Panel A	*UNDERINV*	*UNDERINV*	*UNDERINV*
CF	−0.0130	0.0110	−0.0113*
	(−1.32)	(1.15)	(−1.91)
MD	−0.0722	−0.112**	−0.0158
	(−0.66)	(−2.03)	(−0.91)
Pandl B	*UNDERINV*	*UNDERINV*	*UNDERINV*
LFF	−0.386***	−0.323***	−0.0657**
	(−7.96)	(−7.81)	(−2.03)
MD	−0.116	−0.0607	−0.0589**
	(−0.87)	(−1.18)	(−2.58)
Panel C	*UNDERINV*	*UNDERINV*	*UNDERINV*
CF	−0.0411***	−0.0216**	0.0129**
	(−2.64)	(−2.05)	(2.04)
LFF	−0.262***	−0.307***	−0.171***
	(−5.16)	(−7.28)	(−6.95)

续表

Panel C	低	中	高
	UNDERINV	*UNDERINV*	*UNDERINV*
CF×LFF	−0.0405 ***	0.0243 *	0.0150 *
	(−2.68)	(1.92)	(1.91)
MD	−0.150	−0.0490	−0.0134
	(−1.41)	(−0.95)	(−0.82)

注：＊＊＊、＊＊和＊分别表示在1%、5%和10%水平上显著。

6.6 本章小结

针对财务柔性状态对于非效率投资的影响，主要结论如下：

第一，财务柔性状态只缓解了现金柔性与非效率投资的关系，却加剧了债务柔性与非效率投资的关系，因为财务柔性状态虽然注重跨期储备财务柔性资源，不会完全释放财务柔性，相应地控制了企业投资决策所能利用的内部资源，但是财务柔性状态提高了债务柔性转换为可实现柔性的能力，企业会选择更多地释放债务柔性而储备现金柔性来达到并维持财务柔性状态。可见，上市公司主要选择更多地释放债务柔性而储备现金柔性来达到并维持财务柔性状态。

第二，财务柔性状态与管理层决断权有协同效应，会协同影响过度投资，因为财务柔性状态会给管理层传递良好信号，因此会增加管理层进行投资的信心，尤其是在企业存在债务柔性资源的情况下，企业的财务柔性状态能够提高内外部融资环境，进而增强债务柔性转换为可实现柔性的能力，管理层为了保持财务柔性状态，会选择释放债务柔性而继续保持现金柔性的方式，这样既能够补充投资需要并加剧过度投资，也做到了财务柔性的继续保持。但在非财务柔性状态下，环境不确定性程度高，过度投资水平越高，财务柔性状态并不会加剧环境不确定性对过度投资的影响，此外，财务柔性状态也不能够缓解环境不确定性对投资不足的影响。

第三，鉴于第4章结论，即企业为了更好地通过财务柔性为内部投资决策提供所需资源，只需选择储备现金柔性或者债务柔性一种资源来达到或者维持财务柔性状态即可。而从投资效率角度看，债务柔性的完全释放会加剧过度投资和投资不足，因此企业在实践活动中，应该权衡投资回报与投资效率，进而选择是储备一种财务柔性资源还是两种财务柔性资源都储备来达到或者维持财务柔性状态，实现财务柔性政策的稳健性。

第四，在对投资过度的优化中，如果企业主要是现金柔性，财务柔性状态持续时间越长，对过度投资的正向影响程度越小，越有利于优化过度投资水平；财务柔性状态持续时间越长，管理层决断权对过度投资的正向影响先增高后降低，当财务柔性状态持续时间超过均值水平后，较为稳健的财务政策及内部财务资源配置抑制了管理层对过度投资的影响；如果企业主要是债务柔性，应该将财务柔性状态的维持时间控制在 3~4 年；如果两种柔性同时存在，应该将财务柔性状态的时间维持在 3~4 年或者 8 年以上。在对投资不足的优化中，如果企业主要是现金柔性，财务柔性状态持续时间越长越有利于优化投资不足水平；如果企业主要是债务柔性或者两种柔性同时存在，应尽可能将财务柔性状态持续时间维持在 3~4 年。

第7章 研究结论、政策建议与未来研究方向

7.1 研究结论

本书以 2003~2016 年我国沪深两市 A 股上市公司的并购数据为研究对象，借鉴 Ferrando 等（2017）对于财务柔性的研究方法，研究公司财务柔性状态和非财务柔性状态对投资决策的影响及差异，主要包括：首先，研究财务柔性状态对不同类型的内部投资决策的差异化影响以及不同程度的财务柔性状态是否对内部投资决策的影响存在差异；其次，研究财务柔性状态对外部投资决策的影响，外部投资主要指企业对其他经济实体的并购投资，为了保证并购的实现同时不造成资源冗余甚至是并购过程中的资源壁垒，提高长期整合的过程，是否要维持财务柔性状态，不完全释放财务柔性能让企业长期拥有内部资源优势，兼顾"预防"和"利用"环境不确定性的双重属性，是该部分的重点；最后，研究公司财务柔性状态如何影响到公司的投资效率，财务柔性状态作为内部资源整合的结果，会进一步影响公司的融资方式、资本结构以及对外部资源的整合，会使公司的投资效率产生差异。本书的主要结论包括如下几个方面：

7.1.1 上市公司财务柔性储备水平

（1）财务柔性状态保持情况

本书主要通过财务柔性维持时间来衡量财务柔性状态，由此分析出保持财务柔性状态的公司占样本总数的 41.44%。处于财务柔性状态的上市公司由于储备财务柔性，财务柔性普遍更高，即基于稳健性财务政策而储备财务柔性资源注重维持财务柔性状态，充分考虑未来环境不确定性情况下的投资机遇以及避免财务

困境等因素。从现金柔性储备角度分析有42.88%的样本公司处在财务柔性状态；从债务柔性储备这个角度分析有28.84%的样本公司处在财务柔性状态，债务柔性政策的稳健性相比于现金柔性政策较差。

（2）不同生命周期阶段财务柔性储备情况

不同公司自身发展能力和发展潜力以及所处经营环境的不确定性程度差异较大主要源于所处生命周期阶段不同。各生命周期的阶段性特点会影响公司的财务政策，进而影响财务柔性及财务柔性储备情况。研究表明，不同生命周期阶段的公司，其财务柔性及财务柔性储备水平存在显著性差异：衰退期公司的现金柔性显著低于成熟期和成长期的公司；成长期公司的债务柔性显著高于成熟期和衰退期的公司；成熟期公司相比于成长期公司而言更注重保持财务柔性状态，成熟期企业更重视贯彻稳健性财务政策。此外，衰退期公司的债务柔性储备显著高于成长期和成熟期的公司，其次是成长期的公司，然后是成熟期的公司。

7.1.2 财务柔性状态与内部投资决策

在研究财务柔性状态与内部投资决策的影响时，将维持的财务柔性细分为现金柔性以及债务柔性是合理的。当公司没有达到财务柔性状态时，不具有跨期储备的财务柔性资源，建立的财务柔性会在2期或者1期内完全释放，属于财务柔性政策不稳健的公司，这类公司面对两类内部投资决策，其现金柔性多被释放到无形资产投资方向；当一个公司的连续储备财务柔性资源达到财务柔性状态后，相比于达到财务柔性状态的公司现金柔性对两类内部投资决策的正向影响都有不同程度的降低，其中现金柔性对无形资产的正向影响度下降更多，但财务柔性状态下，就两类内部投资来说，现金柔性与固定资产的正向影响程度大于无形资产。

达到财务柔性状态提高了潜在柔性转换为可实现柔性的能力。非财务柔性状态公司储备财务柔性资源，会偏好释放现金柔性，而不是等待债务柔性由潜在柔性转为可实现柔性，非财务柔性状态下的公司的债务柔性与无形资产投资的正相关性更强；债务柔性的潜在属性使其对于内部投资决策的影响比较间接，现金柔性对投资决策的影响更直接，财务柔性状态虽然提高债务柔性转化为可实现柔性的能力，但是达到财务柔性状态后，样本公司的债务柔性对两类投资决策的影响没有改变。具体结论如下：

（1）现金柔性状态对内部投资决策的影响

当企业没有达到财务（现金）柔性状态时，不具有跨期储备的财务柔性资源，建立的财务柔性会在2期或者1期内完全释放，此时，企业的现金柔性对无形资产的正向影响程度更大；当一个企业通过连续储备财务柔性资源达到财务柔性状态后，相比于企业没达到财务柔性状态时，现金柔性对两类内部投资决策的正向影响都有不同程度的降低，其中对无形资产的正向影响度下降更多，因此，企业虽然为了保持财务政策的稳健性要连续储备财务柔性资源，降低了现金柔性对两类内部投资决策的正向影响，但是相比之下，对固定资产正向影响仍更大。

（2）债务柔性状态对内部投资决策的影响

债务柔性状态对内部投资决策与债务柔性相关关系的影响并不直接，因为两种柔性的性质特征不同，现金柔性是立刻可实现的柔性，而债务柔性是潜在柔性，财务柔性状态主要影响的是潜在柔性转化为可实现柔性的能力，处于财务柔性状态，外部融资能力强，潜在柔性就容易转化为可实现柔性而支撑内部投资决策。未达到财务柔性状态时，企业不连续储备财务柔性资源，财务柔性资源不具有跨期性，债务柔性转化为可实现柔性的能力较低，由于固定资产投资的刚性投资属性，债务柔性与固定资产投资的正相关性低于无形资产投资，企业会选择释放现金柔性，而不是等待其由潜在柔性转为可实现柔性；一个企业达到财务柔性状态后，样本公司的债务柔性对两类投资决策的影响没改变，主要因为债务柔性是潜在柔性，对于内部投资决策的影响比较间接。财务柔性状态虽然提高了债务柔性转化为可实现柔性的能力，但是企业要权衡债务柔性的释放与储备才能维持财务柔性状态，财务柔性状态不会改变债务柔性对两类投资决策的影响。

（3）现金柔性和债务柔性对内部投资决策的协同效应

无论是否处于财务柔性状态，现金柔性和债务柔性同时存在时对两类内部投资都不会产生协同效应，因此企业储备跨期财务柔性资源，无须两类财务柔性都储备。环境不确定性对现金柔性与固定资产投资的关系没有中介效应，而环境不确定性对现金柔性与无形资产投资有完全中介效应，所以现金柔性是否被释放到无形资产投资方向，要充分考虑环境不确定性，而将现金柔性释放到固定资产投资方向，不需要将环境不确定性作为主要因素考虑。固定资产投资比重高的传统行业，可选择储备现金柔性，而无形资产投资较多的高新技术类企业，可选择储备债务柔性。

（4）高新技术类上市公司财务柔性状态与内部投资决策

高新技术类上市公司，财务柔性状态下，现金柔性对无形资产投资决策反而有负向影响；未处于财务柔性状态，不需要考虑储备财务柔性，所以现金柔性会正向影响无形资产投资决策。而对于未处于财务柔性状态的非高新技术类公司，无形资产类投资相对较少，相应地，现金柔性对其的影响显著，可见非财务柔性状态下，非高新技术类公司的无形资产类投资对现金柔性更敏感。对于高新技术类上市公司，无论是否处于债务柔性状态，债务柔性与无形资产投资都显著正相关，相比之下非高新技术类公司更适合通过储备债务柔性来为无形资产投资决策提供所需资金。

（5）非财务柔性状态公司对内部投资决策的影响

非财务柔性状态公司的财务柔性政策没有兼顾预防和利用两个属性，公司不储备财务柔性资源，甚至不会达到财务柔性，因此，债务柔性转化为可实现柔性的能力也较低。对非财务柔性状态的公司的研究进一步表明，其外部融资约束相对更高的无形资产投资对债务柔性的依赖性更高，债务柔性对无形资产的正向影响程度大于财务柔性状态公司，相反，债务柔性与固定资产投资的相关性低于财务柔性状态公司。

7.1.3 财务柔性状态与外部投资决策

（1）财务柔性状态与并购投资

企业在实践中，针对外部并购决策，财务柔性状态公司更有优势，企业有外部投资决策计划时，应该重视财务柔性资源的跨期储备以达到财务柔性状态，并且财务柔性状态持续的时间越长，对于并购规模的控制以及并购绩效提高的程度越大。所以，企业不仅要达到财务柔性状态而且要尽可能持续保持财务柔性状态来应对外部并购投资。此外，企业应对内外部环境变化进行合理分析，以便提高并购效率、扩大市场份额、提升企业竞争力，进而实现股东财富最大化。

（2）现金柔性与并购投资

现金柔性能够在一定程度上降低最终支付的总并购金额，现金柔性越高，并购总支出越低，现金柔性对并购规模的影响程度大于对并购绩效的影响程度。财务柔性状态能够帮助企业更大程度地控制并购规模并更好地提高并购绩效，而稳健的财务柔性政策能够更好地对并购绩效起到促进作用。企业基于稳健性财务政策而储备财务柔性资源并维持财务柔性状态会影响到管理层决断权对于并购的影响，财务柔性状态会相应牵制管理层决断权对于并购的影响，财务柔性状态会在管理层决断权对并购规模以及并购绩效之间的影响能起到一定的缓冲作用。管理层在权衡储备财务柔性资源对于未来投资机遇的把握和财务资源冗余带来的机会成本以及资源壁垒过程中，会偏向于重视储备财务柔性资源对未来投资机遇的贡献。

（3）财务柔性状态程度的高低对并购的影响

用财务柔性维持的时间来反映所处的财务柔性状态的程度，公司财务柔性状态程度的高低会导致财务柔性对并购规模影响程度的不同。财务柔性状态程度高的上市公司的现金柔性与并购规模的相关性大于财务柔性状态程度低的上市公司。财务柔性状态程度高的公司，注重储备财务柔性资源，这种保持财务柔性状态的政策有利于优化内部资源，提高内外部资源整合效率，从而正向促进并购绩效的提高，且对并购绩效提高的影响程度大于非财务柔性状态公司。财务柔性状态公司的现金柔性会抑制管理层决断权和并购绩效的影响，其维持程度越高，财务柔性状态对于管理层决断权对并购规模以及并购绩效之间的缓冲作用越显著。

7.1.4　财务柔性状态与非效率投资

（1）现金柔性状态或债务柔性状态与非效率投资

财务柔性状态只缓解了现金柔性与非效率投资的关系，却加剧了债务柔性和非效率投资的关系，因为财务柔性状态虽然注重跨期储备财务柔性资源，不会完全释放财务柔性，相应地控制了公司投资决策所能利用的内部资源，但是财务柔性状态提高了债务柔性转换为可实现柔性的能力，上市公司主要选择更多地释放债务柔性而储备现金柔性来达到并维持财务柔性状态。

（2）财务柔性状态与管理层决断权的协同效应

财务柔性状态与管理层决断权有协同效应，会协同影响过度投资，因为财务柔性状态会给管理层传递良好信号，因此会增加管理层进行投资的信心，尤其是在公司存在债务柔性资源的情况下，公司的财务柔性状态能够提高内外部融资环境，进而增强债务柔性转换为可实现柔性的能力，管理层为了保持财务柔性状态，会选择释放债务柔性而继续保持现金柔性的方式，这样既能够补充投资需要并加剧过度投资，也做到了财务柔性的继续保持。而财务柔性状态进一步增强上市公司缓解环境不确定性造成的非效率投资。

（3）财务柔性储备方法

上市公司为了更好地通过财务柔性为内部投资决策提供所需资源，只需要选择储备现金柔性或者债务柔性一种资源来达到或者维持财务柔性状态即可，不需要两种柔性都储备，这就意味着在两种柔性都存在时，公司只需要选择完全释放一种财务柔性即可。公司如果选择完全释放债务柔性，储备现金柔性资源，从投资效率角度看，债务柔性的完全释放会加剧过度投资和投资不足，因此公司只需要在实践活动中，首先权衡投资回报与投资效率，进而选择是储备一种财务柔性资源还是两种财务柔性资源都储备来达到或者维持财务柔性状态，实现财务柔性政策的稳健性。

7.2　政　策　建　议

针对是否保持财务柔性状态、财务柔性状态保持的时间以及如何通过稳健的财务柔性政策优化投资效率，本书提出以下几点政策性建议：

（1）兼顾预防属性和利用属性

企业在实践中，尽可能兼顾财务柔性的预防属性和利用属性，重视财务柔性资源的跨期储备以及财务柔性状态的维持。在具体使用财务柔性策略时需要根据内外部环境变化和合理进行分析，尤其是要注意权衡外部行业密集度和企业内部管理层权力对于内部资源的影响程度，考虑将企业内部财务柔性资源用于外部投资决策时，尽可能地保证财务柔性政策的稳健性。

（2）基于投资决策类型及特点储备财务柔性

企业在考虑是否将现金柔性被释放到无形资产投资方向时，要充分考虑环境不确定性，但将现金柔性释放到固定资产投资方向，不需要将环境不确定性作为主要因素考虑。对于固定资产投资比重高的传统行业，可选择储备现金柔性，而对于无形资产投资较多的高新技术类企业，可选择储备债务柔性。此外，储备财务柔性资源达到财务柔性状态能够促进债务柔性转化为可实现柔性。

（3）确定合理而均衡的财务柔性储备方式

企业为了达到并维持财务柔性状态而储备跨期财务柔性资源，无须两类财务柔性都储备，即现金柔性和债务柔性都存在时，选择完全释放一种财务柔性，储备另一种财务柔性。企业如果选择完全释放债务柔性，储备现金柔性资源，从投资效率角度看，债务柔性的完全释放会加剧过度投资和投资不足。在实践活动中，企业应该权衡投资回报与投资效率，进而选择储备一种财务柔性资源还是两种财务柔性资源都储备来达到或者维持财务柔性状态，实现财务柔性政策的稳健性。

（4）评估适当的财务柔性储备时间

在对投资过度的优化中，如果企业主要是现金柔性，应尽可能长期维持财务柔性状态以优化过度投资情况；如果企业主要是债务柔性，应该将财务柔性状态的维持时间控制在3～4年；如果企业同时存在两种柔性，应该将财务柔性状态的时间维持在3～4年或者8年以上。在对投资不足的优化中，如果企业主要是现金柔性，应尽可能长期维持财务柔性状态以优化投资不足情况；如果企业主要是债务柔性，应尽可能将财务柔性状态持续时间维持在3～4年；如果企业两种柔性同时存在，应该将财务柔性状态的时间维持在3～4年。

（5）科学管理"后疫情时代"的财务柔性政策

作为全球性的突发公共卫生事件，新冠肺炎疫情进一步加剧了企业所处外部环境的不确定性，各行各业都不同程度地受到疫情的冲击，尤其是对于现金流依赖性较强的轻资产类服务业。"后疫情时代"，企业应该主动、科学合理地维持企业自身的财务柔性水平，以应对企业自身和外部环境不确定性的冲击。企业要兼顾财务预算、流动资产、企业投资和财务关系，完善财务预算的应急管理工作权限，采取稳健的现金管理方式，选择储备现金柔性或者债务柔性以达到财务柔性状态，尽可能地保持财务柔性状态、延长财务柔性储备时间，加快现金回笼速度，暂缓或延缓现金支出，保证应急流动资产的需求，积极、稳妥地应对新冠肺炎疫情。

（6）突出财务柔性政策在价值链的地位

企业通过财务柔性政策提高在供应链中所处的价值地位，最大限度地利用上下游资金的同时，合理配置自有资金，包括储备和释放自有资金，通过财务柔性战略提高企业竞争力。强化供应链上各企业主体的财务柔性管理，以上下游的商业信贷等方式扩充财务柔性来源，构建基于供应链的财务柔性体系，提供充足的现金流从而提高财务柔性。以供应链为单元，促进供应链上下游企业财务柔性资源的流动和共享，扩充柔性资源的储备空间和利用空间，尤其是现金柔性，构建基于供应链的跨企业的财务柔性系统，从而更好地帮助供应链上所有企业积极地应对环境不确定性的冲击。

（7）以"结构性去杠杆"为目标

根据不同企业的规模、所有权性质、行业及地区金融发展水平、信贷资源差异等多重结构特征来完善债务柔性储备政策，对于技术落后、产能过剩且长期经营亏损的"僵尸企业"应尽可能地释放财务柔性，对于创业板战略性新兴产业、高新技术类企业积极引导其储备财务柔性资源以达到财务柔性状态，适当维持储备期，可以选择只储备现金柔性，而释放债务柔性，既达到了财务柔性状态，又确保杠杆率维持在合理水平。国有上市公司有信贷等优势，其更多选择清偿债务去杠杆，而非国有上市公司则主要利用内部留存收益主动去杠杆，因此国有上市公司可以只储备现金柔性以达到财务柔性状态，而对于非国有上市公司来说，其应兼顾现金柔性和债务柔性，适当地释放债务柔性，尽可能地延长财务柔性储备期。

7.3　未来研究方向

从国内外的研究现状来看，随着财务柔性理论的不断发展以及和相关理论的不断融合，财务柔性的量化指标会不断扩充，财务柔性对战略决策的影响等方面的研究会不断增加。本书认为后续值得深入研究的方向包括以下几个方面：

第一，针对财务柔性的研究，目前主要包括现金柔性、债务柔性和权益柔性，但随着产业结构调整的深化，财务柔性和企业战略管理、行为金融学等不断融合，在注重财务柔性与竞争力整合的同时，应借鉴王化成等（2012）"行业竞争环境—企业战略—广义财务决策—公司价值"的管理理论研究框架，将财务柔性与之更好地结合，扩充财务柔性内涵，进而丰富财务柔性的量化指标。量化指标的扩充可以更加贴近实务操作，考虑能够反映企业流动性的指标，比如其应收账款周转天数的变化，以及存货周转天数，这些指标都变相反映了企业的现金储备逐渐被应收账款消耗掉，针对债务柔性，考察负债柔性需要探讨有息负债占总负债的比例（张长城，2015；Estwick，2016）。这样不仅能够全面考虑企业经营实践过程中的财务柔性资源，也能够通过较为简易和熟悉的指标反映企业的财务柔性，使企业综合了解财务柔性情况，提高财务柔性政策的可操作性。

第二，本书仅研究财务柔性状态对于投资决策的影响，通过与非财务柔性状态公司对比分析来了解财务柔性状态是否比非财务柔性状态对于企业内外部投资决策的支持以及投资效率的优化方面更有优势，并且针对财务柔性状态的持续时间来研究财务柔性状态保持多长时间更为合理，主要通过财务柔性状态来反映财务柔性政策的稳健性。而影响财务柔性政策的稳健性的因素还有很多，仅从财务柔性状态这一个层面反映财务柔性政策的稳健性不够充分。此外，财务柔性状态的保持也和管理层的决策偏好有关，可以从管理层学历专业背景、工作经验包括是否有财会、金融背景等角度来分析财务柔性状态的保持，甚至可以从行为金融学角度来研究企业是否选择保持财务柔性状态。

第三，财务柔性状态保持多久对于企业来说更好，需要对不同行业、不同企业进行更有针对性的分析。财务柔性状态持续期间内，企业的财务环境不会一成不变，经济增速换挡及质量型、差异化的市场竞争使企业经营环境日益复杂，内外部资源整合的实际过程、途径也越来越充满不确定性。Williamson 早在 1988 年就注重通过研究企业竞争环境、战略决策对负债水平的影响，尤其是创新性地提出了生产耐用品企业的剩余负债水平较高的观点。因此，在考虑财务柔性状态对投资决策的影响时，结合不同行业、公司的风险评估、内部控制环境、控制活动等影响内部环境不确定性程度的因素或衡量指标，以及战略多元化等因素，综合确定研究对象对于内部投资决策的投资取向以及投资权重，例如对于创新性要求高的高新技术产业，显然无形资产投资多，注重总结这类行业的上市公司稳健的财务柔性政策如何影响无形资产类投资会更有实践指导意义。基于此，可以更有针对性地研究财务柔性状态与非财务柔性状态下财务柔性对内部投资决策的影响，促进理论研究与企业实践的高度结合。

第四，经济新常态下，企业的目标就是顺利由过去 30 多年粗放型的"外延式发展"转向以质量创新为核心的"内涵式发展"，因此需要对中长期结构性技术因素进行优化，而宏观环境必然会引领企业未来发展规划的方向，包括企业的投资、融资决策以及其他的财务管理决策。在具体实证检验过程中，可以借鉴范圣然等（2018）的研究，引入经济新常态的情境变量克强指数（KQI）和 GDP 增长率，进而研究不同宏观经济环境下，企业的财务柔性状态是否能够比非财务柔性状态更好地支持投资决策、优化投资效率，尤其是长期结构性技术因素亟须优化的背景下，以及企业不同程度地加大研发等无形资产投入的情况下，财务柔性政策的稳健性是否在提高研发效率、增加研发成果方面更有优势，这也是本书下一步想要研究的重点问题。

参考文献

［1］ Acharya V V, Almeida H, Campello M. Is Cash Negative Debt? A Hedging Perspective on Corporate Financial Policies ［J］. Journal of Financial Intermediation, 2007, 16 (4): 515-554.

［2］ Aggarwal R K, Samwick A A. Executive Compensation, Strategic Competition, and Relative Performance Evaluation: Theory and Evidence ［J］. The Journal of Finance, 1999, 54 (6): 1999-2043.

［3］ Agrawal A, Jaffe J F, Mandelker G N. The Post-Merger Performance of Acquiring Firms: A Re-Examination of an Anomaly ［J］. The Journal of Finance, 1992, 47 (4): 1605-1621.

［4］ AICPA. Disclosure of Certain Significant Risks and Uncertainties and Financial Flexibility ［M］. New York: American Institute of Certified Public Accountants, 1993: 1-64.

［5］ Aivazian V A, Ge Y, Qiu J. The Impact of Leverage on Firm Investment: Canadian Evidence ［J］. Journal of Corporate Finance, 2005, 11 (1-2): 277-291.

［6］ Akerlof G A, Milbourne R D. The Short Run Demand for Money ［J］. The Economic Journal, 1980 (90): 885-900.

［7］ Alchian A A, Woodward S. Reflections on the Theory of the Firm ［J］. Journal of Institutional and Theoretical Economics, 1987, 143 (1): 110-136.

［8］ Almeida H, Campello M, Weisbach M S. Corporate Financial and Investment Policies when Future Financing is not Frictionless ［J］. Journal of Corporate Finance, 2011, 17 (3): 675-693.

［9］ Almeida H, Campello M, Weisbach M S. The Cash Flow Sensitivity of Cash ［J］. The Journal of Finance, 2004, 59 (4): 1777-1804.

［10］ Almeida H V, Wolfenzon D. A Theory of Pyramidal Ownership and Family Business Groups ［J］. The Journal of Finance, 2006, 61 (6): 2637-2680.

[11] Almeida H, Campello M, Galvao A F. Measurement Errors in Investment Equations [R] . Cambridge: National Bureau of Economic Research, 2010.

[12] Almeida H. , Campello M, Laranjeira B A, Weisbenner S J. Corporate Debt Maturity and the Real Effects of the 2007 Credit Crisis [R] . NBER Working Paper, 2007.

[13] Andrade G, Stafford E. Investigating the Economic Role of Mergers [R] . New York: SSRN, 1999.

[14] Antzoulatos A A, Koufopoulos K, Lambrinoudakis C, Tsiritakis E. Supply of Capital and Capital Structure: The Role of Financial Development [J] . Journal of Corporate Finance, 2016 (38): 166-195.

[15] Arregle J L, Naldi L, Nordqvist M, Hitt M A. Internationalization of Family-Controlled Firms: A Study of the Effects of External Involvement in Governance [J] . Entrepreneurship Theory and Practice, 2012, 36 (6): 1115-1143.

[16] Arslan-Ayaydin Ö, Florackis C, Ozkan A. Financial Flexibility, Corporate Investment and Performance: Evidence from Financial Crises [J] . Review of Quantitative Finance and Accounting, 2014 (42): 211-250.

[17] Ashby R. An Introduction to Cybernetics [M] . London: Chapman & Hall Ltd, 1964.

[18] Antoniou A, Guney Y, Paudyal K. Determinants of Corporate Capital Structure: Evidence from European Countries [J] . SSRN Electronic Journal, 2002 (3): 1-31.

[19] Banerjee S, Heshmati A, Wihlborg C. The Dynamics of Capital Structure [R] . SSE/EFI Working Paper Series in Economics and Finance, 1999.

[20] Backman J. Flexibility of Cheese Prices [J] . Journal of Political Economy, 1940, 48 (4): 579-582.

[21] Ball R, Brown P. An Empirical Evaluation of Accounting Income Numbers [J] . Journal of Accounting Research, 1968, 6 (2): 159-178.

[22] Bancel F, Mittoo U R. Financial Flexibility and the Impact of the Global Financial Crisis: Evidence from France [J] . International Journal of Managerial Finance, 2011, 7 (2): 179 -216.

[23] Barney J B. Strategic Management: From Informed Conversation to Academic Discipline [J] . The Academy of Management Executive, 2002, 16 (2): 53-57.

[24] Barney J B. Firm Resources and Sustained Competitive Advantage

[J]. Journal of Management, 1991 (17): 99-120.

[25] Baron R M, Kenny D A. The Moderator-Mediator Variable Distinction in Social Psychological Research: Conceptual, Strategic, and Statistical Considerations [J]. Journal of Personality and Social Psychology, 1986, 51 (6): 1173-1182.

[26] Baskin J. Corporate Liquidity in Games of Monopoly Power [J]. The Review of Economics and Statistics, 1987, 69 (2): 312-319.

[27] Bebchuk L A, Fried J M, Walker D I. Managerial Power and Rent Extraction in the Design of Executive Compensation [J]. The University of Chicago Law Review, 2002, 69 (3): 751-846.

[28] Ben-Rephael A, Oded J, Wohl A. Do Firms Buy their Stock at Bargain Prices? Evidence from Actual Stock Repurchases Disclosures [J]. Review of Finance, 2014, 18 (4): 1299-1340.

[29] Berger P G, Ofek E, Yermack D L. Managerial Entrenchment and Capital Structure Decisions [J]. The Journal of Finance, 1997, 52 (4): 1411-1438.

[30] Berle A A, Means G C. The Modern Corporation and Private Property [M]. New York: Macmillan, 1932.

[31] Bessler W, Drobetz W, Haller R, Meier I. The International Zero-leverage Phenomenon [J]. Journal of Corporate Finance, 2013 (23): 196-221.

[32] Billett M T, King T D, Mauer D C. Growth Opportunities and the Choice of Leverage, Debt Maturity, and Covenants [J]. The Journal of Finance, 2007, 62 (2): 697-730.

[33] Blau B M, Fuller K P. Flexibility and Dividends [J]. Journal of Corporate Finance, 2008, 14 (2): 133-152.

[34] Bolton P, Chen H, Wang N. Market Timing, Investment, and Risk Management [J]. Journal of Financial Economics, 2013, 109 (1): 40-62.

[35] Bonaimé A A, Hankins K W, Harford J. Financial Flexibility, Risk Management, and Payout Choice [J]. The Review of Financial Studies, 2014, 27 (4): 1074-1101.

[36] Bonaimé A A, Hankins K W, Jordan B D. The Cost of Financial Flexibility: Evidence from Share Repurchases [J]. Journal of Corporate Finance, 2016 (38): 345-362.

[37] Bottazzi G, Cefis E, Dosi G. Corporate Growth and Industrial Structures: Some Evidence from the Italian Manufacturing Industry [J]. Industrial and Corporate Change, 2002, 11 (4): 705-723.

［38］Bourgeois L J. On the Measurement of Organizational Slack ［J］. The Academy of Management Review, 1981, 6 (1): 29-39.

［39］Brav A, Graham J R, Harvey C R, Michaely R. Payout Policy in the 21st Century ［J］. Journal of Financial Economics, 2005, 77 (3): 483-527.

［40］Brounen D, Jong A D, Koedijk K. Capital Structure Policies in Europe: Survey Evidence ［J］. Journal of Banking & Finance, 2006, 30 (5): 1409-1442.

［41］Brown J R, Petersen B C. Cash Holdings and R&D Smoothing ［J］. Journal of Corporate Finance, 2011, 17 (3): 694-709.

［42］Brown S J, Warner J B. Using Daily Stock Returns: The Case of Event Studies ［J］. Journal of Financial Economics, 1985, 14 (1): 3-31.

［43］Buiter W H, Miller M. Monetary Policy and International Competitiveness: The Problems of Adjustment ［J］. Oxford Economic Papers, 1981 (33): 143-175.

［44］Bulan L T, Subramanian N. A Closer Look at Dividend Omissions: Payout Policy, Investment and Financial Flexibility ［R］. New York: SSRN, 2008.

［45］Byoun S. Financial Flexibility and Capital Structure Decision ［R］. New York: SSRN, 2011.

［46］Cao K, Madura J. Determinants of the Method of Payment in Asset Sell-Off Transactions ［J］. Financial Review, 2011, 46 (4): 643-670.

［47］Caves R E. Mergers, Takeovers, and Economic Efficiency : Foresight vs. Hindsight ［J］. International Journal of Industrial Organization, 1989, 7 (1): 151-174.

［48］Cestone G, White L. Anticompetitive Financial Contracting: The Design of Financial Claims ［J］. The Journal of Finance, 2003, 58 (5): 2109-2141.

［49］Cheng J L C, Kesner I F. Organizational Slack and Response to Environmental Shifts: The Impact of Resource Allocation Patterns ［J］. Journal of Management, 1997, 23 (1): 1-18.

［50］Conn R C L, Cosh A, Guest P M, Hughes A. Why Must All Good Things Come to an End? The Performance of Multiple Acquirers ［R］. New York: SSRN, 2004.

［51］Copeland T, Koller T, Murrin T. Valuation: Measuring and Managing the Value of Companies ［M］. New York: McKinsey & Company, 1990.

［52］Copeland T, Dolgoff A, Moel A. The Role of Expectations in Explaining the Cross -Section of Stock Returns ［J］. Review of Accounting Studies, 2004 (9): 149-188.

［53］Crutchley C E, Jensen M R H, Jahera J S, Remond J E. Agency Problems and the Simultaneity of Financial Decision Making：The Role of Institutional Ownership［J］. International Review of Financial Analysis, 1999, 8（2）：177-197.

［54］Daniel N D, Denis D J, Naveen L. Dividends, Investment, and Financial Flexibility［R］. New York：SSRN, 2007.

［55］Davis G F, Stout S K. Organization Theory and the Market for Corporate Control：A Dynamic Analysis of the Characteristics of Large Takeover Targets, 1980-1990［J］. Administrative Science Quarterly, 1992, 37（4）：605-633.

［56］DeAngelo H, DeAngelo L. Capital Structure, Payout Policy, and Financial Flexibility［R］. Marshall School of Business Working Paper, 2007.

［57］DeAngelo H, DeAngelo L, Whited T M. Capital Structure Dynamics and Transitory Debt［J］. Journal of Financial Economics, 2011, 99（2）：235-261.

［58］Demerjian P, Lev B, McVay S. Quantifying Managerial Ability：A New Measure and Validity Tests［J］. Management Science, 2012, 58（7）：1229-1248.

［59］Denis D J, Sibilkov V. Financial Constraints, Investment, and the Value of Cash Holdings［J］. The Review of Financial Studies, 2010, 23（1）：247-269.

［60］Denis D J. McKeon S B. Proactive Leverage Increases and The Value of Financial Flexibility［J］. Journal of Applied Corporate Finance, 2016, 28（4）：17-28.

［61］Denis D J, McKeon S B. Debt Financing and Financial Flexibility：Evidence from Proactive Leverage Increases［J］. The Review of Financial Studies, 2012, 25（6）：1897-1929.

［62］Denis D. Corporate Governance and Complexity Theory-By Marc Goergen, Christine Mallin, Eve Mitleton-Kelly, Ahmed Al-Hawamdeh, and Iris Hse-Yu Chiu［J］. Corporate Governance：An International Review, 2011, 19（6）：622-623.

［63］Deshmukh S, Goel A M, Howe K M. CEO Overconfidence and Dividend Policy［J］. Journal of Financial Intermediation, 2013, 22（3）：440 -463.

［64］Dess G G, Beard D W. Dimensions of Organizational Task Environments［J］. Administrative Science Quarterly, 1984, 29（1）：52-73.

［65］Diamond D W, He Z. A Theory of Debt Maturity：The Long and Short of Debt Overhang［J］. The Journal of Finance, 2014, 69（2）：719-762.

［66］Dittmar A, Mahrt-Smith J. Corporate Governance and the Value of Cash Holdings［J］. Journal of Financial Economics, 2007, 83（3）：599-634.

［67］Djankov S, Glaeser E, Porta R L, Lopez-de-Silanes F, Shleifer A. The

New Comparative Economics [J] . Journal of Comparative Economics, 2003, 31 (4): 595-619.

[68] Donaldson T, Preston L E. The Stakeholder Theory of the Corporation: Concepts, Evidence, and Implications [J] . The Academy of Management Review, 1995, 20 (1): 65-91.

[69] Dong J, Gou Y. Corporate Governance Structure, Managerial Discretion, and the R&D Investment in China [J] . International Review of Economics & Finance, 2010, 19 (2): 180-188.

[70] Doyle J M, Whited T M. Fixed Costs of Adjustment, Coordination, and Industry Investment [J] . The Review of Economics and Statistics, 2001, 83 (4): 628-637.

[71] Duchin R, Ozbas O, Sensoy B A. Costly External Finance, Corporate Investment, and the Subprime Mortgage Credit Crisis [J] . Journal of Financial Economics, 2010, 97 (3): 418-435.

[72] Duncan R B. Characteristics of Organizational Environments and Perceived Environmental Uncertainty [J] . Administrative Science Quarterly, 1972, 17 (3): 313-327.

[73] Elango B, Sambharya R B. The Influence of Industry Structure on the Entry Mode Choice of Overseas Entrants in Manufacturing Industries [J] . Journal of International Management, 2004, 10 (1): 107-124.

[74] Emirbayer M. Manifesto for a Relational Sociology [J] . American Journal of Sociology, 1997, 103 (2): 281-317.

[75] Eppen G D, Fama E F. Cash Balance and Simple Dynamic Portfolio Problems with Proportional Costs [J] . International Economic Review, 1969, 10 (2): 119-133.

[76] Estwick S. The Impact of Principal-Principal Conflict on Financial Flexibility: A Case of Caribbean Firms [J] . Qualitative Research in Financial Markets, 2016, 8 (4): 305-330.

[77] Fama E F, Jensen M C. Agency Problems and Residual Claims [J] . The Journal of Law & Economics, 1983, 26 (2): 327-349.

[78] Fama E F, French K R. Disappearing Dividends: Changing Firm Characteristics or Lower Propensity to Pay? [J] . Journal of Applied Corporate Finance, 2001, 14 (1): 67-79.

[79] FASB. Recognition and Measurement in the Financial Statements of Business

Enterprises [R] . Norwalk: Financial Accounting Standard Board, 1984.

[80] Faulkender M, Petersen M A. Does the Source of Capital Affect Capital Structure? [J] . The Review of Financial Studieial, 2006, 19 (1): 45-79.

[81] Feige E L, Parkin M. The Optimal Quantity of Money, Bonds, Commodity Inventories, and Capital [J] . The American Economic Review, 1971, 61 (3): 335-349.

[82] Ferrando A, Marchica M, Mura R. Financial Flexibility and Investment Ability across the Euro Area and the UK [J] . European Financial Management, 2017, 23 (1): 87-126.

[83] Ferreira M A, Custodio C, Raposo C C. Cash Holdings and Business Conditions [R] . New York: SSRN, 2005.

[84] Ferreira M A, Vilela A S. Why Do Firms Hold Cash? Evidence from EMU Countries [J] . European Financial Management, 2004, 10 (2): 295-319.

[85] Fliers P. Dividend Smoothing, Financial Flexibility and Capital Structure [R] . New York: SSRN, 2016.

[86] Frank M Z, Goyal V K. Capital Structure Decisions: Which Factors are Reliably Important [J] . Financial Management, 2009, 38 (1): 1-37.

[87] French J, Raven B. The Bases of Social Power [M] // Cartwright D. Studies in Social Power. Ann Arbor: Institute for Social Research, 1959: 259-269.

[88] Fresard L. Financial Strength and Product Market Behavior: The Real Effects of Corporate Cash Holdings [J] . The Journal of Finance, 2010, 65 (3): 1097-1122.

[89] Fuller K, Netter J, Stegemoller M. What Do Returns to Acquiring Firms Tell Us? Evidence from Firms that Make Many Acquisitions [J] . The Journal of Finance, 2002, 57 (4): 1763-1793.

[90] Finkelstein S. Power in Top Management Teams: Dimensions, Measurement, and Validation [J] . Academy of Management Journal, 1992, 35 (3): 505-538.

[91] Gahlon L M, Stover R D. Debt Capacity and the Capital Budgeting Decision: A Caveat [J] . Financial Management, 1979, 8 (4): 55-59.

[92] Galbraith J R. Designing Complex Organizations [M] . Boston: Addison Wesley Publishing Company, 1973.

[93] Gamba A, Triantis A. The Value of Financial Flexibility [J] . The Journal of Finance, 2008, 63 (5): 2263-2296.

［94］ Gao R, Grinstein Y. Firms' Cash Holdings and Uncertainty ［Z］. On Academic, 2013.

［95］ Gerwin D. Manufacturing Flexibility: A Strategic Perspective ［J］. Management Science, 1993, 39 (4): 395-410.

［96］ Ghosh D, Olsen L. Environmental Uncertainty and Managers' Use of Discretionary Accruals ［J］. Accounting, Organizations and Society, 2009, 34 (2): 188-205.

［97］ Gilson S C, Warner J B. Junk Bonds, Bank Debt, and Financial Flexibility ［Z］. Seattle: Semantic Scholar, 1997.

［98］ Golden W, Powell P. Towards a Definition of Flexibility: In Search of the Holy Grail ［J］. Omega, 2000, 28 (4): 373-384.

［99］ Goldstein R S, Ju N, Leland H E. An Ebit-based Model of Dynamic Capital Structure ［J］. The Journal of Business, 2001, 74 (4): 483-512.

［100］ Graham J R. How Big Are the Tax Benefits of Debt ［J］. The Journal of Finance, 2000, 55 (5): 1901-1941.

［101］ Graham J R, Harvey C R. The Theory and Practice of Corporate Finance: Evidence from the Field ［J］. Journal of Financial Economics, 2001, 60 (2-3): 187-243.

［102］ Gregory A, Wang Y H. Cash Acquirers: Free Cash Flow, Shareholder Monitoring, and Shareholder Returns ［R］. New York: SSRN, 2010.

［103］ Grullon G, Michaely R, Swaminathan B. Are Dividend Changes a Sign of Firm Maturity ［J］. The Journal of Business, 2002, 75 (3): 387-424.

［104］ Gupta D. On Measurement and Valuation of Manufacturing Flexibility ［J］. International Journal of Production Research, 1993, 31 (12): 2947-2958.

［105］ Hadlock C J, Pierce J R. New Evidence on Measuring Financial Constraints: Moving Beyond the KZ Index ［J］. The Review of Financial Studies, 2010, 23 (5): 1909-1940.

［106］ Haleblian J, Finkelstein S. Top Management Team Size, CEO Dominance, and Firm Performance: The Moderating Roles of Environmental Turbulence and Discretion ［J］. The Academy of Management Journal, 1993, 36 (4): 844-863.

［107］ Hambrick D C. Upper Echelons Theory: An Update ［J］. The Academy of Management Review, 2007, 32 (2): 334-343.

［108］ Harford J, Klasa S, Maxwell W F. Refinancing Risk and Cash Holdings ［J］. The Journal of Finance, 2014, 69 (3): 975-1012.

［109］Harford J, Klasa S, Walcott N. Do Firms Have Leverage Targets? Evidence from Acquisitions ［J］. Journal of Financial Economics, 2009, 93 (1): 1-14.

［110］Harris M, Raviv A. The Theory of Capital Structure ［J］. The Journal of Finance, 1991, 49 (1): 297-355.

［111］Haushalter D, Klasa S, Maxwell W F. The Influence of Product Market Dynamics on a Firm' s Cash Holdings and Hedging Behavior ［J］. Journal of Financial Economics, 2007, 84 (3): 797-825.

［112］Hayward M L A, Hambrick D C. Explaining the Premiums Paid for Large Acquisitions: Evidence of CEO Hubris ［J］. Administrative Science Quarterly, 1997, 42 (1): 103-127.

［113］Heath L C. Financial Reporting and the Evaluation of Solvency ［M］. New York: American Institute of Certified Public Accountants, 1978.

［114］Hennart J F. A Transaction Costs Theory of Equity Joint Ventures ［J］. Strategic Management, 1988, 9 (4): 361-374.

［115］Higgins R. Analysis for Financial Management ［M］. Homewood: Business One Irwin, 1992.

［116］Himmelberg C P, Petersen B C. R&D and Internal Finance: A Panel Study of Small Firms in High-Tech Industries ［J］. The Review of Econmics and Statistics, 1994, 76 (1): 38-51.

［117］Jensen D B. Interpretation of Group Behavior ［J］. Nursing Management, 1993, 24 (3): 49-50+52-54.

［118］Jensen M C, Meckling W H. Theory of The Firm: Managerial Behavior, Agency Costs and Ownership Structure ［J］. Journal of Financial Economics, 1976, 3 (4): 305-360.

［119］Jong A D, Verbeek M, Verwijmeren P. Does Financial Flexibility Reduce Investment Distortions? ［J］. Journal of Financial Research, 2012, 35 (2): 243-259.

［120］Justiniano A, Primiceri G E, Tambalotti A. Investment Shocks and the Relative Price of Investment ［J］. Review of Economic Dynamics, 2011, 14 (1): 102-121.

［121］Jensen M C. Agency Costs of Free Cash Flow, Corporate Finance, and Takeovers ［J］. The American Economic Review, 1986, 76 (2): 323-329.

［122］Kast F E. Organization and Management: A Systems and Contingency Approach [M] . New York: McGraw-Hill, 1979.

[123] Khanna N, Tice S. The Bright Side of Internal Capital Markets [J] . The Journal of Finance, 2001, 56 (4): 1489-1528.

[124] Kraus A, Litzenberger R H. A State-Preference Model of Optimal Financial Leverage [J] . The Journal of Finance, 1973, 28 (4): 911-922.

[125] Kuo J M, Philip D, Zhang Q. What Drives the Disappearing Dividends Phenomenon? [J] . Journal of Banking & Finance, 2013, 37 (9): 3499 -3514.

[126] Kayhan A, Titman S. Firms' Histories and their Capital Structures [J] . Journal of Financial Economics, 2007, 83 (1): 1-32.

[127] Lawrence P R, Lorsch L W. Differentiation and Integration in Complex Organizations [J] . Administrative Science Quarterly, 1967, 12 (1): 1-47.

[128] Lee Y, Song K R. Financial Crisis and Corporate Cash Holdings: Evidence from East Asian Firms [Z] . On Academic, 2010.

[129] Lemmon M L, Roberts M R, Zender J F. Back to the Beginning: Persistence and the Cross-Section of Corporate Capital Structure [J] . The Journal of Finance, 2008, 63 (4): 1575-1608.

[130] Long J B D, Summers L H. Equipment Investment and Economic Growth [J] . The Quarterly Journal of Economics, 1991 (106): 445-502.

[131] Love I, Preve L A, Sarria-Allende V. Trade Credit and Bank Credit: Evidence from Recent Financial Crises [J] . Journal of Financial Economics, 2007, 83 (2): 453-469.

[132] Mandelbaum M. Flexibility in Decision Making: An Exploration and Unification [D] . Toronto: University of Toronto, 1978.

[133] Marchica M T, Mura R. Financial Flexibility, Investment Ability and Firm Value: Evidence from Firms with Spare Debt Capacity [J] . Financial Management, 2010, 39 (4): 1339-1365.

[134] Mascarenhas B. Planning for Flexibility [J] . Long Range Planning, 1981, 14 (5): 78-82.

[135] Mason S P. Valuing Financial Flexibility [M] //Friedman B M. Financing Corporate Capital Formation. Chicago: University of Chicago Press, 1986: 91-106.

[136] Mayer C, Sussman O. A New Test of Capital Structure [R] . New York: SSRN, 2004.

[137] McLean R D, Zhang T, Zhao M. Why Does the Law Matter? Investor

Protection and Its Effects on Investment, Finance, and Growth [J]. The Journal of Finance, 2012, 67 (1): 313-350.

[138] Megginson W L, Nash R C, Netter J M, Poulsen A B. The Choice of Private Versus Public Capital Markets: Evidence from Privatization [J]. The Journal of Finance, 2004, 59 (6): 2835-2870.

[139] Meyer K E, Saul E. Entry Mode Choice in Emerging Markets: Greenfield, Acquisition, and Brownfield [R]. Zurich: Center for Eastern European Studies (CEES), 1999.

[140] Miller D, Friesen P H. Strategy-Making and Environment: The Third Link [J]. Strategic Management Journal, 1983, 4 (3): 221-235.

[141] Miller M H, Orr D. A Model of the Demand for Money by Firms [J]. The Quarterly Journal of Economics, 1966, 80 (3): 413-435.

[142] Miller M H. Debt and Taxes [J]. The Journal of Finance, 1977, 32 (2): 261-275.

[143] Milliken F J. Three Types of Perceived Uncertainty about the Environment: State, Effect, and Response Uncertainty [J]. The Academy of Management Review, 1987, 12 (1): 133-143.

[144] Minton B A, Wruck K H. Financial Conservatism: Evidence on Capital Structure from Low Leverage Firms [R]. New York: SSRN, 2001.

[145] Modigliani F, Miller M H. Corporate Income Taxes and the Cost of Capital: A Correction [J]. The American Economic Review, 1963, 53 (3): 433-443.

[146] Morck R, Shleifer A, Vishny R W. Do Managerial Objectives Drive Bad Acquisitions [J]. The Journal of Finance, 1990, 45 (1): 31-48.

[147] Mortal S, Reisel N. Capital Allocation by Public and Private Firms [J]. The Journal of Financial and Quantitative Analysis, 2013, 48 (1): 77-103.

[148] Myers S C, Majluf N S. Corporate Financing and Investment Decisions When Firms Have Information that Investors Do Not Have [J]. Journal of Financial Economics, 1984, 13 (2): 187-221.

[149] Myers S C, Turnbull S M. Capital Budgeting and the Capital Asset Pricing Model: Good News and Bad News [J]. The Journal of Finance, 1977, 32 (2): 321-333.

[150] Oded J. Payout Policy, Financial Flexibility, and Agency Costs of Free Cash Flow [J]. Journal of Business Finance & Accounting, 2020, 47 (1-2): 218-252.

［151］Opler T, Pinkowitz L, Stulz R, Williamson R. The Determinants and Implications of Corporate Cash Holdings ［J］. Journal of Financial Economic, 1999, 52（1）: 3-46.

［152］Penrose E T. The Theory of the Growth of the Firm ［M］ New York: John Wiley, 1959.

［153］Pinegar J M, Wilbricht L. What Managers Think of Capital Structure Theory: A Survey ［J］. Financial Management, 1989, 18（4）: 82-91.

［154］Poitevin M. Collusion and the Banking Structure of a Duopoly ［J］. The Canadian Journal of Economics, 1989, 22（2）: 263-277.

［155］Porta R L, Lakonishok J, Shleifer A, Vishny R. Good News for Value Stocks: Further Evidence on Market Efficiency ［J］. The Journal of Finance, 1997, 52（2）: 859-874.

［156］Prahalad C K. The Role of Core Competencies in the Corporation ［J］. Research Technology Management, 1993, 36（6）: 40-47.

［157］Rajan R G, Zingales L. Financial Dependence and Growth ［J］. The American Economic Review, 1998, 88（3）: 559-586.

［158］Rapp M S, Schmid T, Urban D. The Value of Financial Flexibility and Corporate Financial Policy ［J］. Journal of Corporate Finance, 2014（29）: 288-302.

［159］Rappaport A. Shareholder Value. Ein Handbuch für Manager und Investoren ［M］//Boersch C, Elschen R. Das Summa Summarum des Management. Lübeck: Gabler, 2007: 315-324.

［160］Richardson S. Over-Investment of Free Cash Flow ［J］. Review of Accounting Studies, 2006, 11（2-3）: 159-189.

［161］Rose N L, Shepard A. Firm Diversification and CEO Compensation: Managerial Ability or Executive Entrenchment? ［J］. The Rand Journal of Economics, 1997, 28（3）: 489-514.

［162］Rosenbaum P R, Rubin D B. Assessing Sensitivity to an Unobserved Binary Covariate in an Observational Study with Binary Outcome ［J］. Journal of the Royal Statistical Society, 1983, 45（2）: 212-218.

［163］Rosenbusch N, Rauch A, Bausch A. The Mediating Role of Entrepreneurial Orientation in the Task Environment-Performance Relationship: A Meta-Analysis ［J］. Journal of Management, 2013, 39（3）: 633-659.

［164］Salancik G R, Pfeffer J, Kelly J P. A Contingency Model of Influence in

Organizational Decision-Making ［J］. Pacific Sociological Review, 1978, 21 (2): 239-256.

［165］ Shapiro A C. Modern Corporate Finance ［M］. New York: Macmillan, 1990.

［166］ Sheu H J, Lee S Y. Excess Cash Holdings and Investment: The Moderating Roles of Financial Constraints and Managerial Entrenchment ［J］. Accounting & Finance, 2012, 52 (s1): 287-310.

［167］ Slack N. The Flexibility of Management Systems ［J］. International Journal of Operations & Production Management, 1987, 7 (4): 35-45.

［168］ Soenen R. Ethnography of Actualised Social Relationships: The Ambivalence in the Everyday Life of City Dwellers ［J］. Journal on Moving Communities, 2003 (3): 55-71.

［169］ Song W. Does Overvaluation Lead to Bad Mergers? ［R］. New York: SSRN, 2006.

［170］ Stulz R. Managerial Discretion and Optimal Financing Policies ［J］. Journal of Financial Economics, 1990, 26 (1): 3-27.

［171］ Subrahmanyam M G, Tang D Y, Wang S Q. Credit Default Swaps, Exacting Creditors and Corporate Liquidity Management ［J］. Journal of Financial Economics, 2017, 124 (2): 395-414.

［172］ Sufi A. The Real Effects of Debt Certification: Evidence from the Introduction of Bank Loan Ratings ［J］. The Review of Financial Studies, 2009, 22 (4): 1659-1691.

［173］ Svensson L E O, Wijnbergen S V. Excess Capacity, Monopolistic Competition, and International Transmission of Monetary Disturbances ［J］. The Economic Journal, 1989, 99 (397): 785-805.

［174］ Talavera O, Xiong L, Xiong X. Social Capital and Access to Bank Financing: The Case of Chinese Entrepreneurs ［J］. Emerging Markets Finance & Trade, 2012, 48 (1): 55-69.

［175］ Tsyplakov S. Investment Frictions and Leverage Dynamics ［J］. Journal of Financial Economics, 2008, 89 (3): 423-443.

［176］ Volberda H W. Building Flexible Organizations for Fast-Moving Markets ［J］. Long Range Planning, 1997, 30 (2): 169-183+148.

［177］ Wernerfelt B. A Resource-Based View of the Firm ［J］. Strategic Management Journal, 1984, 5 (2): 171-180.

［178］Whalen S P. Assessing Flow Experiences in Highly Able Adolescent Learners ［C］. Annual Meeting of the American Educational Research Association in Chicago，1997.

［179］Williamson O E. Corporate Finance and Corporate Governance ［J］. The Journal of Finance，1988，43（3）：567-591.

［180］Yip G S. Diversification Entry：Internal Development versus Acquisition ［J］. Strategic Management Journal，1982，3（4）：331-345.

［181］Zajac E J, Westphal J D. The Costs and Benefits of Managerial Incentives and Monitoring in Large U. S. Corporations：When is More not Better? ［J］. Strategic Management Journal，1994，15（S1）：121-142.

［182］Zald M N. The Power and Functions of Boards of Directors：A Theoretical Synthesis ［J］. American Journal of Sociology，1969，75（1）：97-111.

［183］Zelenović D. Flexibility – A Condition for Effective Production Systems ［J］. International Journal of Production Research，1982，20（3）：319-337.

［184］Zwiebel J. Dynamic Capital Structure under Managerial Entrenchment ［J］. The American Economic Review，1996，86（5）：1197-1215.

［185］陈红兵，连玉君. 财务弹性对企业投资水平和投资效率的影响 ［J］. 经济管理，2013，35（10）：109-118.

［186］陈慧娟，胡玉明. 股权特征与企业外部投资 ［J］. 财会月刊，2015（18）：13-16.

［187］陈礼文. 企业财务战略柔性的实现研究途径 ［J］. 时代金融，2013（27）：50.

［188］陈立敏，王小瑕. 中国企业并购绩效的影响因素研究：基于资源基础观与制度基础观的实证分析 ［J］. 浙江大学学报，2016，46（6）：162-174.

［189］陈平花，葛格. 新冠肺炎疫情冲击下纾解我国中小企业财务困境的税收优惠政策 ［J］. 湖北经济学院学报，2020，18（4）：30-35.

［190］陈仕华，姜广省，卢昌崇. 董事联结、目标公司选择与并购绩效——基于并购双方之间信息不对称的研究视角 ［J］. 管理世界，2013（12）：117-132+187-188.

［191］陈小亮，陈彦斌. 结构性去杠杆的推进重点与趋势观察 ［J］. 改革，2018（7）：17-30.

［192］陈晓萍，徐淑英，樊景立. 组织与管理研究的实证方法（第二版） ［M］. 北京：北京大学出版社，2012.

［193］陈信元，张田余. 兼并收购中目标公司定价问题的探讨 ［J］. 南开

管理评论，1999（3）：4-8.

　　[194] 程新章，胡峰. 跨国并购还是新设投资？——跨国公司角度的博弈分析 [J]. 南京经济学院学报，2003（2）：34-37.

　　[195] 崔也光，唐玮. 生命周期对 R&D 投入的影响——基于创新驱动视角 [J]. 中央财经大学学报，2015（9）：46-54.

　　[196] 崔智星，胡志勇. 财务柔性、所得税优惠对企业研发激励作用的研究——基于 1912 家制造业上市公司面板数据 [J]. 上海商学院学报，2020，21（5）：28-37.

　　[197] 邓康林，刘名旭. 环境不确定性、财务柔性与上市公司现金股利 [J]. 财经科学，2013（2）：46-55.

　　[198] 董理，茅宁. 公司成熟度、剩余负债能力与现金股利政策——基于财务柔性视角的实证研究 [J]. 财经研究，2013，39（11）：59-68.

　　[199] 董理，茅宁. 超额现金持有、管理决断权与投资扭曲——财务柔性视角下剩余负债能力的影响效应研究 [J]. 当代经济科学，2016，38（2）：94-102.

　　[200] 范圣然，陈志斌，沈磊. 企业财务柔性政策对创新效率的影响——来自经济新常态背景下的经验证据 [J]. 东北大学学报（社会科学版），2018，20（1）：36-43.

　　[201] 方红星，金玉娜. 公司治理、内部控制与非效率投资：理论分析与经验证据 [J]. 会计研究，2013（7）：63-69+97.

　　[202] 冯根福，吴林江. 我国上市公司并购绩效的实证研究 [J]. 经济研究，2001（1）：54-61+68.

　　[203] 冯建，王丹. 货币政策紧缩、资产配置与企业绩效 [J]. 宏观经济研究，2013（6）：21-28.

　　[204] 冯白，葛扬. 资本投向、产权性质与区域产业结构调整 [J]. 产业经济研究，2016（1）：1-10.

　　[205] 付玉梅，张丽平，李文聪. 宏观经济不确定性、多元化与财务柔性 [J]. 财经论丛，2019（1）：61-70.

　　[206] 高良谋. 购并后整合管理研究——基于中国上市公司的实证分析 [J]. 管理世界，2003（12）：107-114.

　　[207] 高遐，井润田，万媛媛. 管理决断权、高管薪酬与企业绩效的实证研究 [J]. 管理评论，2012，24（4）：107-114.

　　[208] 葛家澍，占美松. 企业财务报告分析必须着重关注的几个财务信息——流动性、财务适应性、预期现金净流入、盈利能力和市场风险 [J]. 会

计研究，2008（5）：3-9+95.

[209] 顾乃康，万小勇，陈辉. 财务弹性与企业投资的关系研究 [J]. 管理评论，2011，23（6）：115-121.

[210] 顾研，周强龙. 政策不确定性、财务柔性价值与资本结构动态调整 [J]. 世界经济，2018，41（6）：102-126.

[211] 韩鹏. 财务弹性、财务杠杆与公司价值——来自中小企业板的经验证据 [J]. 理论月刊，2010（4）：157-160.

[212] 韩庆兰，闵雨薇. 环境不确定性、管理者过度自信与研发投入 [J]. 中南大学学报（社会科学版），2018，24（6）：132-139.

[213] 韩世坤，陈继勇. 中国企业跨国并购的智力支持和组织创新 [J]. 管理世界，2002（1）：146-147.

[214] 郝颖，李静明. 我国上市公司资本投向分布与结构效率研究——追溯产权控制路径的实证考察 [J]. 经济与管理研究，2011（8）：73-81.

[215] 郝颖，李晓欧，刘星. 终极控制、资本投向与配置绩效 [J]. 管理科学学报，2012，15（3）：83-96.

[216] 郝颖，刘星. 资本投向、利益攫取与挤占效应 [J]. 管理世界，2009（5）：128-144.

[217] 何明志，王晓晖. 财务柔性、研发投入与企业全要素生产率 [J]. 产经评论，2019，10（4）：81-94.

[218] 贺颖奇. 企业经营业绩评价的权变方法 [J]. 财务与会计，1998（12）：21-23.

[219] 洪锡熙，沈艺峰. 公司收购与目标公司股东收益的实证分析 [J]. 金融研究，2001（3）：26-33.

[220] 黄婉莹，谢洪明. 新"资源"理论的演化：从内部到外部 [J]. 管理现代化，2021，41（1）：54-57.

[221] 纪洋，王旭，谭语嫣，黄益平. 经济政策不确定性、政府隐性担保与企业杠杆率分化 [J]. 经济学（季刊），2018，17（2）：449-470.

[222] 江伟，李斌. 金融发展与企业债务融资 [J]. 中国会计评论，2006（2）：255-276.

[223] 姜付秀，伊志宏，苏飞，黄磊. 管理者背景特征与企业过度投资行为 [J]. 管理世界，2009（1）：130-139.

[224] 姜英冰. 财务灵活性——资本结构安排的新角度 [J]. 东北财经大学学报，2002（2）：68-71.

[225] 蒋灵多，陆毅. 市场竞争加剧是否助推国有企业加杠杆 [J]. 中国

工业经济，2018（11）：155-173.

　　[226] 金余泉．财务弹性影响企业非效率投资的实证研究［D］．合肥：安徽大学，2012.

　　[227] 柯军辉．浅析柔性管理方法在财务管理中的应用［J］．财经界，2012（22）：225.

　　[228] 李大元，项保华，陈应龙．企业动态能力及其功效：环境不确定性的影响［J］．南开管理评论，2009，12（6）：60-68.

　　[229] 李大元．企业环境不确定性研究及其新进展［J］．管理评论，2010，22（11）：81-87.

　　[230] 李芳芳，路丽丽．TCL 集团财务柔性储备与释放的策略分析［J］．财务与会计（理财版），2013（12）：16-17.

　　[231] 李斐．"后疫情时代"快速成长企业财务柔性构建［J］．新会计，2020（8）：15-19.

　　[232] 李凤羽，杨墨竹．经济政策不确定性会抑制企业投资吗？——基于中国经济政策不确定指数的实证研究［J］．金融研究，2015（4）：115-129.

　　[233] 李佩珈，梁婧．杠杆率、债务风险与金融稳定——基于理论和中国经济杠杆率的实证分析［J］．新金融，2015（4）：18-21.

　　[234] 李善民，陈玉罡．上市公司兼并与收购的财富效应［J］．经济研究，2002（11）：27-35+93.

　　[235] 李善民，朱滔．管理者动机与并购绩效关系研究［J］．经济管理，2005（4）：4-12.

　　[236] 李维安，刘绪光，陈靖涵．经理才能、公司治理与契约参照点——中国上市公司高管薪酬决定因素的理论与实证分析［J］．南开管理评论，2010，13（2）：4-15.

　　[237] 李晓红．并购与新建投资的选择策略分析［J］．商业研究，2006（19）：108-111.

　　[238] 李心丹，朱洪亮，张兵，罗浩．基于 DEA 的上市公司并购效率研究［J］．经济研究，2003（10）：15-24+90.

　　[239] 李雪．管理层权力与企业并购效率研究——基于产权性质视角［D］．合肥：安徽财经大学，2013.

　　[240] 李垣，赵强．企业柔性战略的内涵及其模型［J］．管理工程学报，1999（S1）：25-30+69.

　　[241] 李玥，郭泽光，李成友，徐伟．财务柔性对资本结构及其动态调整的影响分析——基于我国 A 股上市公司经验数据［J］．审计与经济研究，2019，

34（1）：66-74.

[242] 李云鹤，李湛．管理者代理行为、公司过度投资与公司治理——基于企业生命周期视角的实证研究［J］．管理评论，2012，24（7）：117-131.

[243] 连玉君，彭方平，苏治．融资约束与流动性管理行为［J］．金融研究，2010（10）：158-171.

[244] 林成喜．柔性心理契约下企业财务战略管理创新研究［J］．财会通讯，2015（11）：69-70.

[245] 林慧婷，何玉润，王茂林，朱冰．媒体报道与企业资本结构动态调整［J］．会计研究，2016（9）：41-46.

[246] 刘斌，邓述慧，王雪坤．货币供求的分析方法与实证研究［M］．北京：科学出版社，1999.

[247] 刘鹤翚．企业柔性财务管理战略研究［J］．中央财经大学学报，2012（11）：91-96.

[248] 刘津宇，王正位，朱武祥．产权性质、市场化改革与融资歧视——来自上市公司投资—现金流敏感性的证据［J］．南开管理评论，2014，17（5）：126-135.

[249] 刘莉亚，刘冲，陈垠帆，周峰，李明辉．僵尸企业与货币政策降杠杆［J］．经济研究，2019，54（9）：73-89.

[250] 刘名旭，向显湖．环境不确定性、企业特征与财务柔性［J］．宏观经济研究，2014（4）：127 -134.

[251] 刘名旭．企业财务柔性研究［D］．成都：西南财经大学，2014.

[252] 刘英姿，陈荣秋，徐碃．柔性（Flexibility）的概念及其控制模型［J］．机械与电子，2002（1）：46-48.

[253] 卢锐．管理层权力、薪酬差距与绩效［J］．南方经济，2007（7）：60-70.

[254] 陆岷峰，葛和平．中国企业高杠杆成因及去杠杆方式研究［J］．金融监管研究，2016（12）：63-73.

[255] 马春爱，孟瑾．企业财务弹性研究述评［J］．财会通讯，2011（31）：21-23.

[256] 倪维阳，周建平．凯恩斯货币需求理论及其在中国的运用［J］．智富时代，2017（3）：23.

[257] 潘红波，夏新平，余明桂．政府干预、政治关联与地方国有企业并购［J］．经济研究，2008（4）：41-52.

[258] 潘毅．产业振兴视角下资本投向与并购绩效研究［D］．南京：南京

财经大学，2011.

［259］权小锋，吴世农，文芳．管理层权力、私有收益与薪酬操纵［J］．经济研究，2010，45（11）：73-87.

［260］申慧慧，于鹏，吴联生．国有股权、环境不确定性与投资效率［J］．经济研究，2012，47（7）：113-126.

［261］盛明泉，车鑫．基于战略管理视角的公司风险承担与资本结构动态调整研究［J］．管理学报，2016，13（11）：1635-1640.

［262］苏敬勤，刘静．中国企业并购潮动机研究——基于西方理论与中国企业的对比［J］．南开管理评论，2013，16（2）：57-63.

［263］苏明．智力资本的资本成本效应研究［D］．北京：首都经济贸易大学，2016.

［264］苏启林，朱文．上市公司家族控制与企业价值［J］．经济研究，2003（8）：36-45+91.

［265］苏文兵，李心合，徐东辉，许佳．经理自主权与R&D投入的相关性检验——来自中国证券市场的经验证据［J］．研究与发展管理，2010，22（4）：30-38.

［266］孙华荣．管理会计在企业价值管理中的应用研究［J］．商讯，2021（8）：45-46.

［267］汤谷良，林长泉．打造VBM框架下的价值型财务管理模式［J］．会计研究，2003（12）：23-27+64.

［268］唐丹彤．权变理论指导下的企业财务决策优化［J］．大众投资指南，2019（16）：41-42.

［269］唐建新，陈冬．地区投资者保护、企业性质与异地并购的协同效应［J］．管理世界，2010（8）：102-116.

［270］田满文．并购效率与制度：来自中国上市公司的经验证据［M］．杭州：浙江工商大学出版社，2015.

［271］田昃昊，叶霖．财务柔性影响企业非效率投资的路径研究［J］．财经论丛，2015（3）：57-65.

［272］万良勇，饶静．不确定性、金融危机冲击与现金持有价值——基于中国上市公司的实证研究［J］．经济与管理研究，2013（5）：63-71.

［273］汪海凤，白雪洁．环境规制、企业异质性与外部投资偏向［J］．云南财经大学学报，2018，34（2）：91-102.

［274］汪应洛，李垣，刘益．企业柔性战略——跨世纪战略管理研究与实践的前沿［J］．管理科学学报，1998（1）：24-27.

［275］王爱群，唐文萍．环境不确定性对财务柔性与企业成长性关系的影响研究［J］．中国软科学，2017（3）：186-192.

［276］王棣华．论突发事件下的企业财务管理［J］．商业会计，2006（5）：14-16.

［277］王国刚．"去杠杆"：范畴界定、操作重心和可选之策［J］．经济学动态，2017（7）：16-25.

［278］王化成，孙健，邓路，卢闯．控制权转移中投资者过度乐观了吗？［J］．管理世界，2010（2）：38-45+186.

［279］王化成，张顺葆，彭文伟．战略视角下广义财务管理理论研究框架［J］．北京工商大学学报（社会科学版），2012，27（6）：52-57.

［280］王化成．国际财务管理初探［J］．会计研究，1992（4）：55-58.

［281］王凯，武立东．环境不确定性与企业创新——企业集团的缓冲作用［J］．科技管理研究，2016，36（10）：191-196.

［282］王连军．金融发展、财务柔性与公司去杠杆——来自我国上市公司的经验研究［J］．当代财经，2018（6）：50-62.

［283］王满，刘子旭．民营企业政治关联对财务柔性储备的替代作用研究［J］．管理科学，2016，29（5）：116-133.

［284］王文华，陆芊芊，陆华良．创新价值链视角下财务柔性与社会资本的交互效应研究［J］．常州大学学报（社会科学版），2020，21（5）：45-53.

［285］王新光，盛宇华．财务柔性与战略变革——环境不确定性与连锁股东的调节作用［J］．管理现代化，2021，41（2）：59-63.

［286］王彦超．融资约束、现金持有与过度投资［J］．金融研究，2009（7）：121-133.

［287］王志强，张玮婷．上市公司财务灵活性、再融资期权与股利迎合策略研究［J］．管理世界，2012（7）：151-163.

［288］魏建国，梁方瑞．公司治理、财务柔性与企业业绩持续性［J］．财会通讯，2021（4）：42-45.

［289］温忠麟，叶宝娟．中介效应分析：方法和模型发展［J］．心理科学进展，2014，22（5）：731-745.

［290］吴超鹏，吴世农，郑方镳．管理者行为与连续并购绩效的理论与实证研究［J］．管理世界，2008（7）：126-133+188.

［291］吴晨．财务柔性对企业并购的影响研究——基于利率市场化改革视角［J］．经济论坛，2015（11）：131-133.

［292］吴昊旻，谭伟荣，杨兴全．公司治理环境、产品市场竞争与股票特质

性风险 [J]. 会计论坛, 2014, 13 (2): 102-118.

　　[293] 吴荷青. 现金持有量与公司经营业绩、价值关系的实证研究 [J]. 会计之友 (上旬刊), 2009 (2): 94-97.

　　[294] 吴建祥, 李秉祥. 经理管理防御对企业资本投向影响的实证研究 [J]. 统计与信息论坛, 2014, 29 (11): 65-71.

　　[295] 武鹏. 中国经济改革的发展战略与路径选择研究——基于新常态背景下的分析 [J]. 技术经济与管理研究, 2016 (1): 103-108.

　　[296] 习近平. 决胜全面建成小康社会, 夺取新时代中国特色社会主义伟大胜利——在中国共产党第十九次全国代表大会上的报告 [M]. 北京: 人民出版社, 2017.

　　[297] 肖作平, 吴世农. 我国上市公司资本结构影响因素实证研究 [J]. 证券市场导报, 2002 (8): 39-44.

　　[298] 肖作平. 公司治理对资本选择的影响——理论和证据 [J]. 管理科学学报, 2008, 11 (5): 129-144.

　　[299] 谢戈. 权变理论视角下的企业管理与创新 [J]. 中共乐山市委党校学报, 2011, 13 (5): 66-69.

　　[300] 辛清泉, 林斌, 王彦超. 政府控制、经理薪酬与资本投资 [J]. 经济研究, 2007 (8): 110-122.

　　[301] 徐国祥, 檀向球, 胡穗华. 上市公司经营业绩综合评价及其实证研究 [J]. 统计研究, 2000 (9): 44-51.

　　[302] 闫书静, 赵娟. 运用财务柔性提高资源型企业竞争力——以西部矿业为例 [J]. 商业会计, 2017 (5): 49-52.

　　[303] 杨华军, 胡奕明. 制度环境与自由现金流的过度投资 [J]. 管理世界, 2007 (9): 99-106+116+172.

　　[304] 杨丽芳. 公司治理与企业成长性的经济后果研究——来自创业板上市公司的经验数据 [J]. 暨南学报 (哲学社会科学版), 2014, 36 (6): 120-128+163-164.

　　[305] 杨荣华, 黄陟. 环境不确定性、财务柔性与企业价值——基于2008-2014年A股上市公司的经验证据 [J]. 财会通讯, 2016 (36): 27-31.

　　[306] 杨兴全, 孙杰. 企业现金持有量影响因素的实证研究——来自我国上市公司的经验证据 [J]. 南开管理评论, 2007 (6): 47-54.

　　[307] 杨兴全, 张照南, 吴昊旻. 治理环境、超额持有现金与过度投资——基于我国上市公司面板数据的分析 [J]. 南开管理评论, 2010, 13 (5): 61-69.

［308］姚禄仕，陈宏丰．财务柔性储备提升了企业价值吗？——来自创业板上市公司的经验证据［J］．华东经济管理，2017，31（7）：139-143.

［309］姚耀军，董钢锋．中小企业融资约束缓解：金融发展水平重要抑或金融结构重要？——来自中小企业板上市公司的经验证据［J］．金融研究，2015（4）：148-161.

［310］叶航，林水山．基于分形理论下的股票市场有效性研究［J］．中南大学学报（社会科学版），2005，11（2）：222-226.

［311］殷钱茜，胡建雄．超额现金持有对过度投资行为的影响研究——债务异质性的调节作用［J］．华东经济管理，2016，30（9）：143-149.

［312］余珮，彭思凯．"一带一路"沿线国家金融生态环境与中国 OFDI 企业"走下去"——基于资源基础观和制度基础观相结合的视角［J］．技术经济，2021，40（1）：70-81.

［313］余燕妮．企业并购绩效及影响因素的实证分析［D］．长春：吉林大学，2012.

［314］岳意定，管礼平．货币需求理论的新发展及其面临的挑战［J］．中南大学学报（社会科学版），2003，9（5）：644-648.

［315］曾爱民，傅元略，魏志华．金融危机冲击、财务柔性储备和企业融资行为——来自中国上市公司的经验证据［J］．金融研究，2011（10）：155-169.

［316］曾爱民，张纯，魏志华．金融危机冲击、财务柔性储备与企业投资行为——来自中国上市公司的经验证据［J］．管理世界，2013（4）：107-120.

［317］曾爱民，张纯，朱朝晖．西方财务柔性理论最新研究进展［J］．商业经济与管理，2014（10）：43-54.

［318］曾劲松．技术分析与中国股票市场有效性［J］．财经问题研究，2005（8）：27-30.

［319］翟淑萍，顾群，毕晓方．管理者过度自信对企业创新投入与方式的影响研究［J］．科技管理研究，2015，35（11）：144-146+153.

［320］张长城．经济发展新常态、财务柔性与企业财务柔性管理［J］．宏观经济研究，2015（9）：80-87.

［321］张凤．上市公司现金持有动机与投融资行为的实证分析［D］．成都：西南交通大学，2006.

［322］张会丽，陆正飞．现金分布、公司治理与过度投资——基于我国上市公司及其子公司的现金持有状况的考察［J］．管理世界，2012（3）：141-150.

［323］张婕．基于柔性理论的大型工程投资决策研究［D］．南京：河海大学，2007.

［324］张竞睿，赵伟．产品市场竞争、财务柔性与企业价值关系研究——基于中国制造业上市公司的经验证据［J］．当代经济，2020（7）：98-102.

［325］张倩，张玉喜．区域金融发展、企业财务柔性与研发投入——以中小企业为例［J］．科研管理，2020，41（7）：79-88.

［326］张倩，张玉喜．科技型企业金融生态环境、财务柔性与研发投入——对我国30个省区840家科技型企业的实证分析［J］．研究与发展管理，2017，29（5）：66-76.

［327］张硕，赵息．资本投向差异与私利攫取——来自中国上市公司控制权转移的经验证据［J］．会计研究，2016（12）：44-50+95.

［328］张涛，庄贵军．IT能力、渠道关系治理行为与渠道满意：分销商投机氛围的权变影响［J］．管理评论，2015，27（7）：116-126.

［329］张新．并购重组是否创造价值？——中国证券市场的理论与实证研究［J］．经济研究，2003（6）：20-29+93.

［330］张学伟，徐丙岩．集团财务公司对"去杠杆"和"降成本"的作用——基于上市公司债务融资的实证研究［J］．常州大学学报（社会科学版），2020，21（1）：68-76.

［331］张翼，李辰．股权结构、现金流与资本投资［J］．经济学（季刊），2005（4）：229-246.

［332］张正堂．中国上市公司总经理报酬影响因素的实证研究［J］．中国矿业大学学报，2003（5）：51-57.

［333］赵华，何惕．社会审计系统柔性研究［J］．财会月刊，2006（17）：52-53.

［334］赵华，张鼎祖．企业财务柔性的本原属性研究［J］．会计研究，2010（6）：62-69+96.

［335］赵静，郝颖．GDP竞争动机下的企业资本投向与配置结构研究［J］．科研管理，2013，34（5）：102-110.

［336］郑立东．经济政策波动与上市公司现金资源管理政策及效率研究［D］．北京：北京交通大学，2016.

［337］钟海燕，冉茂盛，文守逊．政府干预、内部人控制与公司投资［J］．管理世界，2010（7）：98-108.

［338］钟宁桦，刘志阔，何嘉鑫，苏楚林．我国企业债务的结构性问题［J］．经济研究，2016，51（7）：102-117.

［339］周开国，徐亿卉．中国上市公司的资本结构是否稳定［J］．世界经济，2012，35（5）：106-120.

［340］周琼芳．新冠肺炎疫情下企业财务管理策略研究［J］．财务管理研究，2020（4）：40-45．

［341］周霞．我国上市公司的政府补助绩效评价——基于企业生命周期的视角［J］．当代财经，2014（2）：40-49．

［342］周心春．财务弹性、风险预防与经营绩效［J］．财会通讯，2012（23）：28-29．

［343］朱磊，潘爱玲．负债对企业非效率投资行为影响的实证研究——来自中国制造业上市公司的面板数据［J］．经济与管理研究，2009（2）：52-59．

［344］朱滔．上市公司并购的短期和长期股价表现［J］．当代经济科学，2006（3）：31-39+125．

［345］卓敏，鲍璐．财务质量评价中的财务弹性研究［J］．会计师，2012（13）：3-5．